Ensaios sobre História e Filosofia das Ciências III

Scientiarum Historia et Theoria Studia, volume 6

Roberto de Andrade Martins

Ensaios sobre História e Filosofia das Ciências III

Extrema
Quamcumque Editum
2023

Edição impressa – ISBN: 978-65-999951-0-1
E-book – ISBN: 978-65-999951-3-2

Sumário

PRÓLOGO

Este volume contém dois longos ensaios sobre história da ciência. Os dois textos, embora se baseiem em estudos iniciados muitos anos atrás, foram concluídos recentemente.

(1) A pré-história da termometria: dos humores de Hipócrates aos graus de calor e de frio

Em 2011, quando era professor visitante da Universidade Estadual da Paraíba (UEPB), ministrei uma disciplina de pós-graduação sobre a história da física clássica, abordando alguns aspectos da mecânica, da óptica, da termologia e do eletromagnetismo. Embora já tivesse ministrado disciplinas de graduação sobre esses assuntos, procurei abordar esses temas de história da física de um modo mais profundo e utilizando, para discussão em sala de aula, traduções que preparei de diversos textos primários.

No caso específico da história da termometria, ao preparar as aulas e as traduções, deparei-me com um aspecto que ainda não conhecia sobre o assunto: o desenvolvimento da ideia de graus de calor na medicina e na farmacologia da Antiguidade e da Idade Média. Traduzi nessa época alguns textos de Galeno, al-Kindī e Ibn Rushd, fazendo a conexão com as contribuições de Santorio, no início do século XVII. Esse material foi disponibilizado para uso dos estudantes que estavam cursando o Mestrado em Ensino de Ciências e Matemática, naquele ano.

Embora tenha utilizado esse material com meus alunos, apresentando a gradual transformação dos conceitos de temperatura e graus de calor, não redigi nenhum artigo sobre o assunto, naquela época. Retomei esse estudo apenas em 2023, motivado pela leitura de um projeto de pesquisa que, no seu referencial teórico, fazia uso da visão de Carlo Ginzburg, que classificava a antiga medicina como pertencente ao "paradigma indiciário", em contraste com o "paradigma galileano", o qual seria caracterizado, entre outras coisas, por uma abordagem quantitativa.[1]

Embora a abordagem de Ginzburg seja muito antiga e ultrapassada, acredito que muitos ainda compartilham dessa visão equivocada e, por isso, fiquei estimulado a redigir este artigo mostrando como a medicina e a farmacologia antigas tinham uma preocupação com o desenvolvimento de uma abordagem quantitativa. Acredito, assim, que o presente estudo possa servir de contraexemplo para a dicotomia de Ginzburg.

(2) Em busca do éter: de Maxwell a Michelson, Morley e Miller

Meu interesse e envolvimento com a teoria da relatividade e sua história são muito antigos. Quando iniciei meu trabalho docente no Instituto de Física da Universidade Estadual de Campinas, em 1983, o contato frequente com o professor César Lattes me estimulou a aprofundar esses estudos. Foi quando tive a oportunidade de completar um levantamento sistemático a respeito de experimentos que tentavam detectar o movimento da Terra em relação ao éter – tanto testes anteriores ao surgimento da teoria da relatividade, quanto posteriores – obtendo cópias de praticamente todos os trabalhos relevantes. Utilizei grande parte do material que foi obtido nessa pesquisa para preparar as aulas de um curso de extensão que ministrei na Unicamp em 1984, em colaboração com o professor Lattes, sobre a história e fundamentos da teoria da relatividade restrita. Nessa época, também orientamos em conjunto um estudante de iniciação científica, Alcides José de Paula Braga (bolsa da FAPESP), cujo projeto era voltado justamente para o estudo das bases experimentais da teoria da relatividade especial.

Apesar de todo o trabalho desenvolvido naquela época, não publiquei nenhum artigo sobre o assunto. Continuei a abordar esses experimentos em minhas aulas sobre História da Física e

---

[1] GINZBURG, Carlo. *Mitos, emblemas, sinais: morfologia e história*. Trad. Federico Carotti. São Paulo: Companhia das Letras, 1989, pp. 143-180.

em palestras, mas sem me deter para escrever um trabalho detalhado sobre o assunto. Meu livro sobre história da teoria da relatividade especial[2] aborda, é claro, essa temática dos experimentos que procuravam detectar a existência do éter; porém, a abordagem utilizada no livro é introdutória. Publiquei um artigo descrevendo os estudos experimentais anteriores ao trabalho de Michelson e Morley,[3] porém sem entrar no nível de detalhamento que me dá mais satisfação. Concluí agora esta análise do período que vai desde 1878 até 1906, desde as propostas de Maxwell sobre o tema, até os experimentos de Morley e Miller. Se tiver possibilidade de dar continuidade a esse trabalho, abordarei o período posterior, até os experimentos de Miller e de Courvoisier.[4]

Sobre o autor

Os principais temas de pesquisa de Roberto de Andrade Martins são: fundamentos da física (especialmente da teoria da relatividade), história da ciência (especialmente história da física, da matemática, da química, da astronomia e da biologia) e filosofia da ciência. Publicou mais de 200 atrabalhos sobre esses assuntos e orientou mais de 30 disertações e teses sobre seus temas de pesquisa.

Roberto de Andrade Martins graduou-se em Física na Universidade de São Paulo (USP, 1972) e obteve seu doutoramento em Lógica e Filosofia da Ciência na Universidade Estadual de Campinas (UNICAMP, 1987). Foi professor da Universidade Estadual de Londrina (UEL), da Universidade Federal do

---

[2] MARTINS, Roberto de Andrade. *A origem histórica da relatividade especial*. São Paulo: Editora Livraria da Física, 2015.

[3] MARTINS, Roberto de Andrade. O éter e a óptica dos corpos em movimento: a teoria de Fresnel e as tentativas de detecção do movimento da Terra, antes dos experimentos de Michelson e Morley (1818-1880). *Caderno Brasileiro de Ensino de Física* **29** (1): 52-80, 2012.

[4] Já publiquei, em inglês, um estudo a respeito das pesquisas de Courvoisier: MARTINS, Roberto de Andrade. Searching for the ether: Leopold Courvoiser's attempts to measure the absolute velocity of the solar system. *Dio: The International Journal of Scientific History*, **17**: 3-33, 2011.

Paraná (UFPR) e da Universidade Estadual de Campinas (UNICAMP), onde trabalhou durante a maior parte de sua carreira acadêmica. Depois de se aposentar da UNICAMP em 2010, foi professor visitante na Universidade Estadual da Paraíba (UEPB), da Universidade de São Paulo em São Carlos (USP) e da Universidade Federal de São Carlos (UFSCar). Desde 2016, é colaborador da Universidade Federal de São Paulo (UNIFESP).

Criou e coordenou o Grupo de História e Teoria da Ciência (GHTC) na UNICAMP, de 1990 até 2010. Participa, como pesquisador, do mesmo grupo, que atualmente é denominado Grupo de História, Teoria e Ensino de Ciências. Foi presidente da Sociedade Brasileira de História da Ciência (SBHC) e da Associação de Filosofia e História da Ciência do Cone Sul (AFHIC). Foi bolsista de produtividade em pesquisa do Conselho Nacional de Desenvolvimento Científico e Tecnológico (CNPq) durante mais de 40 anos.

A PRÉ-HISTÓRIA DA TERMOMETRIA: DOS HUMORES DE HIPÓCRATES AOS GRAUS DE CALOR E DE FRIO

Roberto de Andrade Martins

Resumo: A ideia de uma escala de graus de calor e frio surge primeiramente na medicina helênica, nos trabalhos de Galeno que, por sua vez, foram inspirados por Hipócrates. Durante o período medieval, as ideias de Galeno sofrem transformações e surge uma busca por uma quantificação mais detalhada dos graus de calor e frio, para permitir a previsão das propriedades dos medicamentos compostos. Há propostas contraditórias sobre o modo de interpretar esses graus; porém, no século XVI, passa a predominar a ideia de uma escala linear de calor e frio, com implicações diretas sobre o modo de calcular os graus dos compostos através da técnica matemática de ligadura ou *alligatio*. No início do século XVII Santorio inventou o primeiro termômetro, destinado a usos médicos, que incorporou e transformou a conceituação anterior. O conhecimento dessa longa história é importante para se compreender muitos aspectos da termometria desenvolvida a partir do século XVII.
Palavras-chave: história da física; história da termometria; história da medicina; história da farmacologia; história da matemática

Conteúdo do artigo:
1. Introdução
2. A temperatura e os seus graus, nas traduções latinas de Galeno
3. Intermezzo etimológico

MARTINS, Roberto de Andrade. *Ensaios sobre História e Filosofia das Ciências III*. Extrema: Quamcumque Editum, 2023.

1. INTRODUÇÃO

A história da termologia tem sido pouco pesquisada, até hoje. Tanto as obras dos historiadores da ciência quanto os livros didáticos costumam situar o início dos estudos sobre temperatura no século XVII, mencionando o surgimento dos primeiros termoscópios e termômetros e discutindo as contribuições de Galileo Galilei, Santorio Santori e outros (Barnett, 1956; Major, 1938; Pearce, 2002; Wisniak, 2000; Wright, 2016). Porém, o surgimento dos próprios conceitos de *temperatura* e de *graus de calor e frio* (que é fundamental para se pensar em um termômetro) não costuma ser mencionado, com raríssimas exceções (Taylor, 1942).

Se procurarmos a ocorrência da palavra "temperatura", em vários idiomas, em obras publicadas no século XVI, veremos que ela aparece de modo bastante frequente em livros sobre medicina.[1] Porém, não se tratava de um simples conceito de

---

[1] Pode-se fazer esse tipo de busca facilmente, utilizando o recurso *Google Books*.

temperatura corporal, sentida pelo tato e associada à saúde ou à febre, mas uma ideia muito mais complexa. E, nesse período, considerações sobre "grau de temperatura" aparecem principalmente vinculadas ao estudo de medicamentos, e não à temperatura do corpo humano.

Foi na medicina e na farmacologia que essas ideias se desenvolveram, antes de se tornarem conceitos da física. Este artigo apresentará uma visão geral do desenvolvimento dos conceitos de temperatura e de grau de calor, da Antiguidade até o século XVI, mostrando que ele se origina de considerações de Hipócrates e de Aristóteles a respeito das quatro qualidades básicas dos elementos (quente, frio, seco, úmido), sofrendo transformações nas obras médicas de Galeno e outros autores e levando a um tratamento bastante sofisticado por parte de pensadores medievais como Al-Kindī e Avicena (Ibn Sīnā). Veremos que a ideia de graus de calor e frio é central no desenvolvimento da antiga farmacologia, para caracterizar as propriedades dos medicamentos simples, bem como para calcular e prever as propriedades dos medicamentos compostos. Assim, o conceito de graus de temperatura, que se torna parte da Física no século XVII, não se originou através de estudos puramente físicos e sim a partir de preocupações médicas e farmacêuticas.

Houve duas fases importantes nesse desenvolvimento. A primeira delas foi o surgimento de um conceito de *temperatura* que, no entanto, é muito diferente do nosso. Na segunda fase ocorreu o processo de quantificação, introduzindo a ideia de *graus de calor e frio*, que acabou levando ao nosso conceito atual, depois de diversas transformações.

Quem se interessa pela história da física e estiver lendo este trabalho, poderá achar muito estranha a abordagem aqui utilizada, porque será necessário falar bastante sobre a tradição médica antiga e medieval; e também porque será imprescindível apresentar considerações linguísticas, tanto ao analisar a terminologia grega relevante quanto o vocabulário latino de onde se originam diversas palavras em português associadas ao antigo conceito de temperatura. Será necessário esclarecer as relações entre termos que hoje em dia podem parecer totalmente independentes, como temperatura, tempero, temperamento, têmpera, temperança, temperado e outros, para possibilitar a compreensão da curiosa história que vamos contar.

2. A TEMPERATURA E OS SEUS GRAUS, NAS TRADUÇÕES LATINAS DE GALENO

Como regra geral, uma narrativa histórica deve seguir a ordem cronológica, a fim de não confundir o leitor. No entanto, vou abrir aqui uma exceção, apresentando primeiramente aquilo que foi o meu ponto de partida pessoal para o estudo do assunto. Depois, retornaremos à Antiguidade grega, abordando o tema de acordo com a ordem histórica. Espero que esta escolha ajude a despertar o interesse e a atenção do leitor que, talvez, ficasse desestimulado pela longa narrativa cronológica.

Na preparação de um curso sobre história da física,[2] analisando o desenvolvimento da termometria, verifiquei que o termo "temperatura" era usado no século XVII por muitos autores, sem nenhuma explicação sobre seu significado. Isso sugeria que a palavra já era de uso comum, nessa época. Procurando antecedentes, pesquisei obras do século XVI onde aparecesse a palavra "temperatura" (em latim) e outros termos associados. Foi quando me deparei com o contexto médico no qual essa palavra era muito frequente – uma circunstância histórica que eu não conhecia, na época. Várias das obras encontradas eram de Galeno e, como esse é um autor central no tema deste artigo, apresentarei a seguir alguns trechos de edições em latim de obras do médico helenístico onde encontrei esse termo.

> Os corpos dos animais são constituídos por uma mistura de quente, frio, seco e úmido, fornecendo uma *temperatura* a cada parte ou ao todo, como foi demonstrado de forma suficiente pelos antigos, tanto pelos filósofos quanto por

---

[2] Na época (2011), era professor visitante da Universidade Estadual da Paraíba (UEPB).

importantes médicos. [...] Quando se fala sobre corpos cuja *temperatura* é quente, fria, seca e úmida, entendem-se as substâncias que têm esses elementos no mais alto grau, ou seja, fogo, água, terra e ar. Mas os animais ou suas raças não são quentes, úmidos, secos ou frios. Pois nenhum animal pode ser supremamente quente, como o fogo; nem supremamente úmido, como a água; de modo semelhante, não pode ser supremamente frio ou seco. Mas aquilo que predomina na sua composição, lhe dá o nome. Assim, chamamos de úmido aquilo em que existe maior proporção de umidade; de seco, onde predomina a secura; de quente, aquilo em que o calor predomina sobre o frio; e de frio, realmente, aquilo em que o frio supera o calor. E esse realmente é o uso que se dá a esses nomes. (Galeno, 1576, fol. 10 recto)[3]

Nesta citação, a palavra "temperatura" (que coloquei em itálico para destacá-la) aparece duas vezes. Um primeiro ponto que deve ser percebido é que esse termo não está se referindo apenas a diferenças entre quente e frio, mas também entre úmido e seco. Essas quatro qualidades – quente, frio, úmido, seco – eram utilizadas desde a Antiguidade grega para caracterizar os quatro elementos materiais (terra, fogo, ar e água) e também os quatro humores corporais (sangue, muco, bílis amarela, bílis negra), conforme será explicado mais adiante. Em todas as coisas – e, em particular, nos seres vivos – existe uma combinação dessas quatro qualidades e a temperatura é a indicação da proporção entre elas, naquele objeto em particular. Ela tem influência em muitas características dos seres humanos, como Galeno explica em outra passagem:

---

[3] Em muitos livros impressos antigos, em vez de haver uma numeração de *páginas*, como ocorre atualmente, era comum haver a numeração de *folhas*. Para permitir a localização de citações em obras com esse tipo de numeração, utiliza-se o número da folha, seguido pela indicação sobre *o lado da folha* relevante, empregando-se para isso os termos latino *recto* (frente) e *verso* (atrás), podendo-se também utilizar apenas as letras iniciais como, por exemplo: Galenos, 1576, fol. 321r ou Galenos, 1576, fol. 321v.

> A *temperatura* da alma[4] é uma tendência que é alterada pelos lugares, alimentos e de forma geral pelo equilíbrio dos temperamentos, de acordo com a melhor autoridade dos filósofos. (Galenos, 1576, fol. 317 recto)
>
> Assim, na parte da alma pensante, a sutileza ou tolice – maior ou menor razão – é consequência das *temperaturas* do corpo. As causas dessas *temperaturas* são, primeiramente, a criação no útero, e em segundo lugar, os sucos nutritivos dos alimentos. Cada uma dessas coisas fortalece imensamente a outra. A *temperatura* quente produz a raiva; e pela força da raiva, acendem-se o calor interno e o fogo. Pelo contrário, aqueles que têm uma *temperatura* moderada, possuem um ânimo moderado, e para isso são eficazes um bom nascimento e bons sucos. (Galenos, 1576, fol. 321 verso)

No primeiro parágrafo desta citação aparece a palavra "temperamento", que está estreitamente relacionada com a temperatura, na tradição antiga. Modernamente, a palavra temperamento significa uma disposição emocional de uma pessoa (ou animal). No pensamento antigo, o temperamento estava associado à proporção das quatro qualidades fundamentais, dependendo de quais delas predominavam, conforme explicado no segundo parágrafo da citação.

No sentido utilizado por Galeno, a temperatura varia de uma estação do ano para outra e também de uma idade humana para outra:

> Há quatro idades: a primeira, infância, a segunda dos jovens, a terceira, do meio, a quarta, velhice. As crianças têm uma *temperatura* quente e úmida, como a primavera. Os jovens, quente e seco, de fato, como a *temperatura* do verão. Os do meio, frios e secos, como o outono. Velhos, frios e úmidos,

---

[4] A palavra "alma" (*anima*, em latim) no contexto filosófico antigo não tem o mesmo significado que encontramos na religião judaico-cristã. Ela indica um conjunto de poderes existentes nos seres vivos, como os de se nutrir, crescer, reproduzir-se, ter sensações, mover-se, pensar (Martins & Martins, 2007).

como o inverno. As crianças têm excesso de sangue, e os jovens de bílis amarela. Os do meio, moderado. Nos velhos, pouco. (Galenos, 1586, fol. 44 verso)

A saúde e a doença estão associadas a uma temperatura equilibrada, ou ao seu desequilíbrio, a "intemperança":

> As virtudes do corpo são: saúde, força, beleza, integridade. Mas as da alma são: prudência, modéstia, coragem, retidão. Além disso, a proporção da saúde corresponde à da modéstia. A saúde é, realmente, uma constituição com boa *temperatura*; e a modéstia, por outro lado, é manter a mente pura de todos os modos, sem prazer, medo, tristeza, desejo; pois aquele que exibe tranquilidade e falta de perturbação das emoções da alma tem uma constituição da alma semelhante à saúde. (Galenos, 1586, fol. 45 recto)
>
> Doença, que os gregos chamam de νοσος, é a primeira intemperança constituída de acordo com a natureza. Seja uma intemperança dos nossos humores internos, ou desordem das faculdades naturais, ou desvio do corpo daquilo que está de acordo com a natureza. A doença é a primeira intemperança na qual seco, ou frio, ou quente, ou úmido, prevalece. A doença é contrária à constituição conveniente do corpo cujas partes têm *temperatura* equilibrada. Da mesma forma, as melhores estruturas corporais são aquelas que são simétricas, o que mostra que possuem uma constituição temperada. (Galenos, 1586, fol. 45 verso)

O equilíbrio (saúde) ou desequilíbrio (doença) podem ser influenciados por circunstâncias externas – em particular, por medicamentos. Por isso, a consideração sobre a temperatura também se aplica aos alimentos e remédios:

> Capítulo 4. Sobre as substâncias salutares. De modo resumido, uma substância salutar é aquela que tem uma boa origem natural e também uma *temperatura* comensurada nos

simples[5] e primeiras partículas de que se compõe. Realmente, um corpo é saudável quando se apresenta são. E no tempo em que ele é saudável, tem boa *temperatura*, e é comensurável, de um modo que lhe é próprio, mas não ótimo. Realmente, este corpo é simplesmente salutar se não lhe faltar muito para ter uma constituição ótima, com *temperatura* ótima, e especialmente comensurada, como muitas outras coisas. (Galenos, 1586, fol. 62 recto)

Capítulo 5. Sobre as substâncias insalubres. Insalubre, no entanto, de modo resumido, é a substância que pela sua própria origem natural, ou tem má *temperatura* em partes semelhantes, ou tem falta de comensurabilidade nos instrumentos, ou tem ambos defeitos. Realmente, um corpo insalubre é aquele que nesse tempo é considerado doentio. [...] Realmente, é sempre insalubre aquilo que por sua própria origem natural, ou tem péssima *temperatura* dos simples e de todas as partículas das quais obtém seu princípio, ou no qual há uma incomensurabilidade de instrumentos. (Galenos, 1586, fol. 62 recto)

Nas obras em que descreveu mais detalhadamente os medicamentos, Galeno não apenas se refere às suas qualidades predominantes, mas também indica os *graus* de calor, frio, umidade e secura dos mesmos, introduzindo assim uma abordagem quase quantitativa. Segundo o autor, haveria quatro graus de cada uma dessas qualidades; e esses graus principais poderiam ser subdivididos em três níveis intermediários. Vejamos sua exposição:

Agora é o momento em que este livro deve esclarecer os graus [*ordinis*] dos temperamentos e das faculdades que estão nos medicamentos. Assim, é conveniente chamar de medicamento simétrico[6] aquele que nem aquece, nem seca, nem resfria, nem umedece, e que não é nem quente, nem frio, nem úmido nem seco. Mas aquele que é ou mais quente, ou mais frio, ou mais úmido, ou mais seco, será denominado pela

---

[5] O termo "simples" era utilizado para descrever os componentes de um alimento ou medicamento.

[6] Seria um medicamento neutro ou equilibrado.

faculdade que excede as outras. Além disso, conforme o excesso, cada um tem quatro graus, que são suficientes para o uso prático. Chamamos de quente de primeiro grau aquele que nos aquece, mas não de forma evidente, sendo sua ação reconhecida por demonstração racional. Da mesma forma, frio, úmido e seco que também exijam demonstração, também terão o valor de um grau. Aqueles que, de forma manifesta, ou aquecem, ou resfriam, ou umedecem, ou secam, podem ser considerados de segundo grau. Mas aquele que faz isso de forma veemente, mas não no grau máximo, de terceiro. Porém aqueles outros que podem aquecer até o ponto de queimar e destruir, do quarto. Assim, aquilo que refrigera de modo muito poderoso, e que produz extinção, também é do quarto grau. Mas não se descobriu nada que seque no quarto grau e que não queime também; pois aquilo que seca de forma máxima também queima.

No entanto, a terceira ordem corresponde às coisas que dessecam, mas não queimam, sendo um poderoso adstringente, tais como suco de uvas verdes [*omplacium*], rhus, alúmen, romã [*balaustium*] e a galha de uvas [*galla omphacitis*]. Mas naqueles outros que estão muito próximos de serem cáusticos, como flocos de cobre [*squama aeris*] e azinhavre [*aes ustum*], pode-se duvidar se ficam no quarto grau, ou se pertencem à terceira. No meio do terceiro [grau] está o azinhavre, se for lavado. No início do terceiro, *Cytinus hypocistis*. Da mesma forma, no segundo e no quarto graus podem ser constituídas três diferenças. Pois de fato o cautério e a mostarda não queimam da mesma forma, embora ambos sejam do quarto grau. Sobre isso, todos os livros seguintes determinarão cada um dos medicamentos separadamente. (Galenos, 1549, col. 152)

Na sua obra sobre os medicamentos simples, Galeno descreve os graus de calor, frio, secura e umidade de cada substância, como por exemplo:

ENDRO. O endro deve ser considerado como quente de segundo grau intenso, ou de terceiro fraco. Seu poder de secar

> é, no entanto, do início do segundo ou fim do primeiro. (Galenos, 1549, col. 168)

Assim, encontramos nas obras de Galeno não apenas um conceito de temperatura, mas também a ideia de graus de calor e de frio. Certamente a conceituação de Galeno é mais ampla do que a nossa, mas contém aspectos que podemos associar às ideias modernas. Teria esse conceito médico de temperatura influenciado o desenvolvimento da termometria do século XVII? Certamente sim. Santorio Santori (1561-1636), o primeiro autor a publicar a descrição e uso de um termômetro em 1612, era médico e apresentou sua invenção em um comentário que escreveu sobre a obra de Galeno (Bigotti & Barry, 2022, p. 13). Portanto, para compreendermos a origem dos conceitos termométricos modernos, é necessário recuar a Galeno, aos seus antecessores e também a outros autores posteriores a ele.

3. INTERMEZZO ETIMOLÓGICO

Antes de percorrermos nossa longa história, vamos falar sobre a origem da nomenclatura associada ao conceito de "temperatura". Essa terminologia, nos idiomas modernos (como o português), provém do latim, embora sua origem mais remota esteja em textos gregos. Neste ponto, vamos apenas abordar os termos latinos.

A palavra latina *temperātūra*, de onde saiu "temperatura" em português, provém do verbo latino *temperō / temperāre*, que significa combinar, compor, manter na proporção devida, misturar, temperar (Smith & Lockwood, 2000, p. 745). Originalmente, portanto, a palavra *temperātūra* não tem relação com as noções de quente ou frio e sim com a ideia de uma mistura ou composição. Vejamos outros termos latinos associados, também derivados do mesmo verbo:[7]

* *Temperāmentum* – uma mistura na devida proporção

---

[7] Todos os significados desses termos estão aqui informados de acordo com Smith & Lockwood, 2000, pp. 744-745.

- *Temperāns, temperantis* – particípio passado de *temperō*; moderado, temperado, autocontrolado
- *Temperanter* – com moderação, moderadamente
- *Temperantia* – autocontrole, moderação, discrição
- *Temperātē* – na proporção devida, moderadamente
- *Temperātiō* – uma mistura adequada ou tempero de ingredientes; composição ou natureza de uma coisa
- *Temperātor* – aquele que exerce o devido controle
- *Temperātus* – mantido na devida medida; temperado corretamente
- *Temperiēs* – uma mistura adequada

Assim, os termos latinos de onde se originaram palavras em português como temperatura, tempero, temperamento, têmpera, temperança, temperado, provêm todas do mesmo verbo, que se refere a uma composição ou combinação – e não se relaciona diretamente com a ideia de calor.

Por outro lado, a palavra latina *gradus*, de onde se originou "grau" em português, originalmente também não tinha relação com calor ou frio. *Gradus* significava um passo (movimento do pé). Na antiga Roma, *gradus* era uma medida de comprimento, igual a dois pés e meio (um passo simples) – sendo o "pé" romano um pouco menor do que o pé inglês, por exemplo. O passo duplo (*passus*) era o dobro dessa distância, correspondendo a cinco pés (Smith, 1851, p. 1027). Posteriormente, a palavra *gradus* adquiriu os significados derivados de estágio, degrau, nível ou andar (de um edifício) (Smith & Lockwood, 2000, p. 297).

Mais adiante, mencionaremos os correspondentes gregos desses termos.

4. HIPÓCRATES E A DOUTRINA DOS HUMORES CORPORAIS

Vamos agora recuar ao início de nossa jornada histórica, tratando sobre a teoria médica associada a Hipócrates (aprox. 460-370 a.C.) a respeito dos constituintes do organismo humano (humores), sem mencionar alguns precursores, como Alcmaeon of

Croton (aprox. 540-500 a.C.) cujas ideias eram bem diferentes. A teoria dos humores aparece no tratado hipocrático intitulado *Sobre a natureza do homem* (Περὶ Φύσιος Ἀνθρώπου) que parece não ter sido escrito pelo próprio Hipócrates e sim por Polybus (séc. IV a.C.), seu discípulo e genro (ver Jouanna, 2021, p. 335).

> O corpo humano contém sangue, fleuma, bílis amarela e bílis negra. Esses constituem a natureza de seu corpo e através deles ele sofre dor ou desfruta de saúde. Ele desfruta da mais perfeita saúde quando esses elementos são devidamente proporcionais entre si, com respeito à sua composição, poder e volume, e quando estão perfeitamente misturados. A dor é sentida quando um desses elementos está em excesso ou falta, ou está isolado no corpo sem estar combinado com os outros. (Hipócrates, 1959, vol. 1, pp. 11-13)

Embora essa teoria tenha se tornado muito importante posteriormente, ela só aparece no tratado *Sobre a natureza do homem* e não pode ser considerada como um elemento central da medicina hipocrática (Wilkins, 2014, p. 174). Em outras obras do *Corpus Hippocraticus*, os humores corporais importantes podem ser dois, três ou quatro, com diferentes escolhas de fluidos (Wilkins, 2021, pp. 212-213).

Os quatro humores descritos por Hipócrates (ou Polybus) são líquidos que atuam no organismo, podendo produzir doença ou saúde. O termo grego utilizado para descrever essas substâncias é χυμός (*chymos*), que significa literalmente um suco, um líquido de uma planta. Utilizamos a denominação "humores" a partir do latim, pois "humor" significava originalmente líquido ou fluido.

O sangue (αἷμα, *haima*), vermelho, é o líquido mais bem conhecido; o catarro, muco ou fleuma (φλέγμα, *phlegma*) é um líquido branco que se manifesta principalmente em situações de doença; a bílis amarela (ξανθη χολή, *xanthe chole*) estava associada especialmente à vesícula biliar; e a bílis negra (μέλαινα χολή, *melaina chole*) ao baço. É possível que a doutrina dos quatro humores tenha sido influenciada pela proposta de Empédocles sobre os quatro elementos (Longrigg, 1993, pp. 53, 91).

Vivian Nutton comenta que essa teoria era apenas uma entre muitas propostas existentes na época:

> O que é evidente é que a teoria dos quatro humores é apenas uma das várias tentativas da Grécia antiga para explicar a saúde e a doença em termos de fluidos corporais, humores. Durante séculos não houve um número canônico de humores, nem qualquer acordo definitivo sobre quais fluidos deveriam ser incluídos. Embora a fleuma e a bile sejam frequentemente mencionadas em fontes médicas e não-médicas desde uma época muito antiga, quase qualquer outro fluido corporal foi proposto entre esses principais determinantes da doença. De fato, a escolha de sangue, bile, bile negra e fleuma, e apenas esses quatro, como os humores essenciais, vem relativamente tarde, e é apresentada pela primeira vez dentro do Corpus Hipocrático pelo autor de *Sobre a Natureza do Homem* no final do século V a.C. No entanto, uma vez proposta, tornou-se gradualmente dominante na medida em que passou a ser vista como a teoria hipocrática por excelência. (Nutton, 2005, p. 115)

De acordo com a doutrina hipocrática, a saúde é devida a uma "boa combinação" dos humores ou *eucrasia* (εὐκρασία), enquanto a doença é devida a uma "má combinação" ou *discrasia* (δυσκρασὶα).

É útil comentar aqui sobre a palavra grega κρᾶσις (*crasis*) que terá grande importância mais adiante e que está relacionada com as expressões mencionadas acima, *eucrasia* (εὐκρασία) e *discrasia* (δυσκρασὶα). A palavra κρᾶσις provém do antigo verbo grego κεράννυμι / κεραννύω que significa misturar, combinar, compor. O significado primitivo da palavra κρᾶσις (*crasis*) é de uma combinação ou mistura homogênea de duas coisas que se unem formando um todo, como água e vinho misturados. Pelo contrário, a palavra μῐξῐς (*mixis*) indica uma mistura heterogênea de coisas que permanecem separadas, como dois tipos distintos de grãos colocados no mesmo recipiente (Bailly, 1935, vol. 1, p. 1130). Em português, a palavra "crase", derivada de *crasis*, significa uma união ou combinação de duas vogais como, por exemplo, a+aquela = àquela.

Além do significado de "combinação", a palavra grega κρᾶσις (*crasis*) também pode significar temperatura, porque é usada para representar uma combinação de frio e calor em diferentes proporções (Liddell & Scott, 1940, vol. 1, p. 990). Os dois significados (combinação e temperatura) aparecem em obras de Platão e de Aristóteles (*ibid.*). O capítulo 14 da obra aristotélica Προβλήματα (*Problemata*), que trata sobre os climas, tem o título ὅσα περὶ κράσεις.

Vejamos alguns exemplos. Na obra *Phaedo* (111b), de Platão, a palavra κρᾶσις (*crasis*) aparece no sentido de uma combinação equilibrada de calor e frio:

> E lá as estações são tão *temperadas* [τὰς ὥρας **κρᾶσιν** ἔχειν τοιαύτην ὥστε] que as pessoas não têm doenças e vivem muito mais do que nós, e são muito superiores a nós em visão, audição e sabedoria e todas as outras coisas semelhantes, assim como o ar é mais puro do que a água e o éter do que o ar. (Platão, 1966, vol. 1, pp. 380-381)

Com relação à tradução deste termo, na citação acima e em outras que surgirão posteriormente, é importante mencionar algumas palavras em português que, na linguagem popular, não são consideradas como correlatas, mas que têm a mesma origem, como já vimos na seção anterior deste trabalho: temperar, tempero, temperado, temperatura. Temperar é combinar os ingredientes que dão sabor a um alimento. Um alimento bem temperado é aquele em que essa combinação é harmoniosa. Da mesma forma, uma estação do ano ou um clima de uma região são considerados "temperados" se há uma combinação harmoniosa dos seus componentes (quente, frio, seco, úmido). A "temperatura", no sentido original da palavra, significava a proporção entre as várias qualidades principais. Não se trata apenas de "temperatura" no nosso sentido contemporâneo, pois envolve também umidade e secura; mas é um conceito parecido.

Retornemos, no entanto, ao pensamento hipocrático. Na obra atribuída a Hipócrates intitulada *Sobre ares, águas e lugares* encontramos o seguinte trecho:

> Pois tudo na Ásia cresce muito mais em beleza e tamanho; uma região é menos selvagem do que outra, o caráter dos habitantes é mais gentil e suave. A causa disso é o clima *temperado* [**κρῆσις** τῶν ὡρέων], porque fica a leste entre as elevações do Sol e mais longe do frio do que Europa. (Hipócrates, 1959, vol. 1, p. 107)

E na sua *Medicina antiga* (XVI), utilizando a palavra κρᾶσις (*crasis*) duas vezes, em sentidos diferentes, Hipócrates comenta:

> E eu acredito que, de todas as qualidades, nenhuma influencia menos o corpo do que frio e calor. Estas são minhas razões: enquanto o calor e o frio estão *combinados* juntos no corpo, eles não causam dor. Pois o quente é *temperado* e moderado pelo frio, e o frio pelo quente. Mas quando qualquer deles é separado totalmente do outro, então ele causa dor. (Hipócrates, 1959, vol. 1, p. 43)

O tratado *Sobre a natureza do homem* indica que cada um dos quatro humores está associado a uma das estações do ano, que é o período em que ele tem sua maior intensidade; e também estão associados ao calor, ao frio, à secura e à umidade (Longrigg, 1993, p. 91). O sangue é quente e úmido, predominando na primavera; a bílis amarela é quente e seca, sendo mais forte no verão; a bílis negra é fria e seca, sendo mais intensa no outono; e a fleuma é fria e úmida, sendo mais forte no inverno (Hipócrates, 1959, pp. 19-23).

5. A TEORIA ARISTOTÉLICA DAS QUATRO QUALIDADES FUNDAMENTAIS

Em várias passagens de suas obras e especialmente na intitulada *Sobre a geração e a corrupção* (Περὶ γενέσεως καὶ φθορᾶς), Aristóteles (384-322 a.C.) procurou caracterizar as qualidades fundamentais da matéria. Um século antes de Aristóteles, Empédocles (495-430 a.C.) havia proposto a existência de quatro elementos materiais básicos: terra, água, ar e fogo. Aristóteles aceitou essa ideia dos quatro elementos para descrever a matéria que nos cerca – embora, em outros textos, ele tenha acrescentado um quinto elemento, o éter, como constituinte dos corpos celestes. Ao contrário de Empédocles e outros pensadores anteriores, Aristóteles aceitava que os quatro elementos poderiam se transformar uns nos outros (Bolzan, 1976), supondo que todos eles eram formados de uma mesma matéria primária – que não é nenhum deles. Essa matéria primária nunca pode ser encontrada isoladamente, ela sempre adquire a forma de um dos quatro elementos e sofre transformações por causa de quatro propriedades ou qualidades (ποιότητες, *poiotētes*) fundamentais: calor, fio, secura, umidade.

> Nossa doutrina é que, embora exista uma matéria dos corpos perceptíveis – uma matéria a partir da qual surgem aqueles que são chamados de elementos – ela não tem existência separada, mas está sempre associada a contrários. Um relato mais preciso disso foi fornecido em outra obra [Física, I.6-9]. No entanto, devemos fornecer também uma explicação detalhada dos corpos primários, pois eles também são derivados da matéria de forma semelhante. Devemos contar como um princípio e como primária a matéria que está subjacente, embora ela seja inseparável das qualidades contrárias; pois o quente não é matéria para o frio, nem o frio para o quente, mas o substrato é a matéria para ambos. Assim, como princípios temos primeiramente aquilo que é um corpo perceptível em potência, em segundo lugar, os contrários (quero dizer, quente e frio) e, em terceiro, fogo, água e os outros. Pois estes corpos se transformam uns nos outros – não são imutáveis como Empédocles e outros pensadores afirmam, pois nesse caso a alteração seria impossível – enquanto os contrários não mudam. [...] (Aristóteles, *De generatione et corruptione*, II.1, 329ª25)

Empédocles havia proposto os quatro elementos materiais sem dar nenhuma razão para sua escolha. Aristóteles justificou a existência de quatro e apenas quatro elementos a partir da teoria das qualidades principais, porque os pares de opostos quente-frio e úmido-seco só podem ser combinados de quatro maneiras:

> Os elementos são quatro, e quaisquer quatro termos podem ser combinados em seis pares. No entanto, os contrários se recusam a ser combinados, pois é impossível que a mesma coisa seja quente e fria, ou úmida e seca. Portanto é evidente que as combinações dos elementos serão quatro: quente com seco e quente com úmido, e também frio com seco e frio com úmido. E esses quatro pares se relacionam com os corpos aparentemente simples (fogo, ar, água, terra) de um modo que concorda com a teoria. Pois o fogo é quente e seco, enquanto o ar é quente e úmido (sendo o ar um tipo de vapor); e água é fria e úmida, enquanto a terra é fria e seca. Assim as diferenças são distribuídas de modo razoável entre os corpos primários, e o número deles concorda com a teoria. [...] (Aristóteles, *De generatione et corruptione*, II.3, 330ª30)

As quatro qualidades básicas se opõem duas a duas, mas são distintas. Para Aristóteles e para os outros pensadores da época, frio e calor se opõem, mas frio não é uma simples ausência de calor: tanto o calor quanto o frio possuem existência real, um é independente do outro. Da mesma forma, umidade e secura se opõem, mas uma não é a simples ausência da outra.

É interessante esclarecer que Aristóteles diferenciava os quatro elementos das quatro substâncias comuns que têm o mesmo nome e que são misturas ou combinações dos elementos:

> De fato, no entanto, fogo e ar, e cada um dos corpos que mencionamos, não são simples, mas combinações. Os corpos simples têm realmente naturezas semelhantes a eles, mas não são idênticos a eles. Assim, o corpo simples correspondente ao fogo é semelhante ao fogo, mas não é o fogo. O que corresponde ao ar é semelhante ao ar; e assim por diante. O fogo

é um excesso de calor, assim como o gelo é um excesso de frio. Pois congelar e ferver são excessos de frio e calor, respectivamente. Assumindo, portanto, que o gelo é um congelamento do úmido e frio, então o fogo, de forma análoga, será um ferver do seco e quente – um fato que explica por qual motivo nada nasce do gelo ou do fogo. (Aristóteles, *De generatione et corruptione*, II.3, 330ᵇ22)

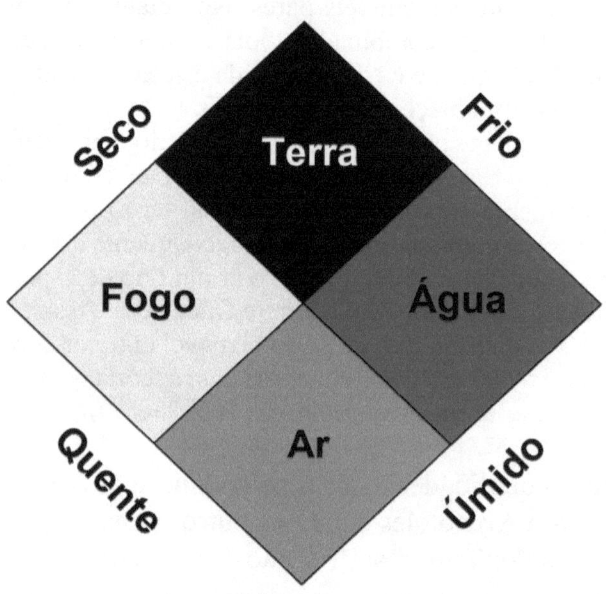

Fig. 1. Representação esquemática da relação entre os quatro elementos e as quatro qualidades básicas.

É evidente a semelhança entre a doutrina hipocrática dos quatro humores e a dos quatro elementos de Aristóteles. Embora o tratado *Sobre a natureza do homem* não relacione cada um dos humores a um dos quatro elementos (Jouanna, 2021, p. 336), é altamente plausível que Aristóteles tenha se inspirado nessa obra. A análise de Aristóteles sobre os quatro elementos e as quatro qualidades básicas foi posteriormente integrada à teoria médica dos quatro humores corporais.

6. PLUTARCO E A NATUREZA DO FRIO

O filósofo Plutarco (Πλούταρχος, aprox. 46-119 d.C.) escreveu um interessante ensaio sobre a natureza do frio (Περί του πρώτως ψυχρού, título traduzido para o latim como *De primo frigido*), onde procura estabelecer que se trata de um princípio real e não uma mera negação do calor (Plutarch, 1927-1976, vol. 12, pp. 227-285). Embora Plutarco não fosse um seguidor de Aristóteles, esse aspecto de suas ideias é coerente com a teoria aristotélica sobre as quatro qualidades primárias da matéria. Vejamos algumas partes desta obra. Plutarco inicia se dirigindo a Favorinus, um jovem peripatético:

> Favorinus, existirá então um princípio ativo ou substância do frio (assim como o fogo é do calor), por cuja presença e através de cuja participação tudo o mais se torna frio? Ou será o frio, em vez disso, uma negação do calor, como dizem que as trevas são da luz, e o repouso do movimento? (Plutarco, *De primo frigido*, 1; Plutarch, 1927-1976, vol. 12, p. 231)

O ponto de partida do questionamento é interessante. A luz é considerada como algo real, enquanto as trevas são apenas uma ausência de luz; da mesma forma, o movimento é real, enquanto o repouso é mera ausência de movimento. Poderemos aplicar o mesmo raciocínio ao frio e dizer que se trata de uma mera ausência de calor? Primeiramente, Plutarco apresenta um argumento a favor dessa ideia:

> Realmente, o frio parece ter a qualidade das coisas paradas, assim como o calor tem [a qualidade] do movimento. O resfriamento das coisas quentes não é causada pela presença de nenhum poder, mas apenas pelo deslocamento do calor, pois podemos ver que ele sai completamente ao mesmo tempo em que o restante esfria. O vapor, por exemplo, que a água fervente emite, é expelido acompanhando o calor que sai. Por isso, sua quantidade se torna menor pelo resfriamento, pois isso reduz o calor, e nada diferente ocupa o seu lugar.

(Plutarco, *De primo frigido*, 1; Plutarch, 1927-1976, vol. 12, p. 231)

É possível que esse argumento que apresentava o frio como mera negação do calor já tivesse sido exposto por outros autores antes; e Plutarco o menciona como ponto de partida para sua argumentação, que será contrária a essa.

> Primeiramente, não deveria tomar cuidado com um ponto desse argumento? Ele elimina muitas forças evidentes, considerando que elas não são qualidades ou propriedades, mas meramente a negação de qualidade ou propriedades – o peso sendo a negação da leveza, a dureza [sendo a negação] da maciez, o negro do branco, o amargo do doce – e assim também em qualquer outro caso quando existe uma oposição natural de forças e não uma relação de positivo e negativo. (Plutarco, *De primo frigido*, 2; Plutarch, 1927-1976, vol. 12, pp. 231-233)

A primeira crítica de Plutarco aos que consideram o frio como mera negação do calor é que o mesmo tipo de argumentação poderia ser aplicado a outras qualidades ou propriedades, levando a conclusões contrárias ao que se costuma aceitar. Tanto o peso (que, na filosofia aristotélica, é um poder que faz cair) quanto a leveza (um poder que faz subir) eram considerados como reais; a leveza não era uma simples ausência de peso, nem o oposto. Da mesma forma para os outros exemplos. Então, Plutarco está procurando mostrar que o argumento apresentado inicialmente levaria a conclusões inaceitáveis.

> Outro ponto é que uma simples negação é inerte e improdutiva – por exemplo, a cegueira, a surdez, o silêncio ou a morte. Aqui você tem a falta de uma causa formal definida e a aniquilação de uma realidade, não alguma coisa que é em si própria parte da natureza ou da realidade. No entanto, o frio tem a natureza de produzir efeitos e alterações nos corpos em que ele entra, como aquelas causadas pelo calor. Muitos objetos podem ser congelados e tornados sólidos pelo frio, ou se

tornar condensados ou viscosos. Além disso, a propriedade pela qual o frio leva ao repouso e resiste não é inerte, mas age pela pressão e resistência, sendo constritivo e preservativo por causa de sua força. A negação é um desaparecimento e saída da força contrária, mas muitas coisas podem se tornar frias embora, ao mesmo tempo, contenham um calor considerável dentro delas. Existem até mesmo alguns objetos que o frio solidifica e consolida mais rapidamente quando estão mais quentes: como o aço, mergulhado na água. [...] como existem muitos outros efeitos que podem ser vistos, produzidos pelo poder do frio, não se justifica considera-lo como uma negação. (Plutarco, *De primo frigido*, 2; Plutarch, 1927-1976, vol. 12, pp. 231-233)

O ponto principal da argumentação de Plutarco, aqui, é que apenas uma coisa real pode ser uma causa – uma negação, que é um nada, não pode produzir efeitos.

Note-se, também, o comentário que aparece no meio da citação acima: "muitas coisas podem se tornar frias embora, ao mesmo tempo, contenham um calor considerável dentro delas". Nessa época, não se considerava que o calor destruísse o frio, ou vice-versa. Eles poderiam coexistir em um mesmo corpo. Essa ideia aparece de modo mais claro no trecho a seguir, que também comenta a respeito de graduações de calor e frio, dependendo das intensidades desses dois poderes no mesmo objeto:

Além disso, uma negação não admite graus de mais ou menos. Certamente ninguém afirmará que um homem cego é mais cego do que outro, [...] ou que um cadáver está mais morto do que outro; porém, entre as coisas frias, há uma ampla gama de variações, do muito para o pouco, do muito frio para o que não é muito e, geralmente falando em graus de intensidade e de diminuição, assim como nas coisas quentes. Isso ocorre porque a matéria envolvida é atuada pelas forças opostas, em diferentes casos, com maior ou menor intensidade; e assim exige graus de um ou do outro, e assim do quente e do frio. [...] As coisas quentes admitem uma combinação com o frio, até certo ponto, assim como o branco com o preto, notas musicais altas com baixas, sabores doces com amargo; e essa associação harmoniosa de cores e sons, remédios e molhos, produz muitas combinações que são agradáveis aos sentidos. (Plutarco, *De primo frigido*, 3; Plutarch, 1927-1976, vol. 12, pp. 233-235)

Veremos, mais adiante, que ideias semelhantes a essas foram utilizadas por Galeno e seus sucessores.

7. GALENO E O PERÍODO HELENÍSTICO

A doutrina dos quatro humores parece não ter tido grande influência na medicina grega e helenística até o século II d.C., quando foi colocada em primeiro plano por Galeno (Κλαύδιος Γαληνός, 129-201 d.C.) (Jouanna, 2021, pp. 338-339). Na mesma época, ela foi utilizada por Ptolomeu (séc. II d.C.) como base de sua teoria astrológica, relacionando as propriedades dos planetas com as quatro qualidades e com os quatro elementos aristotélicos (Martins, 1995).

Galeno nasceu em Pérgamo, onde iniciou seus estudos de medicina. Depois viajou para Esmirna e para Alexandria, retornando a Pérgamo quanto tinha 27 anos de idade. Quatro anos depois ele se mudou para Roma e lá permaneceu até sua morte, exceto por algumas viagens curtas (Eichholz, 1951, pp. 60-62). Suas obras foram escritas em Roma, porém foram compostas em grego (e não em latim). Ele próprio declarou que escrevia para os gregos e para os "bárbaros" de nascimento que tinham aspirações como as dos gregos (*ibid.*, p. 65).

Muitos dos contemporâneos de Galeno aceitavam as teorias atribuídas a Hipócrates, porém existiam muitas versões diferentes. A doutrina dos quatro humores era uma das que eram aceitas, porém outras obras do *Corpus Hippocraticum*, como o primeiro livro sobre as *Causas das Doenças* (*De morborum causis*, Περὶ τῶν ἐν τοῖς νοσήμασιν αἰτιῶν), apresentavam ideias incompatíveis com ela (Nutton, 2005, p. 111). Galeno adotou a teoria dos quatro humores como a base de seu pensamento médico e, depois dele, ela se tornou a base mais aceita para a medicina.

No pensamento de Galeno, os humores são o pano de fundo para o estudo de outros aspectos da atividade fisiológica, baseando-se principalmente as misturas (κρᾶσις, *crasis*) das quatro qualidades (ποιότητες, *poiotētes*) fundamentais: quente, frio, úmido, seco (Wilkins, 2021, p. 211). Galeno adotou também a teoria de Aristóteles dos quatro elementos e de sua associação com essas quatro qualidades, embora a atribuísse a Hipócrates (Lloyd, 1991, pp. 408-409).

Com Galeno, essa doutrina foi se ampliando e começou a ser associada às quatro idades do ser humano e aos quatro tipos de personalidade ou temperamento das pessoas. A principal obra de Galeno sobre o assunto é intitulada Περὶ κράσεων (*Peri kraseôn*), um título que poderia ser traduzido como "Sobre as combinações", mas costuma ser citado como *Sobre os temperamentos*, por causa de sua tradução latina *De temperamentis*. A exposição de Galeno não é sistemática e sim fragmentária, mas pode-se dizer que, segundo ele, a combinação dos humores e das qualidades influenciaria tanto os aspectos físicos quanto os psicológicos das pessoas. O calor produz uma pessoa alta, o frio, baixa; a umidade produz uma pessoa gorda, a secura, magra. O humor bilioso produz pessoas com inteligência aguda; a bílis negra, firmeza e solidez; e o sangue, simplicidade, podendo chegar à tolice (Stelmack & Stalikas, 1991, p. 260; Eijk, 2013, pp. 150-151).

Posteriormente, a classificação dos temperamentos se tornou mais clara e foi diretamente associada aos humores – e não às quatro qualidades. Desde seu nascimento, cada ser humano tem uma estrutura na qual predomina um dos quatro humores (ou, às vezes, uma combinação deles). Aqueles em que o sangue é o humor predominante, possuem um temperamento *sanguíneo*, que não significa sanguinário e sim sociável, ativo, entusiasta. O predomínio da bílis amarela produz o temperamento colérico (χολή, *chole* = bílis), com características de irritabilidade, agressividade, ambição. Quando a bílis negra é preponderante, o temperamento é melancólico (μέλαινα χολή, *melaina chole* = bílis negra), manifestando-se pela fraqueza, tristeza e depressão. O quarto temperamento, chamado fleumático, surge quando a fleuma predomina e se manifesta por um comportamento reservado, retraído.

Nos séculos seguintes, a teoria vai se tornando mais forte, adquirindo por fim o *status* de uma teoria médica fundamental. Em torno dos séculos VI-VII d.C., todas essas associações já se tornaram padronizadas e citadas por vários autores (Jouanna, 2021, p. 346). A Tabela 1 resume as associações mais importantes encontradas na Antiguidade e no período medieval. Essas conexões passam a ser o pano de fundo teórico para compreender os seres humanos (microcosmo) e o universo (macrocosmo), como se pode observar na Figura 2.

Tab. 1. Relações entre humores, estações do ano, idades dos seres humanos, elementos naturais, qualidades básicas e temperamentos humanos

Humor	Estações	Idades	Elemento	Qualidades	Temperamento
Sangue	Primavera	Infância	Ar	Quente, úmido	Sanguíneo
Bílis amarela	Verão	Juventude	Fogo	Quente, seco	Colérico
Bílis negra	Outono	Maturidade	Terra	Frio, seco	Melancólico
Fleuma	Inverno	Velhice	Água	Frio, úmido	Fleumático

No tratado hipocrático *Sobre a natureza do homem*, a saúde e a doença estavam associadas à boa combinação (εὐκρασία, *eucrasia*) ou má combinação (δυσκρασὶα, *discrasia*) dos quatro humores; em Galeno, a saúde e a doença se tornam consequências do equilíbrio ou desequilíbrio das quatro qualidades básicas (Eijk, 2013, p. 153). Houve, portanto, uma mudança de foco em relação àquilo que era considerado mais fundamental, no pensamento médico. Dependendo da predominância de uma ou duas das qualidades básicas, ocorre um desequilíbrio na constituição da pessoa; só há um único estado "bem temperado", quando todas as qualidades estão em proporções equilibradas.

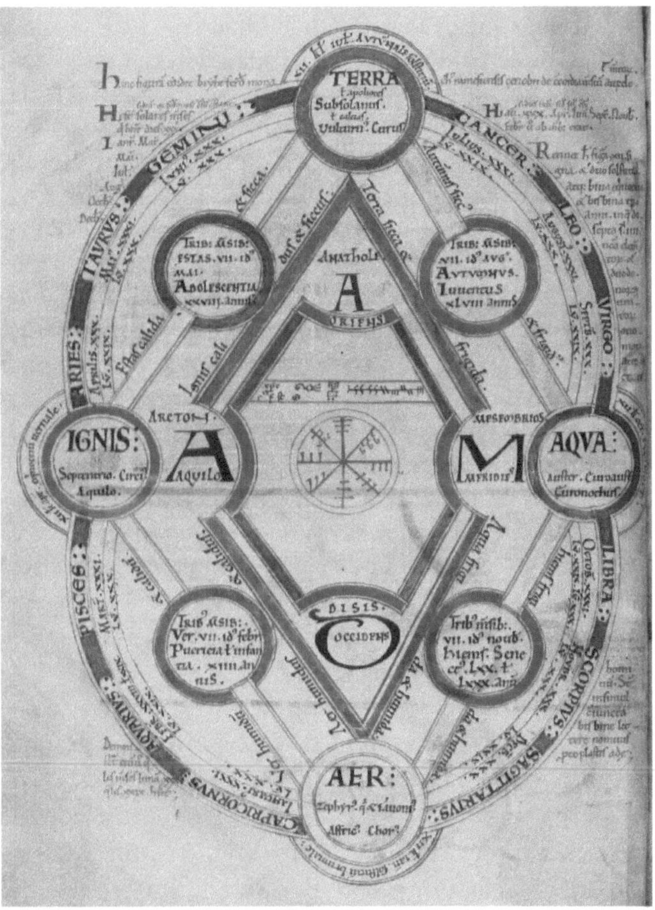

Fig. 2. Diagrama medieval dos quatro elementos, humores etc. por Byrhtferth, século XI. MS Oxford St. John's College 17, fol. 7v in 1110 or 1111. Domínio público. Fonte: Wikimedia Commons, https://commons.wikimedia.org/wiki/File:Medieval_four_elements.jpg.

Segundo Galeno, o estado de combinação das qualidades no corpo de uma pessoa pode ser reconhecido empiricamente, especialmente através do tato, pois este é capaz de identificar as quatro qualidades (quente, frio, úmido, seco) (Eijk, 2015, p. 681).

> Aquele que deseja ter a habilidade de distinguir as composições deve começar seu aprendizado com as naturezas que estão bem equilibradas e que são intermediárias em cada gênero. Comparando as outras com estas, ele facilmente encontrará aquilo que é predominante ou deficiente em cada caso. [...] Começamos com as coisas mais quentes que atingem nossos sentidos, como o fogo, ou a água em seu ponto extremo de ebulição, e passamos para as mais frias que conhecemos, como gelo ou neve. Imaginamos uma linha entre elas; e dividimos essa linha exatamente no seu ponto médio. Desta forma, encontraremos conceitualmente o ponto de bom equilíbrio, que é equidistante dos extremos. Mas também podemos cria-lo fisicamente, de certa maneira, combinando iguais volumes de gelo e de água fervente. [...] Assim, não é difícil tocar o produto dessa mistura e assim captar o que é o ponto intermediário entre todos os objetos, em relação à oposição de quente e frio, e lembrar disso, e avaliar todos os outros objetos usando-o como um padrão de comparação. (Galeno, *apud* Eijk, 2015, p. 683-384)

Nesta passagem, Galeno inicia a transição de um conceito puramente qualitativo de quente e frio para um conceito quase quantitativo, introduzindo a ideia de intensidades, a analogia com uma linha que une dois extremos, e o ponto de equilíbrio. É interessante indicar qual seria esse ponto neutro, com relação ao calor e ao frio, segundo Galeno. Se adicionarmos em um recipiente isolado iguais quantidades de água em ebulição e de gelo no ponto de fusão, a temperatura de equilíbrio será de aproximadamente 10° C.

É importante compreender que esse ponto de equilíbrio era compreendido por Galeno e outros pensadores antigos como contendo iguais quantidades de calor e frio. Ou seja: o calor e o frio não se neutralizavam e desapareciam, eles continuavam a existir; porém, estando em iguais quantidades, eles não se manifestavam de forma sensível.

8. AS QUATRO QUALIDADES E OS MEDICAMENTOS

Segundo Galeno, o desequilíbrio das quatro qualidades pode produzir doenças e estas podem ser tratadas por medicamentos adequados. Cada substância tem certo poder (*dynamis*) relacionado com suas qualidades inatas. Um medicamento que contém um excesso de calor irá aquecer o organismo e ajudará a curar doenças produzidas pelo frio; e assim, de forma análoga, para as outras qualidades (Vogt, 2008, p. 307).

Na sua obra *Sobre os poderes e temperamentos dos medicamentos simples* (Περὶ κράσεως καὶ δυνάμεως τῶν ἁπλῶν φαρμάκων, *De simplicium medicamentorum temperamentis et facultatibus*), Galeno esclarece que há quatro graus de intensidade de cada uma das qualidades básicas: (1) fraca, (2) sensível, (3) média, (4) extrema (Kovačić, 2008, p. 20). Esses graus podem ser reconhecidos por nossos sentidos.

> Os efeitos individuais das drogas variam porque elas têm certo grau de calor ou frio, ou umidade ou secura, ou por terem partículas pequenas ou maiores. [...] Tentamos descrevê-los com definições exatas, que são adequadas para seu uso prático na arte [médica]. Mostramos que existe um tipo de medicamento que atinge uma combinação (κρᾶσις, *crasis*) semelhante à de nossos corpos, quando recebe algum impulso para mudar e se altera pelo calor; e que há outro tipo de droga que se torna mais quente do que nós. A partir disso, parece que podem ser formadas quatro classes (τάξις, *táxis*). A primeira, obscura aos sentidos, por isso necessitando da razão para distingui-la. A segunda, que é perceptível pelos sentidos. Uma terceira, que é moderadamente quente, mas não ao ponto de queimar. E, finalmente, uma quarta, que queima. De forma semelhante, para as drogas que esfriam, a primeira ordem é a daquelas que exigem a razão para estabelecer que são frias; a segunda, das que perceptivelmente são frias; a terceira, das que esfriam moderadamente; e a quarta, daquelas que causam necrose. De forma análoga, com relação à umidade e secura. (Galeno, *apud* Vogt, 2008, p. 309)

Esses quatro níveis ou graus de calor são indicados, no texto de Galeno, pela palavra grega τάξις (*táxis*). O significado geral dessa palavra era o de um arranjo ou ordem, como a disposição dos guerreiros em diversas linhas, para uma batalha. Daí veio o sentido de posição ou nível (Liddell & Scott, 1869, p. 1601). Nas versões latinas de Galeno encontramos o uso das palavras *ōrdō* (que podemos traduzir por "ordem") e *gradus* (grau) para traduzir esse conceito.

A ideia de graus de calor e frio já aparecia em Aristóteles, porém de modo muito vago. Na sua obra *Sobre a geração e corrupção* (livro 2, cap. 7) encontramos:

> Ora, como existem diferenças de grau no quente e no frio, então, quando um deles existe de forma atual sem qualificação, o outro existirá potencialmente; no entanto, quando nenhum deles existe na forma completa de seu ser mas ambos, combinando-se, destroem os excessos um do outro, de modo que exista em vez disso um quente que é frio (em relação a um quente) e um frio que é quente (em relação a um frio); então não existirá nem sua matéria, nem qualquer dos contrários em atualidade sem qualificação, mas em vez disso um intermediário; e esse intermediário, conforme seja potencialmente mais quente do que frio ou vice-versa, será de acordo com essa proporção potencialmente duas vezes mais quente ou mais frio – ou três vezes, ou alguma outra proporção. (Aristótles, *De generatione et corruptione* 334[b]9-16; Barnes, 1991, vol. 1, p. 45)

Ao falar sobre os graus de calor e frio ou umidade e secura, Galeno não está se referindo a características que possam ser sentidas pelo tato, tocando as substâncias. Ele está tratando sobre os *efeitos* no organismo humano que elas produzem. Embora muitas vezes se use a terminologia "quente em 3º grau" e assim por diante, seria mais correto falar sobre "aquecedor em 3º grau".

Essa explicação sobre os graus de calor (e das outras qualidades) aparece na obra *Sobre os poderes e temperamentos dos medicamentos simples*, que contém a contribuição mais importante de Galeno para a farmacologia, tanto sob o ponto de vista teórico quanto prático. A obra contém onze partes, das quais as cinco primeiras tratam sobre os fundamentos teóricos da farmacologia, e as seis seguintes contêm uma descrição, em ordem alfabética, de centenas de medicamentos "simples", ou seja, não compostos (Ventura, 2019, p. 393). Alguns manuscritos antigos dessa obra contêm o texto completo; outros, apenas a descrição dos medicamentos (Wilkins, 2014, p. 175).

No seu catálogo de medicamentos simples, Galeno descreve cerca de 440 plantas e 250 outras substâncias medicinais. Para todas elas, ele proporciona uma grande quantidade de informações práticas sobre como obter, armazenar e utilizar cada substância; mas apenas para cerca de um terço delas ele indica os graus de intensidade das qualidades básicas (Vogt, 2008, p. 310-311). Em grande parte, ele se baseou nas obras de seus antecessores, como a *Materia medica* (Περὶ ὕλης ἰατρικῆς, *Peri hulēs iatrikēs*) de Pedanios Dioscorides (Πεδάνιος Διοσκουρίδης, Pedánios Dioskourídēs, aprox. 40–90 d.C.).

Vejamos um exemplo específico de medicamento simples, a arruda (*Ruta graveolens*), tanto na descrição de Discórides quanto na de Galeno.

> A arruda selvagem da montanha é mais pungente do que a cultivada e não deve ser utilizada para comer. A arruda de jardim que cresce perto de figueiras é mais comestível. Ambas, no entanto, aquecem, queimam, ulceram e são diuréticas e estimulam a menstruação. Quando comidas ou tomadas, elas terminam a diarreia e são um antídoto contra venenos mortais, quando se toma a quantidade de um *oxybaphon*[8] da semente com vinho. (Discórides, *apud* Pormann, 2011, p. 500)

Vemos que Dioscórides atribuiu várias propriedades à arruda e, entre elas, a de aquecer. No entanto, essa qualidade não é

---

[8] Cerca de 70 gramas.

colocada em relevo e não é quantificada – ele não indica a intensidade de calor da arruda. Vamos comparar com a descrição de Galeno:

> A arruda selvagem atinge o quarto grau de aquecimento e a arruda cultivada, o terceiro. Ela tem um sabor pungente e também amargo e, por isso, é capaz de cortar e remover humores viscosos e grossos. Por causa do mesmo poder, ela é diurética. É também composta por partículas pequenas e desprovidas de ar, por isso é adequada para a flatulência, reduz o desejo sexual e resseca bem. Pois pertence ao grupo das drogas fortemente secantes. (Galeno, *apud* Pormann, 2011, p. 502)

Há muitas semelhanças entre as duas descrições; mas Galeno adicionou informações sobre os graus de calor da arruda selvagem e da cultivada. Note-se, entretanto, que ele não indicou o grau de secura desta planta, apenas indicou que era "fortemente secante", sem dizer se era no terceiro ou no quarto grau.

As descrições de Galeno foram, muitas vezes, copiadas ou resumidas por autores posteriores, como o médico bizantino Paulus, de Aegina (Παῦλος Αἰγινήτης, aprox.. 625-690 d.C.), sem acrescentar mais informações a respeito dos graus das diversas qualidades (Pormann, 2011, p. 503).

Apesar de sua preocupação teórica com o sistema de graus de intensidade das quatro qualidades, Galeno não o utiliza de forma constante, pois não indica esses graus para a maioria das drogas simples que descreve. Além disso, não explica adequadamente como funcionam esses graus nos medicamentos compostos, quando duas ou mais drogas simples são combinadas para formar um novo remédio (Pormann, 2011, p. 502). Há, no entanto, um comentário muito importante no seu tratado *De compositione medicamentorum per genera* em que ele apresenta considerações sobre os graus dos medicamentos compostos:

> Se os medicamentos simples sozinhos sempre permitissem curar todas as doenças, o uso dos compostos seria

desnecessário. Mas isso não é o que acontece, pois podemos querer aquecer o corpo até certo ponto, e não dispormos de um [medicamento] simples que sirva para isso. Realmente, o medicamento que sirva para curar deve corresponder à condição que deve ser tratada. Se essa disposição for fria, quatro números [ἀριθμόι] abaixo do natural [do equilíbrio], o remédio para curá-la deve ter o mesmo grau de calor em relação à média [temperada], pois quem ignora a necessidade da simetria em relação ao calor? Porém, se não estiver disponível tal [medicamento] simples, mas se tivermos dois, cujos números [ἀριθμόι] de calor sejam cinco e três, combinando-os, produziremos a média, com quatro números acima do equilíbrio. (Galenos, 1552, pp. 11-12; Galenos, 1821-1833, vol. 13, pp. 371-372)

A ideia central utilizada aqui é a de que, combinando-se dois medicamentos simples com diferentes graus de calor, o grau do medicamento composto seria a média dos graus dos componentes – evidentemente, supondo-se iguais quantidades de ambos. Há, no entanto, aspectos um pouco estranhos no trecho citado acima. Galeno não utiliza a palavra "grau" e sim "número" – como foi possível verificar tanto nas duas traduções latinas utilizadas, quanto no original grego da edição de Kühn. Além disso, ele indica a possibilidade de cinco números de calor acima do equilíbrio temperado. Ora, em nenhuma de suas obras ele indica a possibilidade de mais de 4 graus de calor ou frio. É difícil entender o que significa isso, aqui. Porém, deixando de lado esse detalhe, a ideia principal é muito clara.

É importante observar que a farmacologia de Galeno trata de três tipos de qualidades dos medicamentos. As qualidades primárias são quente, frio, úmido e seco; mas existem também as qualidades secundárias ou derivadas de uma substância sobre o corpo, como os efeitos de produzir vômitos ou evacuações. As qualidades terciárias são as que afetam partes específicas do corpo como, por exemplo, curar uma ferida localizada (Chipman, 2019, p. 306).

No seu tratado *Sobre as propriedades dos alimentos* (Περὶ τῶν ἐν ταῖς τροφαῖς δυνάμεων, *De alimentorum facultatibus*), Galeno explicou a diferença entre um alimento destinado a uma pessoa saudável e um remédio, referindo-se também aos graus das qualidades das diversas substâncias:

> Se um corpo humano tiver uma combinação exatamente média, ele será mantido em sua condição por alimento que também tem uma combinação média. Mas se ele for ou mais quente ou frio, ou mais seco ou úmido, não vai fazer bem dar-lhe alimento e bebida que tenha uma composição média. Pois cada corpo nesta condição [de desequilíbrio] precisa ser alterado na direção oposta, na mesma intensidade que ele se afastou da condição média exata; e isso ocorrerá com alimentos que são os opostos da má combinação existente. Em cada situação de oposição, os opostos estão a iguais distâncias da média. Por exemplo, se o corpo se afasta em três medidas da boa combinação e da condição média para uma mais quente, será necessário que o alimento também se desloque na mesma quantidade da condição bem combinada para o estado mais frio. E se o corpo se deslocar para um estado mais úmido em quatro medidas, o alimento também deveria ser mais seco no mesmo grau, em relação ao que é bem proporcionado. (Galeno, *apud* Powell, 2003, p. 35)

Galeno também escreveu livros a respeito de medicamentos compostos (Wilkins, 2014, p. 179): *Sobre a composição de remédios segundo os lugares* (Περὶ συνθέσεως φαρμάκων τῶν κατὰ τόπους, *De compositione medicamentorum secundum locos*), *Sobre a composição de remédios segundo o gênero* (Περὶ συνθέσεως φαρμάκων τῶν κατὰ γένη, *De compositione medicamentorum per genera*) e *Sobre os antídotos* (Περὶ ἀντιδότων, *De antidotis*). Nessas obras, a parte teórica é mínima e não é utilizada a análise detalhada dos graus das qualidades das substâncias utilizadas em cada composto.

9. A HERANÇA DE GALENO

Durante sua vida, Galeno se tornou o médico mais renomado de todo o Império Romano (Nutton, 1984, p. 324). Em grande parte, sua fama proveio de sua vasta produção escrita. Até hoje, é impossível ter uma visão completa de tudo o que ele produziu. Nenhum outro autor da Antiguidade escreveu tanto quanto ele. De acordo com um levantamento feito há mais de quatro décadas, seus textos em grego que foram conservados tinham cerca de 3 milhões de palavras (Kotr & Walters, 1979, p. 256). Porém, essa é uma estimativa antiga. Atualmente, aceita-se que as obras autênticas de Galeno que chegaram até nós constituem um oitavo de toda a literatura grega que foi conservada, de Homero até o século II d.C. (Degni, 2019, p. 124).

A edição das "Obras completas" de Galeno, publicada no século XIX por Karl Gottlob Kühn (1821-1833), em 20 volumes, é apenas a ponta do iceberg. Ela contém o texto grego e latino de 131 obras de Galeno (ou atribuídas a ele). No entanto, o levantamento mais completo do *Corpus Galenicum*, realizado por Gerhard Fichtner (2012), proporciona uma listagem e informações detalhadas sobre 441 obras – ou seja, 310 delas não fazem parte da coleção editada por Kühn. É claro que nem todas são autênticas; mas a própria seleção de Kühn também continha obras apócrifas.

Para conseguir produzir esse imenso volume de escritos, Galeno utilizou uma estratégia que já tinha sido empregada antes por Plínio, o Velho (Gaius Plinius Secundus, 23/24-79 d.C.): ambos contavam com escravos cultos que anotavam tudo o que eles diziam (Eichholtz, 1951, pp. 65-67).

Suas obras circulavam amplamente. De início, ele mandava seus escravos produzirem cópias de seus livros para amigos; depois, tornou suas obras abertas para cópia e venda ao público em geral. Ele próprio se preocupava com a preservação de seus escritos, enviando cópias de todos eles para amigos de fora de Roma, para que as depositassem em bibliotecas (Pietrobelli, 2019, pp. 12-13). Provavelmente todas as suas obras estavam disponíveis nas bibliotecas de Pérgamo, Alexandria e Atenas.

A partir de citações por contemporâneos e por autores pouco posteriores a Galeno, percebe-se que ele se tornou rapidamente famoso não apenas como médico, mas também como filósofo e lógico. O filósofo peripatético Alexandre, de Aphrodisias (Ἀλέξανδρος ὁ Ἀφροδισιεύς), que viveu no início do século III d.C., colocou Galeno em pé de igualdade com Platão e Aristóteles (Pietrobelli, 2019, p. 19). Atualmente temos uma visão parcial de suas contribuições, porque muitas de suas obras foram perdidas, incluindo numerosos comentários que ele escreveu sobre Aristóteles, Platão e Epicuro (*ibid.*, p. 30).

A vastíssima obra médica de Galeno eclipsou outros autores de sua época e anteriores – exceto Hipócrates, por causa da visão positiva que o próprio Galeno tinha sobre ele. Assim, ele se tornou a maior autoridade antiga sobre medicina, durante séculos. Na segunda metade do século IV d.C., Oribasius or Oreibasius (Ὀρειβάσιος, aprox. 320-403) compôs sua grande *Coleção médica* (Ἰατρικαὶ Συναγωγαί, Iatrikai synagogai), com 70 livros, baseando-se principalmente em Galeno (Bouras-Vallianatos, 2019, pp. 38-41). Vivian Nutton avalia que cerca de 60% da obra de Oribasius é baseada em Galeno; e que essa porcentagem é ainda maior em autores posteriores, como Aëtius, de Amida (Ἀέτιος Ἀμιδηνός, aprox.. 500 d.C.) e Paulos, de Aegina (Παῦλος Αἰγινήτης, aprox. 625-690 d.C.) (Nutton, 2007, p. 171). Muitos dos autores da Antiguidade tardia e do início da Idade Média simplesmente citavam Galeno sem nenhuma menção crítica; porém, outros autores, como Alexandre, de Tralles (Ἀλέξανδρος ὁ Τραλλιανός, aprox. 525-605 d.C.), apresentava algumas restrições às doutrinas de Galeno (Bouras-Vallianatos, 2019, pp. 49-52).

De um modo geral, houve uma forte tradição galênica conservada nos primeiros séculos após sua morte, em obras escritas em grego e dirigidas a um público médico erudito; mas uma tradição bem mais fraca em obras escritas em latim, no mesmo período (Bouras-Vallianatos, 2019, pp. 52-55). Nos dois casos, porém, as obras farmacológicas de Galeno tiveram grande influência – e estas são as que transmitiram as ideias sobre os graus de calor e frio (e das outras qualidades) que possuem especial interesse para este artigo.

Em Alexandria, do final do século V ao século VI, um conjunto de 16 obras de Galeno foi selecionado para constituir um currículo para os estudantes de Medicina (Garofalo, 2019, pp. 62-65). Nesse processo, os textos foram resumidos e comentados, transformando-se em novas obras. Inicialmente compostos em grego, essas obras foram depois conservadas através de versões em árabe e latim.

Nesse período já está se consolidando aquilo que costuma ser chamado de "Galenismo", que é o domínio do pensamento médico pela tradição galênica. Esse processo se dá, inicialmente, em locais onde o idioma grego é utilizado. Depois, ele se expande, atingindo todo o mundo europeu e islâmico.

> O Galenismo pode ser definido como o processo pelo qual as teorias e os preconceitos de um médico do século II passaram a dominar todo o mundo da medicina a tal ponto que, em grego pelo menos, em sua grande maioria, os textos médicos que sobreviveram integralmente desde a Antiguidade são ou de Galeno; ou dos seguidores de Galeno; e de autores que ele aprovava, principalmente Hipócrates e o Corpus Hipocrático. As únicas exceções a esse Galenismo universal são a meia dúzia de tratados que se juntaram ao Corpus Galênico – como a *Introdução à Medicina* – ou preencheram grandes lacunas que Galeno deixou – ginecologia (com Soranos), botânica médica (com Dioskorides) e a classificação de doenças (com Aretaeos). Todo o restante é galênico, escrito por ele e seus autores favoritos, estabelecendo uma teoria da medicina baseada nos quatro humores, fleuma, sangue, bile e bile negra, e na filosofia platônica e aristotélica. Aquilo que durante a vida de Galeno tinha sido um mundo de vigoroso debate médico entre teorias muito diferentes, havia se tornado uniforme no século VI. (Nutton, 2007, p. 171)

Após a fragmentação do Império Romano, no século V d.C., o centro político se deslocou para Constantinopla, a capital do Império Bizantino. Além de conservar a tradição galênica, surgiram então as primeiras traduções de suas obras (ou de compêndios baseados nele) para o idioma siríaco, nos centros intelectuais do Oriente Médio, e para o latim, em Ravena (Nutton, 2007, p. 171). No entanto, segundo Vivian Nutton, no século VI uma parte significativa dos escritos de Galeno já havia sido perdida – especialmente suas obras sobre filologia e filosofia (*ibid.*, p. 174). Os autores bizantinos aceitaram Galeno como uma autoridade inquestionável. O exemplo crítico de Alexandre, de Tralles, não teve sucessores nos séculos seguintes.

O mais antigo tradutor de Galeno para o idioma siríaco foi Sergius, de Resh ʿAina, que faleceu em 536 d.C. Uma das obras que ele traduziu foi o livro sobre as drogas simples, que contém a doutrina sobre os graus de calor, frio e das outras qualidades (Bhayro, 2019, pp. 163-166). Sabe-se que suas traduções foram utilizadas e copiadas durante vários séculos.

As obras de Galeno, em tradução latina, só começaram a circular amplamente na Europa na Alta Idade Média. Muitas dessas traduções foram feitas a partir do árabe, e outras a partir do grego. Embora o galenismo no período islâmico seja tratado nas seções seguintes, é importante desde já chamar a atenção sobre as traduções latinas de Galeno, pois foram essas que influenciaram mais diretamente o pensamento ocidental posterior, primeiramente sob forma de manuscritos e, a partir do final do século XV, sob forma impressa.

10. A FARMACOLOGIA GALÊNICA NA TRADIÇÃO ARÁBICA

A tradição médica islâmica medieval se baseou fortemente na medicina grega e helenística, conservada pelo Império Bizantino. A farmacologia medieval dos autores de língua árabe se desenvolveu principalmente a partir das obras de Dioscórides e Galeno (Pormann, 2011, p. 493). Porém, esses autores não se limitaram a reproduzir as ideias dos seus antecessores. Al-Kindī, por exemplo, criou uma teoria para calcular os graus de calor e frio, secura e umidade, nos remédios compostos; al-Rāzī criticou a teoria dos graus das qualidades, de Galeno (Koetschet,

2019, p. 197); e ibn Sīnā (Avicena) complementou as descrições dos vários graus, para as drogas simples (Pormann, 2011, p. 493). Veremos a seguir alguns desses desenvolvimentos, que ajudaram a ampliar o conceito dos graus de calor e frio, que são o centro de interesse deste artigo.

Após a fundação do Islamismo por Maomé, ou Muhammad ibn Abdullah (aprox. 570-632 d.C.), os muçulmanos conquistaram rapidamente a Península Arábica e, após a morte do fundador desta religião, em três décadas conquistaram a Síria e quase todo o Oriente Médio, o norte da África (incluindo o Egito), a Mesopotâmia e a Pérsia. No século VIII, a expansão islâmica continuou, chegando até a Península Ibérica e à parte ocidental da Índia. Foi na segunda metade desse século, sob o Califado Abássida, que a capital do império islâmico foi transferida de Damasco para Bagdá, que se iniciou o período de grande desenvolvimento intelectual muçulmano. No século IX, como parte de um amplo projeto de tradução da tradição grega para o árabe, inicia-se o processo de tradução das obras de Galeno. O personagem central na realização dessa tarefa foi Ḥunayn ibn Isḥāq (809-873), que coletou manuscritos galênicos em grego e em outros idiomas (como o siríaco) e traduziu grande parte deles (Holmyard, 1935, p. 101). Ḥunayn não foi o único tradutor da época, porém é o mais conhecido, sendo geralmente considerado como o responsável pela criação do "Galeno árabe" (Cooper, 2019). As traduções de Ḥunayn não eram literais; ele muitas vezes interpolava seus comentários e explicações sem dar ao leitor qualquer sinal de que essas adições não faziam parte do original.

Os escritos farmacológicos de Galeno foram traduzidos para o árabe por Ḥubaysh ibn al-Ḥasan ibn al-Aʿsam, sobrinho de Ḥunayn ibn Isḥāq (Chipman, 2019, p. 305). A obra *Sobre as propriedades dos medicamentos simples* foi traduzida como *Kitāb al-Adwiya al-mufrada*, tornando-se o texto fundamental citado por escritores árabes até o século XIII. Com isso, a descrição e utilização dos quatro graus de intensidade (*darajāt*) das quatro qualidades primárias (*quwā*) passou a ser a base da farmacologia islâmica.

O próprio Ḥunayn ibn Isḥāq compôs uma obra sobre oftalmologia em que utilizou esses princípios:

> As faculdades dos remédios são primárias, secundárias e terciárias. As primárias são quatro: quente, frio, úmido, seco. Cada uma delas tem quatro graus e em cada grau há três etapas – a primeira, a última e a intermediária. Aquilo que está no primeiro grau muda o corpo de seu estado normal, porém não de um modo óbvio, exigindo-se uma investigação dessa mudança. Aquilo no segundo grau muda de um modo perceptível, mas não muito violento. Aquilo que está no terceiro grau muda de um modo violento, mas não muito perigoso. E o que atua no quarto grau produz uma mudança perigosa. O quente corrompe queimando, o frio entorpecendo. E todos os secos no quarto grau também queimam. Essas são as [faculdades] primárias. (Ḥunayn, *apud* Meyerhof, 1928, p. 81)

Note-se que estava sendo introduzida, aqui, uma subdivisão dos quatro graus de intensidade, para permitir uma análise mais detalhada das propriedades dos medicamentos. Essa subdivisão já se encontrava presente em Galeno, porém de modo não muito claro.

A aplicação desses princípios aparece em muitos outros autores islâmicos. Um exemplo: Abū Bakr Muḥammad ibn Zakarīyā᾿ al-Rāzī (aprox. 865-930 d.C.), mais conhecido pelo nome latinizado Rhazes, aplicou a teoria galênica e comentou que a pera, além de ser um alimento, tem poderes medicinais, já que é fria a úmida no segundo grau (Chipman, 2019, p. 306).

De um modo geral, as obras farmacológicas árabes passam a incorporar essas distinções em suas descrições a respeito dos medicamentos. Um dos tratamentos mais completos pode ser encontrado no *Canon da Medicina* de Avicena (Abū Alī al-Husain ibn Abd Allāh ibn Sīnā, aprox. 980-1037 d.C.). O segundo livro do *Canon* trata sobre as drogas simples, apresentando os princípios gerais sobre seu funcionamento (segundo Galeno) e depois apresentando uma lista de medicamentos simples (Pormann, 2011, pp. 503-504). Vejamos, por exemplo, sua exposição a respeito da arruda:

> A essência: Discórides diz: "Existe uma [arruda] de jardim, uma selvagem e uma das montanhas. A da montanha é mais cortante e mais acre do que a de jardim e não pode ser consumida como alimento. A que cresce com figueiras é mais apropriada". A variedade selvagem é chamada *pēgánion ágrion*; tem nomes diferentes para cada povo [...] tem muitos ramos e suas folhas são muito mais longas do que a da outra arruda; tem um odor pesado, e flores brancas. As cabeças são ligeiramente maiores do que da outra arruda, e triangulares, com sementes que são de uma cor avermelhada, com três pontas. É amarga, extremamente amarga. Usa-se a semente. Ela está madura no outono. Outra variedade tem raízes negras e cresce no solo úmido. A escolha: a arruda mais apropriada é a que cresce próxima à figueira. A natureza: é quente e seca no segundo grau; quando seca, é quente e seca no terceiro grau; e a selvagem, seca, é quente e seca no quarto grau, como foi dito antes. As qualidades especiais: é cortante, solvente, muito desagregadora; limpa os vasos sanguíneos, escarifica, e é estíptica (Avicena, *apud* Pormann, 2011, pp. 504-505)

Neste e em outros casos, Avicena proporciona informações mais completas do que os autores helenísticos. Ao descrever o realgar (minério com sulfeto de arsênio), por exemplo, Galeno apenas afirma que ele tem um poder de queimar; Paulus, de Aegina, repete a mesma informação, acrescentando apenas que tem um poder de queimar *como o arsênico*. Avicena, no entanto, descreve o realgar como "quente no terceiro grau e seco no segundo" (Pormann, 2011, p. 506).

Podemos considerar que o ápice dessa abordagem ocorreu na obra de "Ioannis Serapionis Arabis", ou Serapion, o jovem (século XII). Ele escreveu um extenso trabalho sobre as propriedades dos medicamentos simples, que classificou sistematicamente de acordo com os graus das quatro qualidades fundamentais. Logo no início de sua obra, encontramos uma tabela com essa classificação (Ibn Serapion, 1531, pp. 8-12). A descrição das propriedades dos simples, em seu trabalho, não se limita a essas propriedades, mas elas têm enorme destaque, pois toda a apresentação dos medicamentos segue a ordem de grau crescente das quatro qualidades.

11. A TEORIA DE AL-KINDĪ SOBRE OS GRAUS DE INTENSIDADE

Os autores islâmicos não se limitaram a completar as descrições de Galeno. Encontramos, além disso, uma importante inovação. Galeno havia se limitado a descrever os graus de intensidade das qualidades fundamentais (quente, frio, úmido, seco) para os medicamentos simples, não aplicando a mesma ideia para os compostos. Não seria importante poder *calcular* os graus de intensidade correspondentes dos remédios compostos, a partir de seus componentes? Essa questão que foi colocada por Abu Yūsuf Ya'qūb ibn 'Isḥāq aṣ-Ṣabbāḥ al-Kindī (aprox. 801-873 d.C.), que tentou resolvê-la.

> Vi que os antigos se contentaram em discutir as qualidades de cada droga individual, como calor e frio, umidade e secura, para as quais perceberam quatro limites que chamaram de primeiro, segundo, terceiro e quarto graus de cada uma das qualidades. No entanto, deixaram de discutir esse aspecto nas drogas compostas e não descreveram medicamentos compostos com tal e tal grau de calor e frio, umidade e secura. No entanto, seria mais apropriado e benéfico conhecer isso nos medicamentos compostos. (al- Kindī, *apud* Chipman, 2019, p. 309; cf. Pormann, 2011, p. 506)

Essa crítica aos autores antigos foi apresentada por al-Kindī no seu tratado *Fī ma 'rifat quwā al-adwiya al-murakkaba* (Sobre o conhecimento dos poderes das drogas compostas), em meados do século IX. No século XII, esta obra foi traduzida para o latim por Gerard, de Cremona (Gerardus Cremonensis, aprox. 1114-1187) com o título *De Gradibus* ("Sobre os graus"). Veremos, a seguir, a proposta de al-Kindī.

No *De Gradibus*, baseando-se em Galeno, al-Kindī aceita que cada medicamento simples tem graus conhecidos das quatro qualidades primárias e que existem quatro graus para cada uma delas. Ele próprio dá exemplos, como o da resina mástique[9] que é quente no segundo grau, e o cardamomo,[10] que é quente no primeiro grau (Adamson, 2006, p. 161). Suponhamos, agora, que queremos produzir um medicamento que seja quente em uma intensidade intermediária entre o primeiro e o segundo graus – como fazer? Se combinarmos iguais quantidades de mástique e cardamomo, teremos um remédio com esse grau intermediário de calor? É isso o que al-Kindī procura analisar no seu tratado.

> Os antigos se empenharam primeiramente em conhecer as virtudes de cada medicamento individualmente, descrevendo seu calor, frio, secura, umidade. E nisso encontraram quatro diferenças ou definições, chamadas de primeiro, segundo, terceiro e quarto graus que cada qualidade pode ter. No entanto, não fizeram isso no caso dos medicamentos compostos. Pois não disseram que grau cada um dos medicamentos desse tipo – ou seja, os compostos – teria de quente, ou de frio, de seco, ou de úmido. Isso não significa que seja mais adequado conhecer a ciência das coisas dos medicamentos simples, do que dos compostos. Pois embora de acordo com o conhecimento das coisas, os medicamentos simples precedam os compostos em ordem, não é adequado que consideremos apenas os simples na medicina, e não os compostos. Pois os medicamentos compostos, embora sejam baseados em medicamentos cujos simples possuem virtudes variadas, daí não se segue que a sua constituição tenha essa diversidade, quando compostos. Assim, compreendi que atingir o conhecimento das virtudes dos medicamentos compostos era uma vantagem considerável. Assim, como o medicamento composto é constituído por muitos componentes, então suas virtudes dependem dessa

---

[9] O mástique ou almácega é uma resina aromática que sai da casca de uma árvore da família do cajueiro, o lentisco (*Pistacia lentiscus*).

[10] Uma especiaria originária da Índia (*Elettaria subulatum*).

multidão, na qual algumas virtudes são diversificadas. Isso é devido às suas virtudes, a partir das quais ele é composto. Realmente, é impossível que não possam ser obtidas com segurança as virtudes do composto, sabendo as virtudes dos seus componentes. Como eu me proponho investigar isso, não poderia omitir que cada grau possui relações com os outros que devem ser estudadas para que se percebam suas igualdades absolutas. Pois quando contrários iguais são unidos, cada um deles se transforma em um neutro. A investigação disso, portanto, é a que deve ser apresentada antes. Porque nada é dito quente, ou frio, ou seco, ou úmido, a não ser quando alguma coisa foi adicionada acima do temperado. E porque ele é tanto a origem e o princípio, e o elemento a partir do qual tudo é constituído, e dele surge o aumento, e nele se resolve. Pois se perguntarmos qual é a intenção da solução, dir-se-á que se tirarmos o aumento da igualdade, permanecerá a igualdade. Assim como eu explicarei, se Deus quiser. (al-Kindī, 1531, p. 140)

Inicialmente, al-Kindī analisou as substâncias que não são nem quentes nem frias, mas que estão em um estado de equilíbrio entre essas duas qualidades. Poderíamos imaginar que, nessa substância, tanto a quantidade de calor quanto a de frio são nulas, mas al-Kindī adotou uma interpretação diferente: essas substâncias neutras possuem tanto calor quanto frio, porém em iguais quantidades (Adamson, 2006, p. 162). Mais especificamente: no estado de equilíbrio, a substância possui meia unidade de calor e meia unidade de frio (Pormann, 2011, p. 507). Devemos ter em mente que calor e frio não se anulam, eles apenas se equilibram. Segundo al-Kindī, como o calor e o frio são contrários, eles não podem coexistir no mesmo lugar do espaço, por isso deve-se imaginar o objeto subdividido em partículas, algumas das quais contém o calor e outras o frio.

Digo, portanto, que igualdade em qualidade é quando os temperamentos contrários entre si em uma coisa são iguais, e seus efeitos são iguais como, por exemplo, quando o aquecimento é tanto quanto o esfriamento. Portanto, é necessário, para sair da igualdade, que uma das qualidades aumente sobre aquela que lhe é contrária. O que assim vemos. O calor e o frio são contrários, dos quais um produz a fuga do outro. Se, portanto, forem iguais em desigualdade, nenhum adiciona nada sobre a neutralidade, nem intensifica. No entanto, é conveniente considerar que, se uma das qualidades que é contrária aumenta sobre a outra, ela sofre uma adição em sua espécie. Portanto, é claro que quando ocorre um distanciamento da igualdade em qualidade, isso acontece porque uma das duas qualidades está acima da que lhe é contrária. Para nós, não faz diferença chamar de equalitante, ou temperante, ou de equante, ou de alternante, ou de retificante. E quando falamos do aumento de uma qualidade, queremos apenas indicar por isso a sua intensidade. Pois não se pode falar propriamente em aumento de qualidade. Pois existe uma propriedade que se pode dizer a quantidade da propriedade. E cada lugar é ocupado por uma das duas qualidades contrárias, que podem sofrer elas próprias elevação. E o lugar ocupado pelo calor é diferente do que é ocupado pelo frio. Pois não podemos supor dois contrários em um só lugar. Compreendemos, então, que podemos dizer que tantas partes contêm o calor, e outras tantas o frio, dividindo-o em partes mínimas. (al-Kindī, 1531, pp. 144-145)

O que seria, então, uma substância quente em primeiro ou segundo grau? Al-Kindī procura estabelecer isso através de uma discussão puramente teórica, supondo que há uma progressão numérica que relaciona as quantidades de calor (ou frio) com esses graus. Porém, em vez de uma progressão aritmética (1, 2, 3, 4, 5), al-Kindī afirma que os graus de calor ou frio aumentam de acordo com uma progressão geométrica (1, 2, 4, 8, 16). Para ele, esse tipo de progressão é mais natural, pois mantém uma proporção fixa entre os membros sucessivos: cada um deles é o dobro do anterior (Adamson, 2006, p. 162). Aparentemente, a análise apresentada por al-Kindī nesse ponto se baseou na "Introdução à aritmética" de Nicomachos, de Gerasa (Langermann, 2003, p. 352). A argumentação apresentada no texto de al-Kindī é bastante obscura e confusa, como podemos ver a seguir:

E como aquilo que foi adicionado acima da igualdade não era conhecido, nem em quantidade nem em espécie, é necessário que o expliquemos. A compreensão do aumento se dá pelos quatro graus, que são adicionados acima da igualdade. Digo, então, que todos os aumentos naturais ocorrem de cinco formas diferentes. O primeiro é o aumento duplo. Depois dele há o aumento que aumenta uma parte. Ele contém tanto quanto está sendo comparado, e sua metade. Depois disso há, no entanto, o aumento que adiciona tantas partes quanto há nele, e seus dois terços. Depois disso segue-se um aumento duplo, que adicionar uma parte, e que é composto pela primeira e pela segunda espécie. Depois se segue um aumento duplo, adicionando partes, que é composto da primeira e da terceira espécies. Assim, como quero expor isso utilizando os números naturais, vou supô-los colocados em ordem conforme sua ordem segundo a natureza, na qual nada pode vir antes do um. E começo do um, que é a causa dos números, como se fosse sua origem a partir do qual eles crescem. Assim, para que a mente se firme e esclareça, para a leitura do nosso livro, é correto e próprio primeiramente estabelecer aquilo que supomos sobre essas cinco espécies.

E a ordem natural é I, II, III, IIII, V, VI, VII, VIII, IX, X. Então, digo que o aumento do dois acima do um, é o dobro de um. E um, é o meio de dois. Assim, fica claro que o primeiro aumento natural é um aumento duplo. E que dois é o dobro de um. Nós também assumimos um aumento duplo, já que a própria natureza o assume primeiro. E como a primeira proporção natural, que é encontrada na direção de redução de número, é a metade daquilo que existe, ou seja, que é o um que está atrás dele, ou seja, do dois, ele é sua metade. De acordo conosco, realmente, não faz diferença se dissermos aumento ou se dissermos proporção. Além disso, digo que um aumento de três a partir do dois é aquele que adiciona uma parte, isto é, que o três é quando adicionamos sobre o dois uma parte do dois. E uma parte do dois é um, e é essa a parte que é adicionada. Assim fica claro a partir disso, que esse aumento natural segue-se aquele que está antes dele.

De modo semelhante, aquele aumento do quatro sobre o três, é do gênero que adiciona uma parte. E digo que o aumento do cinco sobre o três é de dois, ou de duas partes que existem no três, e que esse é aquele em que se adicionam partes. Digo ainda, que o aumento do cinco sobre o dois é o primeiro aumento duplo que adiciona uma parte, e é aquele em que adicionamos sobre o dois o duplo dele mesmo e um. Pois o um é uma parte do dois; e essa é a proporção [p. 142] composta, pela qual dizemos ser composto da proporção dupla e pela adição de parte. Digo ainda, que o aumento do oito sobre o três é o primeiro aumento duplo que adiciona partes. E isso é que o oito é a adição do três com o duplo dele mesmo e duas partes de sua quantidade. E é a proporção que dizemos ser composta da primeira espécie e da terceira. Portanto, para que fique claro aquilo que dissemos, sobre aquilo que assumimos sobre esses cinco modos, é necessário colocá-lo assim. O primeiro desses aumentos é o duplo, assim como I e II e IIII e VIII. E o segundo é o que adiciona uma parte, como II e III e IIII e V. O terceiro modo semelhante de aumento contém partes como cinco para três e nove para sete. O quarto realmente é o modo de aumento duplo que adiciona uma parte, como II e V e XI e XXIII. E o quinto é aquele que é o aumento duplo, que adiciona partes, como III e VIII e XVIII e XXXVIII. [...]

Aequalitas.	i.	i.		i.			
Multiplex.	i.	ij.		iiij.			
Superparticularis.	iiij.	vi.		ix.	ij.	iij.	iiij.

Fig. 3. Sequências aritméticas analisadas por al-Kindī (1531, p. 142)

Coloquemos, por exemplo, números iguais em uma linha, distintos em três ordens, e consideremos a primeira, e estejam nela estes três números, I, I, I. Então adicionemos a segunda linha, na qual são colocados em ordem os números proporcionais em proporção dupla, e eles são I, II, IIII. Se então quisermos reduzi-los à igualdade, do médio que é dois, diminuímos a quantidade menor, que é um. Depois, diminuímos do maior, que é quatro, que é o dobro daquele que está no meio, e o menor, que é um, e dois, e restará um. E assim descobrimos o modo de reduzir todos os números igualmente.

[...] Fica agora, portanto, evidente a partir dos fatos, que a igualdade não pode ser encontrada a não ser na proporção dupla, que é a primeira, e que também foi mostrado que a razão é proporcional à dupla, e que os seus aumentos que se reduzem à igualdade são proporcionais. Se, portanto, convertermos quatro espécies diferentes quaisquer à proporção dupla, que é a primeira, e as reduzirmos, encontraremos nelas a igualdade, e que são proporcionais. E é por isso, portanto, que se diz que a igualdade não pode ser encontrada a não ser na proporção dupla. Depois de ter mostrado que o primeiro aumento natural é o aumento duplo, e que a igualdade é encontrada nele, e que os outros se resolvem nele, demonstrarei igualmente aquilo que está nas qualidades. Então mostrarei aquilo que vem de sua igualdade. E depois de resolver isso, mostrarei como o aumento das medidas acima da igualdade se manifestam, se Deus quiser. (al-Kindī, 1531, pp. 141-144)

Então, alguma substância úmida no terceiro grau é duas vezes mais úmida do que uma substância no segundo grau; e esta é duas vezes mais úmida do que outra no primeiro grau (Pormann, 2011, p. 507). Como uma substância equilibrada tem meia unidade de calor e meia de frio, então uma substância fria no primeiro grau terá meia unidade de calor e uma unidade de frio (o dobro); e a substância fria no segundo grau terá ainda meia unidade de calor, mas duas unidades de frio (quatro vezes maior do que no equilíbrio).

Tab. 2. Quantidades de calor e de frio em cada grau de calor, segundo al-Kindī

	Unidades de calor	Unidades de frio
Equilíbrio	½	½
1º grau de calor	1	½
2º grau de calor	2	½
3º grau de calor	4	½
4º grau de calor	8	½

As tabelas 2 e 3 permitem captar de modo mais claro as quantidades de calor e frio correspondentes aos vários graus:

Tab. 3. Quantidades de calor e de frio em cada grau de frio, segundo al-Kindī

	Unidades de calor	Unidades de frio
Equilíbrio	½	½
1º grau de frio	½	1
2º grau de frio	½	2
3º grau de frio	½	4
4º grau de frio	½	8

Vejamos como o próprio al-Kindī apresenta essas ideias:

> [...] Coloquemos uma coisa uniforme, da qual uma metade seja quente, e a outra seja fria. E também suponhamos que cada um desses contrários que se equilibra é metade. Assim, terá meio calor, e meio frio.
>
> Digo, portanto, que se for feito o primeiro aumento da quantidade, que difere da igualdade, cujo calor não aparece manifestamente aos sentidos, haverá um duplo calor na mesma coisa. E segue-se, pelo que expusemos sobre o aumento duplo, e sobre o frio duplo que existe nas coisas iguais, que antes havia naquela coisa igual calor e frio, e cada um tinha uma metade da unidade, como dissemos. Assim, o primeiro aumento da quantidade de calor é uma parte inteira. O frio tem na verdade uma quantidade menor do que o calor que está nele. Se então retirarmos este primeiro aumento da igualdade, e removermos o duplo do calor, permanecerá meia parte quente, e meia fria; e esses são dois meios, que se temperam mutuamente, e que geram a igualdade.
>
> [...] Digo além disso, o que ocorre se ocorrer um aumento segundo da medida, cujo calor exceda o primeiro aumento, produzindo uma duplicação do primeiro calor do primeiro aumento, que é o que ensinamos sobre o aumento duplo. E como a medida do seu primeiro aumento foi uma parte inteira, e o dobro do calor que está na coisa igual, e o dobro do seu próprio frio, ocorre que o segundo aumento de calor tem duas partes, e é o dobro do calor do primeiro aumento, e o quádruplo do calor que existe na igualdade, e quádruplo daquele frio que está contido nele. Pois aquele calor, como foi dito, é igual

àquele frio. E, portanto, no segundo aumento, vemos que existe tanto frio quanto uma quarta parte do calor que temos nele. Se então retirarmos esse primeiro aumento, permanecerá o primeiro; e se depois removermos o primeiro aumento, permanecerá meia parte quente, e meia fria. E essas, como foi dito, são duas metades, que se temperam entre si, e que processam uma igualdade.

E digo também, o que ocorre, se a medida sofrer o terceiro aumento, cujo calor e efeito excedem fortemente o segundo aumento, sendo diferente do aumento segundo com uma dupla quantidade de calor. Pois isso fica claro, a partir do que expusemos sobre o aumento duplo. Mas porque a medida do seu aumento segundo era o dobro do calor do primeiro aumento, e o quádruplo do calor que existe na igualdade, exige-se que o calor do terceiro aumento seja o quádruplo do primeiro aumento. E como o calor do primeiro aumento é o dobro do calor que existe em coisas iguais, e o dobro do frio do mesmo, ocorre que o calor do terceiro aumento é oito vezes maior do que o calor que existe na igualdade, e oito vezes maior do que o frio que nela existe, pois o calor é igual ao frio na sua igualdade. E, portanto, daí fica evidente que o frio que existe no terceiro aumento é uma oitava parte do seu calor. [...]

[...] E digo também que ocorre se a medida tem o quarto aumento, cujo calor e efeito sofrem um aumento veemente, com o dobro do calor do terceiro aumento. E isso se segue do que ensinamos sobre o aumento duplo. Mas como o calor do terceiro aumento é o quádruplo do calor do primeiro aumento, e o óctuplo do calor que existe na igualdade, ocorrerá que a medida do calor do quarto aumento será o óctuplo do calor do primeiro aumento, e dezesseis vezes o calor que existe na igualdade. [...] (al-Kindī, 1531, pp. 146-147)

A introdução de raciocínios matemáticos neste e em outros temas filosóficos é uma característica pessoal de al-Kindī. Ele tinha uma grande fascinação pela matemática, tendo estudado os *Elementos* de Euclides e a *Aritmética* do pitagórico Nicomachos, de Gerasa (Adamson & Pormann, 2012, pp. xxiii-xxiv). Em uma passagem do *De Gradibus*, al-Kindī afirma que a relação de duplicação é considerada também a mais excelente pelos músicos, provavelmente se referindo à transição de uma oitava para a seguinte reduzindo à metade o comprimento da corda (Adamson, 2006, p. 165). É claro que isso é irrelevante como justificativa para a escala numérica dos graus de calor ou frio, mas mostra que al-Kindī era motivado pela busca de harmonia e proporção matemática, como toda a tradição pitagórica.

Todos os números introduzidos acima podem obscurecer um problema conceitual importante. Afinal, o que significam essas proporções das quantidades de calor, frio, secura e umidade? Será que uma substância que é capaz de aquecer em 3° grau produz um efeito quatro vezes maior do que outra substância capaz de aquecer em 1° grau, podendo assim ser usada em uma quantidade menor? Al-Kindī não faz nenhuma sugestão com relação a isso. Na verdade, ele chega a afirmar explicitamente que a progressão numérica tem a ver com as quantidades de calor e frio na substância, mas não com qualquer qualidade, perceptível ou oculta (Adamson, 2006, p. 164). Realmente, a escala de graus de intensidade das qualidades primárias permite estabelecer uma *ordem*, mas não constitui uma grandeza quantitativa propriamente dita. Poderíamos fazer uma analogia com a "escala de dureza" criada pelo geólogo Friedrich Vilar Mohs (1773-1839), que proporciona números que também não podem ser utilizados para cálculos e previsões.

Antes de prosseguir na análise das ideias de al-Kindī, devemos mencionar uma analogia entre sua proposta e a "lei psicofísica de Fechner", publicada em 1860 por Gustav Theodor Fechner (1801-1887), que estabeleceu que a sensação psicológica diante de um estímulo sensorial não é proporcional à intensidade desse estímulo e sim ao seu logaritmo (Robinson, 2010). Trata-se, evidentemente, de uma mera coincidência.

Vejamos um exemplo prático de aplicação das ideias de al-Kindī (Pormann, 2011, p. 507). Suponhamos que preparamos um remédio composto por arruda selvagem e realgar, em iguais quantidades. Arruda selvagem seca é quente no quarto grau e secante no quarto grau; portanto, de acordo com o sistema de al-

Kindī, ela tem 8 unidades de calor e ½ de frio, assim como 8 unidades de secura e ½ de umidade. Realgar é quente no terceiro grau e secante no segundo grau, portanto tem 4 unidades de calor e ½ de frio, assim como 2 unidades de secura e ½ de umidade. Essas quantidades podem ser adicionadas, conforme mostrado na tabela 4.

Tab. 4. Quantidades de calor, frio, secura e umidade nos simples de um medicamento composto, segundo al-Kindī

	Calor	Frio	Secura	Umidade
Arruda	8	½	8	½
Realgar	4	½	2	½
Soma	12	1	10	1

Dividindo por dois, para que as quantidades de frio e de umidade retornem ao valor de ½ unidade, temos:

Tab. 5. Quantidades de calor, frio, secura e umidade no medicamento composto, segundo al-Kindī

	Calor	Frio	Secura	Umidade
Arruda + Realgar	6	½	5	½

Portanto, o remédio composto de iguais quantidades de arruda e realgar teria 6 unidades de calor, e 5 unidades de secura; estaria entre o terceiro e o quarto graus de calor e de secura, porém mais próximo do terceiro grau, em relação à secura.

Cálculos semelhantes poderiam ser feitos utilizando proporções diferentes das duas drogas simples e também com maior número de drogas, sempre reduzindo ao final os valores mais baixos para ½ unidade. Al-Kindī também dá exemplos com mais de duas drogas simples:

Adicione todas as partes quentes, e são quatro e meia. Conte as partes frias, e são quatro e meia. E as secas são seis, e as úmidas três. Depois, saiba qual é a razão entre as partes frias e as quentes. As quais realmente são iguais, umas às outras. Portanto, como elas são iguais, o medicamento composto é temperado em calor e frio. Depois, saiba qual é a razão entre o úmido e o seco, que é a metade; e, portanto, saiba que esse medicamento é seco em primeiro grau, e igual em quentura e frieza. (al-Kindī, 1531, p. 159)

Exemplum componendi Medicinam.

Medicinæ	Pondera	Caliditatis	Frigiditatis	Siccitatis	Humidit.
Cardãomi	ʒ i.	pars una.	pars media.	pars una.	ps media.
Zuccari	ʒ ij.	partes duæ.	pars una.	ptes duę.	ps prima.
Indi	ʒ i.	pars media.	pars una.	pars una.	ps media.
Emblici	ʒ ij.	pars una.	partes duę.	ptes duę.	pars una.

Fig. 4. Exemplo de composição de medicamento (al-Kindī, 1531, p. 159)

Tab. 6. Exemplo de composição de medicamento, segundo al-Kindī.

Medicamentos	Pesos	Calor	Frio	Secura	Umidade
Cardamomo	1 dracma	Uma parte	Meia parte	Uma parte	Meia parte
Açúcar	2 dracmas	Duas partes	Uma parte	Duas partes	Uma parte
Indus [?]	1 dracma	Meia parte	Uma parte	Uma parte	Meia parte
Sarandi	2 dracmas	Uma parte	Duas partes	Duas partes	Uma parte

Até que ponto al-Kindī considerava realmente útil fazer esse tipo de cálculos? É difícil saber. Uma de suas obras é um formulário de remédios, indicando sua composição e seu uso, mas sem qualquer associação com a teoria apresentada no *De Gradibus*, baseando-se apenas na tradição e em sua própria experiência (Adamson, 2006, p. 166). A teoria de al-Kindī parece também não ter sido utilizada por farmacêuticos ou médicos posteriores, pois não há alusões a ela nos manuais práticos islâmicos conhecidos (Pormann, 2011, p. 507). No entanto, sob o ponto de vista teórico, foi uma tentativa muito interessante de aperfeiçoar o sistema galênico de graus das qualidades primárias dos medicamentos.

12. A ABORDAGEM DOS "FILÓSOFOS"

Quando al-Kindī escreveu sua obra, já existia uma outra análise diferente a respeito dos graus de frio e de calor. Ela foi inspirada por comentários à obra "Sobre a geração e a corrupção" de Aristóteles e, posteriormente, foi denominada como a interpretação "dos filósofos", em contraste com a interpretação "dos médicos" (Brunacci, 1661, p. 50; Zypaeus, 1683, p. 13).

Nessa abordagem, considerava-se que um objeto com grau máximo de calor possuiria oito unidades de calor e nenhuma de frio; inversamente, um objeto com grau máximo de frio teria oito unidades de frio e nenhuma de calor. Um corpo temperado teria quatro unidades de frio e quatro de calor. A tabela 7 indica as relações entre todos os graus de frio e de calor de Galeno e as quantidades dessas qualidades, nessa interpretação.

Tab. 7. Quantidades de calor e de frio em cada grau de calor e frio, segundo a interpretação dos filósofos

	Unidades de calor	Unidades de frio
4° grau de calor	8	0
3° grau de calor	7	1
2° grau de calor	6	2
1° grau de calor	5	3
Equilíbrio	4	4
1° grau de frio	3	5
2° grau de frio	2	6
3° grau de frio	1	7
4° grau de frio	0	8

Houve outros anteriores que disseram que a virtude do calor do primeiro grau possuía cinco oitavos da virtude do calor do quarto grau, e que nele três oitavos permaneciam frios.

Disseram também, que a virtude do calor do segundo grau possuía em si três quartos da virtude do calor do quarto grau, e permanecia um quarto frio. E que a virtude do calor do terceiro grau continha sete oitavos da virtude do calor do quarto grau, e permanecia um oitavo de frio. O que os induziu a essa ideia foi aquilo que se diz: que se misturarmos um medicamento quente em quarto grau com um medicamento frio no mesmo grau, obteremos um medicamento equilibrado, e teremos nele quatro partes quentes, e quatro frias. E se adicionarmos uma quarta parte de calor, seria quente em primeiro grau, tendo cinco partes quentes, e três de frio. De modo semelhante, se adicionarmos mais uma sexta parte de calor, seria quente de segundo grau, e teria três quartas partes de calor, e um quarto de frio. E se adicionássemos uma sétima parte de calor, seria um medicamento quente em terceiro grau, tendo sete oitavos de calor e sobrando um grau de frio. (al-Kindī, 1531, p. 153)

Al-Kindī não aceitou esse tipo de interpretação e a criticou baseando-se na arbitrariedade de se considerar o equilíbrio como sendo produzido pela combinação de um medicamento quente em quarto grau com outro frio em quarto grau – pois o equilíbrio também poderia ser produzido pela combinação de um quente em terceiro grau com outro frio em terceiro grau. Porém, nesse caso, haveria ao todo 6 unidades (3 de calor e 3 de frio) e não 8 unidades; e todo o raciocínio deveria ser diferente. O primeiro grau de calor deveria ter 4 unidades de calor e 2 de frio, por exemplo – e não 5 de calor e 3 de frio, como na tabela mostrada anteriormente. Vejamos o modo pelo qual al-Kindī expôs essa crítica:

Mas esse argumento é falso, tanto de acordo com os experimentos quanto segundo o que pode ser argumentado contra eles, colocando os seus princípios de uma outra forma. Isto é, se inicialmente misturarmos um medicamento quente em terceiro grau com um medicamento frio no mesmo grau, teremos um medicamento equilibrado, no qual haveria três partes quentes, e três frias. Se adicionarmos uma parte de calor, seria quente em primeiro grau, e teria quatro partes de calor, e duas de frio. E segundo isso, o primeiro grau teria dois terços de calor, e um de frio. Pela premissa, no entanto, cinco oitavos seriam quentes, e três frios; e isso é impossível. [...] (al-Kindī, 1531, pp. 153-154)

A argumentação de al-Kindī não mostra que a interpretação "dos filósofos" está errada. Apenas mostra que ela poderia levar a contradições, dependendo do modo como a composição equilibrada (neutra) fosse definida.

13. A ANÁLISE DE IBN RUSHD

A complexa teoria de al-Kindī foi criticada, posteriormente (Langermann, 2003). Um dos críticos foi Ibn Rushd ou Averroes, de Córdoba (1126-1198), cujo nome completo era Abū l-Walīd Muḥammad Ibn ʾAḥmad Ibn Rušd. Ele se referiu diretamente ao trabalho de al-Kindī, rejeitando sua abordagem:

> E também caiu em erro o próprio Alkindi, pois ele compilou um livro no qual propôs tratar sobre as regras pelas quais se poderia prever a natureza dos medicamentos compostos, e quis demonstrar isso pela arte da aritmética e da música, de forma especulativa. E afirmou que a composição dos quatro graus dos medicamentos é uma composição duplicada, ou seja, que o quarto grau surge duplicando quatro vezes. (Ibn Rushd, 1553, fol. 62 recto)

A interpretação matemática que Ibn Rushd dá aos graus de calor e frio parece ser de uma progressão aritmética. Assim como al-Kindī, Ibn Rushd considera que um medicamento é temperado ou equilibrado (nem quente nem frio) se for produzido pela combinação de iguais quantidades de substâncias simples com graus de calor e de frio iguais:

> Quando os medicamentos forem contrários em um mesmo grau de contrariedade, então necessariamente uma vence a outra, e o medicamento é temperado, exceto se suas quantidades

forem diferentes, nas quais exista esse grau de virtude. (Ibn Rushd, 1553, fol. 61 recto)

Assim, uma substância que tem um grau de calor e um de frio será temperada. E quando essas quantidades de frio e calor são diferentes? Vejamos dois exemplos que ele fornece:

> [...] O medicamento que chamamos de mais quente é aquele que tem maior proporção de calor para frio do que a outra que é menos quente. Portanto, há frio em ambas, mas ao contrário. Pois no mais quente o frio tem menor proporção, e no mais frio tem mais em proporção. Por exemplo, a razão entre calor e frio em uma dracma de pimenta é maior do que em uma dracma de nardo [*spica romana*]. E se em uma dracma de pimenta há 5 partes de calor e uma de frio; e em uma dracma de nardo [*spica romana*], há duas partes de calor e uma de frio misturadas. Então, nessa mistura haverá mais frio do que havia na pimenta. [...] (Ibn Rushd, 1553, fol. 59 recto)

A pimenta era considerada como quente em quarto grau. Ibn Rushd lhe atribui cinco partes de calor e uma de frio. Embora ele não o afirme explicitamente, parece que ele considera que a parte unitária de frio neutraliza uma das cinco partes de calor e que, portanto, ficam quatro partes de calor não neutralizadas, correspondendo a uma substância quente em quarto grau. No caso do nardo, com duas partes de calor e uma de frio, há uma parte de calor não neutralizada, portanto ele é quente em primeiro grau.

Como prever, então, o resultado de combinar dois medicamentos diferentes?

> Se os medicamentos não são contrários no mesmo grau de contrariedade, mas se tivermos, por exemplo, um frio em primeiro grau, outro quente em terceiro, e outro frio em segundo, e outro quente em quarto; é claro que a fria reduz a quente, segundo o seu grau de fio seja um, ou dois. Isto é, se uma coisa é fria em primeiro grau, ela reduz a quente em terceiro

para quente em segundo; do mesmo modo, aquela que é fria
em segundo reduz a quente em quarto para quente em segundo. E sempre vencerá se tiver um grau a mais. Pois aquela
que é fria em segundo, reduz aquela que é quente em terceira
àquela que é quente em primeiro. E isso sempre acontece
quando as quantidades dos medicamentos forem iguais. E não
se entenda iguais em peso, mas sim iguais em virtude. [...]
(Ibn Rushd, 1553, fol. 61 recto)

Ao contrário de al-Kindī, Ibn Rushd não explicita a matemática envolvida (Langermann, 2003, p. 354-355). Tentemos compreender o raciocínio utilizado por Ibn Rushd. Ele afirma que
tomando uma substância quente em terceiro grau e adicionando
outra fria em primeiro grau, o resultado será quente em segundo
grau. Isso parece ser uma simples subtração: 3–1=2. Porém, a
análise não é tão simples assim. Pois a substância que tem terceiro grau de calor tem uma unidade de frio e quatro de calor; e
a substância que tem primeiro grau de frio tem duas unidades de
frio e uma de calor. Se somarmos essas quantidades, teríamos
três unidades de frio e cinco de calor. Seria isso equivalente ao
segundo grau de calor? Talvez o raciocínio fosse de que três
unidades de frio neutralizariam três das cinco unidades de calor
e restam, portanto, duas unidades de calor não neutralizadas.

No segundo caso descrito na citação acima, a situação é semelhante: uma substância fria em segundo grau, adicionada a
uma outra quente em quarto grau, produz uma combinação
quente em segundo grau: 4–2=2. Ou, levando em conta todas as
quantidades de frio e calor: a substância fria em segundo grau
tem uma unidade de calor e três de frio; a substância quente em
quarto grau tem uma unidade de frio e cinco de calor. Somando
tudo, temos seis unidades de calor e quatro de frio, restando assim duas unidades de calor não neutralizadas e produzindo uma
combinação quente em segundo grau.

A mesma interpretação pode ser dada a outro exemplo forne-
cido por Ibn Rushd:

E se variarmos as virtudes contrárias segundo mais e menos, e variarmos as suas quantidades segundo mais e menos; isto é, se a quantidade do medicamento fraco for grande, isto é, o dobro da quantidade do forte, então ele removerá do forte um grau a mais do que o grau que tiraria se tivesse a mesma quantidade. Por exemplo, se tivermos um medicamento quente em terceiro grau, e outro frio em primeiro, e se esse que é frio em primeiro tiver a dupla quantidade daquele que é quente em terceiro grau, [...] serão reduzidos dois graus do segundo, conforme foi dito. Mas se fosse tripla a quantidade, o grau do composto seria reduzido à temperança.

[...] E a causa disso é que quando duplicamos a quantidade do primeiro medicamento, assim duplicamos sua qualidade, e aumentamos seu grau de quente ou frio para outro grau. Portanto, quando tomares um medicamento que é frio ou quente em terceiro grau, e a quantidade primária for duplicada no grau da operação, esse resultado será necessariamente ativo como um veneno. [...] (Ibn Rushd, 1553, fol. 61 recto – 61 verso)

Porém, surge um problema conceitual, aqui. Suponhamos que uma substância é quente em primeiro grau, como o nardo. Se tomarmos três porções da mesma, o resultado será quente em terceiro grau, como a pimenta? Não é uma conclusão muito razoável. Pois uma substância quente em primeiro grau é tão pouco diferente do equilíbrio que nem mesmo podemos perceber o seu calor, sensorialmente, de acordo com Galeno. Mesmo tomando-se três vezes sua quantidade, não será muito quente aos sentidos. Por outro lado, uma substância quente em terceiro grau queima, é destrutiva.

O tipo de análise empregado por Ibn Rushd torna-se ainda mais problemático quando aplicado a outras situações.

Se misturarmos um medicamento temperado com outro que seja quente em segundo grau, não terá sua virtude natural reduzida para o primeiro grau; pois, para fazer isso, ela deveria ser fria em primeiro grau; e assim, a redução não atinge aquele grau. E se misturarmos com aquela, que é quente em segundo grau, um medicamento que é quente em primeiro grau, ela o reduz, mas menos do que a temperada. [...] (Ibn Rushd, 1553, fol. 61 verso)

Pela análise aritmética descrita acima, a combinação de um medicamento qualquer com outro temperado não deveria alterar seu grau de calor ou frio. Por exemplo: uma substância quente em segundo grau tem três unidades de calor e uma de frio; a substância temperada ou neutra tem um grau de calor e uma de frio. Somando-se tudo, temos quatro unidades de calor e duas de frio, restando duas unidades de calor não equilibradas. Então, o resultado seria quente em segundo grau. O próprio Ibn Rushd sabe que o grau de calor deve ser menor, mas não indica qual seria, nem como calculá-lo.

O cálculo do grau de calor ou frio dos medicamentos compostos estava sendo debatido na época de Ibn Rushd e esse autor cita uma opinião diferente da sua:

> Porém, há médicos recentes que afirmam que misturando um medicamento quente em primeiro grau com outro quente em terceiro grau, aquele reduz este ao segundo grau de calor. Mas eu lhes pergunto: se em vez de quente em primeiro grau adicionamos frio em primeiro grau ao quente em terceiro grau, a que grau ele seria reduzido? Se disserem que ao segundo, então teríamos que o quente em primeiro e o frio em primeiro reduzem o quente em terceiro ao mesmo grau. Mas se disserem que o frio em primeiro grau reduz o quente em terceiro grau ao primeiro, então o frio em segundo grau reduziria o quente em terceiro grau ao temperamento, o que é completamente errôneo. (Ibn Rushd, 1553, fol. 62 recto)

Quando descrevemos as ideias de Galeno, vimos que ele dá um exemplo de composição de medicamentos que utiliza exatamente essa ideia de que o grau de calor do composto é a média dos graus de calor dos componentes. Porém, Ibn Rushd não cita aqui o nome de Galeno, referindo-se a "médicos recentes", que ele não designou; porém é possível identificar pelo menos dois autores que adotaram essa abordagem (McVaugh, 1965, pp. 85-86). Um deles é Yūḥannā ibn Sarābiyūn (século IX), que ficou conhecido no ocidente como Johannes Serapion ou Serapion, o velho – e que não deve ser confundido com Serapion, o jovem (século XII) citado na seção 10 deste artigo. Em uma de suas obras, cujo título em árabe é *Al-kunnāsh al-ṣaghir* ("pequeno compêndio"), o segundo capítulo do livro 7 contém um curto comentário sobre a combinação de substâncias com diferentes graus de calor:

> Pois se houver uma doença fria no corpo, pela qual o corpo é afastado da sua compleição natural por 4 números, então fica evidente que é necessário que o remédio pelo qual essa doença seja curada seja feito com uma quantidade de calor adicionada à compleição natural igual a essa quantidade [4 graus de calor]. E muitas vezes, quando não conseguimos encontrar um remédio simples cujo aquecimento seja dessa quantidade, encontramos dois remédios simples, um dos quais tem três números de calor a mais do que a compleição temperada e o outro é mais quente por 5 números e misturamos ambos, e colocamos o meio composto entre os dois. Será, portanto, mais quente do que a compleição temperada por 4 números. (ibn Sarābiyūn, 1525, fol. 66 verso; ibn Sarābiyūn, 1550, fol. 74 recto)[11]

Resumindo: combinando um medicamento quente em terceiro grau com outro em quinto grau, obtém-se um cujo grau de calor é intermediário, ou seja, quatro. O texto não fala em graus de calor e sim em quantidades, exatamente como no exemplo dado por Galeno (ver seção 8 deste artigo). Não há dúvidas de que ibn Sarābiyūn segue Galeno, pois na mesma página de onde foi tirada a citação acima, ele se refere aos quatro graus das qualidades fundamentais.

---

[11] Consultei as duas traduções latinas, de Gherardo de Cremona e de Andreas Alpago. As diferenças são mínimas e parecem indicar que a tradução atribuída a Andreas Alpago é uma simples cópia da de Gherardo.

Avicenna ou Ibn Sīnā (980-1037)[12] apresenta uma passagem quase idêntica no seu *Liber canonis medicinae* (Kitāb al-Qānūn fī 't-Ṭibb):

> E sempre que precisamos de um remédio que aqueça quatro partes e encontramos apenas um que aqueça três partes e outro que aqueça cinco partes, então nós os combinamos, confiando que aquilo que provém do conjunto aquecerá quatro partes. (Ibn Sīnā, 1555, fol. 522 recto)

McVaugh citou essas duas passagens (McVaugh, 1965, pp. 85-86) mas, curiosamente, não identificou Galeno como sendo a fonte de ambas.

Um outro autor que utilizava um raciocínio semelhante foi Abū l'Salt (1067-1134), conhecido no ocidente como Albuzale.[13] Em seu livro sobre farmacologia intitulado *Kitāb al-adwiya al-mufrada* (Livro dos medicamentos simples) aparece uma análise semelhante à criticada por Ibn Rushd:

> Abū l'Salt afirma que a principal razão para utilizar um remédio composto é para servir como substituto de um simples que não está disponível. O exemplo que ele dá é o seguinte: se o calor do corpo se afasta de seu estado natural por dois graus a mais, e o médico não tem à mão remédios simples com o segundo grau de frio, ele pode misturar uma substância do primeiro grau de frio com uma substância do terceiro grau de frio. [...] ele adicionou que "se os dois remédios não estiverem à mesma distância do grau desejado, podem ser utilizadas quantidades proporcionais correspondentes de cada um". (Jacquart, 2008, p. 221)

Podemos notar que esse exemplo dado por Abū l'Salt é mais parecido com aquilo que é criticado por Ibn Rushd do que o caso

---

[12] Nome completo: Abū ʿAlī al-Ḥusayn bin ʿAbdullāh ibn al-Ḥasan bin ʿAlī bin Sīnā al-Balkhi al-Bukhari.

[13] Nome completo: Abū aṣ-Ṣalt Umayya ibn ʿAbd al-ʿAzīz ibn Abī aṣ-Ṣalt ad-Dānī al-Andalusī.

estudado por Serapion e por Avicena; e que sua época é mais próxima da deste.

Os "médicos recentes" citados por Ibn Rushd associavam os graus de calor a uma sequência aritmética simples e utilizavam um raciocínio que corresponde ao cálculo do valor médio dos graus de calor ou frio dos componentes. Ou seja: combinando uma substância quente em primeiro grau com outra quente em terceiro grau, o resultado seria $(1+3)/2$, ou seja, quente em segundo grau. Para analisar combinações em que haja substâncias frias e quentes, seria necessário considerar os graus de frio como negativos. Então, adicionando uma substância fria no primeiro grau a outra quente no terceiro grau, o resultado seria $(3-1)/2$, ou seja, quente em primeiro grau – o que Ibn Rushd não aceita.

Segundo o raciocínio dos "médicos recentes", duplicar a quantidade de um medicamento não mudaria o seu grau de calor ou frio. Se um medicamento é quente em terceiro grau e ele for adicionado a outra quantidade igual dele próprio, teremos $(3+3)/2$, ou seja, quente em terceiro grau. Ibn Rushd não menciona essa consequência, mas é evidente que ele não a aceitaria, de acordo com aquilo que foi mostrado.

Embora Ibn Rushd associe essa interpretação àqueles que denomina "médicos recentes" – ou seja, que seriam pouco anteriores ao século XII – autores posteriores, como Gabriele Falloppio, a identificaram como sendo a doutrina do próprio Galeno, pela análise do exemplo que citamos na seção 8 deste artigo , encontrado em sua obra *De compositione medicamentorum per genera* (Falloppio, 1584, p. 181). E esse autor considerou que essa era a interpretação correta, acrescentando alguns outros exemplos próprios (*ibid.*, p. 187).

É importante mencionar aqui que, embora estejamos neste artigo dando uma ênfase especial à quantificação das qualidades primárias nos medicamentos, vários autores médicos antigos davam pouca importância a esse aspecto. No mundo islâmico havia duas tendências opostas no estudo dos medicamentos (Ventura, 2017). A primeira tendência era a que está sendo apresentada aqui, de dar atenção especial aos graus das qualidades primárias e utilizar regras matemáticas para determinar as propriedades dos medicamentos compostos. A segunda tendência, oposta a essa, supunha que as propriedades de um medicamento composto não podiam ser reduzidas às de seus componentes, ou seja, no composto apareciam propriedades específicas que só poderiam ser conhecidas experimentalmente. Um importante representante dessa segunda tendência foi Ibn Sīnā (Sylla, 1971, pp. 16-17; Jacquart, 2008, p. 224). Por isso, embora esse autor tenha sido citado acima para exemplificar uma abordagem quantitativa de uso dos graus dos medicamentos, esse não era um aspecto importante de sua obra.

14. A INTRODUÇÃO DA FARMACOLOGIA DE GALENO NA EUROPA MEDIEVAL

As obras de Galeno não foram traduzidas para o latim na Antiguidade. No início do período medieval, o conhecimento da tradição médica helenística entrou em declínio na Europa, pois havia poucas pessoas que conseguissem ler os textos em grego. A tradição galênica continuou a ser estudada – e sua obras foram preservadas – no Império Bizantino (Nutton, 2007) e, posteriormente, na civilização islâmica.

O pensamento de Galeno só começou a ser estudado no ocidente europeu a partir do século XI, quando foram feitas as primeiras traduções de suas obras, inicialmente do árabe para o latim e, posteriormente, a partir do grego. Em um período de pouco mais de 100 anos, entre 1076 e 1193, quinze das mais importantes obras de Galeno já haviam sido traduzidas para o latim (Green, 2019, p. 321).

Dois dos mais importantes tradutores dessa fase foram Constantino, o Africano (aprox. 1020-1087) e Gherard, de Cremona (1114 -1187). Foi nesse período em que toda a terminologia médica galênica em latim foi criada, passando depois a ser estudada nas universidades europeias e sendo incorporada, posteriormente, nos livros publicados.

Não se sabe muito sobre a vida de Constantino. Ele parece ter nascido em Cartago viveu inicialmente no norte da África, onde adquiriu conhecimentos médicos. Em meados do século XI ele viajou para o sul da Itália, trazendo consigo dezenas de manuscritos médicos em árabe, incluindo algumas das obras de Galeno (Green, 2019, p. 325; Long, 2019, p. 344). Associou-se inicialmente à Escola Médica de Salerno, com apoio do arcebispo Alfanus. Embora provavelmente fosse muçulmano, tornou-se um monge beneditino e viveu a parte final de sua vida na abadia de Monte Cassino, tendo dedicado algumas de suas obras a Desiderius, o abade local. Constantino traduziu tanto obras de autores islâmicos, como o *Liber pantegni* (baseado, em parte, no *Kitāb Kāmil al-ṣinaʿah al-ṭibbiyah*, de ʿAlī ibn ʿAbbās al Mağūsī, do século X) que durante muito tempo lhe foi atribuído; e algumas obras de Galeno, como o livro dos Aforismos de Hipócrates com o comentário de Galeno; *Tegni* (tradução da Τέχνη ἰατική); *Megategni* (tradução de Θεραπευτικὴ μέθοδος); os Prognósticos de Hipócrates com o comentário de Galeno. Também traduziu uma obra sobre os medicamentos simples de Isaac Iudaeus, *Kitāb al-adwiya al-mufrada wa'l-agdiya*, que apresenta uma abordagem baseada em Galeno.

Constantino traduziu uma obra farmacológica, o *Kitāb al-iʿtimād* (Livro dos medicamentos simples) de Abū Jaʾfar Ahmad Ibn Ibrāhīm Ibn Abī Khālid Ibn Al Jazzar, conhecido entre os europeus por Algizar (aprox. 895-980). A obra recebeu em latim o nome de *Liber de gradibus* (Constantinus, 1536, pp. 342-387). A introdução apresenta a conceituação galênica sobre os quatro graus das qualidades fundamentais, assim como sua subdivisão em três posições intermediárias. Em seguida, apresenta a descrição de mais de 250 medicamentos simples, começando pela indicação de suas qualidades (quente, frio, seco, úmido) e apresentando, depois, suas propriedades médicas peculiares. A obra é dividida em quatro partes, onde a primeira apresenta as substâncias que são quentes ou frias em primeiro grau, a segunda descreve os medicamentos quentes ou frios em segundo grau, e assim por diante. O trabalho não discute o problema dos graus dos medicamentos compostos. Essa obra circulou como um tratado independente, tendo sido também incorporado ao *Liber pantegni* (Ventura, 2018). Este foi o primeiro texto medieval em latim que apresentou a teoria de Galeno sobre como os medicamentos simples funcionam e, durante um século, não houve outras obras equivalentes (Wallis, 2012, pp. 108-109).

Por causa de todas as suas contribuições, o ápice da escola médica de Salerno tem sido associado precisamente ao trabalho de Constantino (Ventura, 2020, pp. 250-252). Ele colaborou para a renovação do currículo da escola médica de Salerno e para a criação de um conjunto de obras organizado no final do século XI, comumente denominado *Articella*, que se tornou a base do ensino médico na época – não apenas em Salerno, mas difundindo-se em toda a Europa.

Gherardo (Gherardo Cremonensis, em latim), nascido em Cremona, desenvolveu a maior parte de seu trabalho em Toledo, na Espanha. Em 1085 essa cidade havia sido retomada dos muçulmanos pelo rei Alfonso VI e nela havia um enorme número de obras em árabe, o que atraiu para lá um grupo de estudiosos provenientes de toda a Europa – incluindo Gherardo (Burnett, 2001). São atribuídas a ele mais de 70 traduções a partir do árabe, mas apenas uma parte delas se refere à medicina. Sua produção incluiu a tradução de obras sobre matemática (como os *Elementos* de Euclides e a obra sobre álgebra de al-Khwarizmi), astronomia (como o *Almagesto* de Ptolomeu), textos de Aristóteles, o *Cânon de medicina* de Ibn Sīnā e muitos outros textos que tiveram enorme importância nos séculos seguintes. Com relação à medicina, há três obras que ele traduziu e que possuem estreita conexão com o presente artigo: o *De temperamentis* e o *De simplicium medicamentorum* de Galeno; e o *De gradibus* de al-Kindī (Green, 2019, pp. 322-323; Long, 2019, p. 349). Além destes e outros tradutores que utilizaram fontes em árabe, outros eruditos da época começaram a fazer traduções a partir do grego – como Burgundio ou Burgondio, de Pisa (aprox. 1110-1193), que adquiriu cópias de manuscritos gregos em Constantinopla (Green, 2019, p. 323). Traduziu várias obras de Galeno, incluindo o *De temperamentis*.

Não cabe neste artigo um estudo mais detalhado sobre as traduções dos séculos XI e XII, que incluem outras obras médicas não citadas aqui. Os interessados no assunto podem consultar o trabalho de Marie-Thérèse d'Alverny (1999).

A difusão dos manuscritos médicos desse período foi estudada detalhadamente por Monica H. Green, que analisou 550 livros médicos em latim copiados no período 1075-1225 e que foram conservados (Green, 2018). Esse estudo detalhado mostrou que Monte Cassino já era um centro de produção de textos médicos antes da chegada de Constantino:

> O projeto de pesquisa subjacente ao presente estudo foi o primeiro a identificar o mosteiro beneditino de Monte Cassino como algo mais do que o centro no qual Constantino o Africano fez suas traduções médicas do árabe. Constantino chegou a um local que já era florescente. Monte Cassino já é famoso há muito tempo entre os classicistas pela preservação de textos raros da Antiguidade; e agora deve ser reconhecido por ter a mesma distinção, igualmente, no campo da medicina. Os monges de Monte Cassino recuperaram textos com centenas de anos e os editaram, tanto comparando-os com outras cópias para identificar passagens problemáticas quanto refazendo-os – abreviando-os, fundindo-os com outros trabalhos ou colocando-os em uma ordem mais racional. (Green, 2018, p. 279)

Assim, pode-se dizer que o trabalho de Constantino deu um novo impulso à medicina de Salerno e no mosteiro de Monte Cassino, com a introdução de traduções a partir do árabe; mas o terreno já estava preparado para isso.

Monica Green identificou que, no período compreendido pelo levantamento de manuscritos que realizou, havia cerca de 200 diferentes textos médicos circulando, alguns com tanta popularidade – em número de cópias e amplitude geográfica de distribuição – que já se podia falar sobre um corpo de conhecimento médico comum a toda a Europa, no início do século XIII (Green, 2018, p. 280). A autora apresentou uma tabela com a identificação das 13 obras das quais existe um maior número de cópias (e também indicações adicionais em catálogos da época). O *Liber pantegni* composto por Constantino é um dos "bestsellers", sendo preservadas 51 cópias manuscritas do período, além de outras 12 indicações em listagens da época. A coletânea didática *Articella* era um pouco menos popular, havendo 35 manuscritos preservados e 23 outras indicações em catálogos. O *Liber de gradibus* traduzido por Constantino aparece em 28 manuscritos da época e mais 9 indicações de catálogos, sendo um dos que mais circularam no período (Green, 2018, p. 281). Na segunda metade do século XII, vários trabalhos de Constantino haviam chegado às principais bibliotecas da Europa. A autora considera que um dos motivos da ampla disseminação desses manuscritos era a rede de comunicação entre os mosteiros.

No final do século XII, já estavam disponíveis em latim os principais trabalhos de Galeno com a descrição das qualidades principais e seus graus nos medicamentos, assim como a obra de al-Kindī com sua interpretação a respeito dos graus. Essas ideias não foram absorvidas imediatamente na cultura médica europeia, mas gradualmente foram se tornando extremamente influentes.

A pesquisa de Monica Green proporcionou alguns resultados inesperados. Em contraste com a difusão dos manuscritos médicos produzidos no sul da Itália, as 21 obras médicas traduzidas por Gherard, em Toledo, praticamente não circularam no período 1075-1225 (Green, 2018, pp. 288-289). Elas se tornaram gradualmente mais importantes ao longo do século XIII, nos cursos médicos das recém-criadas universidades de Paris, Bolonha, Oxford, Montpellier, Pádua e outros centros. Segundo Iolanda Ventura, os manuscritos existentes da obra *Sobre as propriedades dos medicamentos simples* de Galeno, traduzida por Gherard antes de seu falecimento em 1187, estão concentrados no período entre 1250 e 1350; e foram produzidos principalmente em torno de Paris, Bolonha e Pádua (Ventura, 2019, pp. 410-411). De acordo com Michael McVaugh (2019), esta e algumas outras obras de Galeno traduzidas por Gherard passaram a ser utilizadas nas universidades de Bolonha, Paris e Montpellier aproximadamente a partir de 1260, tornando-se uma parte fundamental do ensino médico em quase todas as universidades europeias em torno de 1300. Porém, até meados do século XIII, a farmacologia estudada nas universidades era a que havia sido transmitida no *Canon* de Ibn Sīnā e que, embora inspirada por Galeno, não dava ênfase às características quantitativas das qualidades primárias.

Podemos considerar que, na segunda metade do século XIII, o ocidente começou a dar mais atenção às questões teóricas da farmacologia de Galeno. Além da circulação das traduções de suas obras, outra fonte de estudo pode ter estimulado esse interesse. Em 1255 (ou 1285, segundo algumas fontes), Jacob Bonacosa, de Pádua, traduziu para o latim e para o hebraico a enciclopédia médica *Kitāb al-kulliyāt fi l'tibb* (Princípios gerais da medicina), de Ibn Rushd. A tradução recebeu o nome de *Colliget* (Álvarez de Morales & Vázquez de Benito, 2001). A quinta parte dessa obra trata sobre medicamentos, apresentando tanto a análise dos simples como também uma discussão sobre os compostos, citando al-Kindī e outros autores (Chandelier, 2019, pp. 173-175). Nas universidades da época, Ibn Rushd era considerado uma grande autoridade em Filosofia, como comentador de Aristóteles. Sua obra médica também despertou atenção nesse ambiente e pode ter ajudado a direcionar o interesse dos leitores para o estudo da teoria dos medicamentos.

15. ARNAU DE VILANOVA E A QUANTIFICAÇÃO MEDIEVAL DA MECÂNICA

A proposta de al-Kindī sobre a escala dos graus de calor e frio não teve muitos defensores, posteriormente. Devemos, porém, citar um importante desdobramento. No século XIII, Arnau de Vilanova (aprox. 1240-1311) escreveu um tratado sobre os graus das qualidades dos medicamentos e adotou a teoria de al-Kindī, desenvolvendo-a e aplicando-a. A obra de Arnau teve um certo impacto, circulando inicialmente sob forma de manuscrito. Uma das cópias desse manuscrito está localizada no Merton

College. Existe a suposição de que a versão de Arnau da teoria de al-Kindī inspirou alguns desenvolvimentos medievais da mecânica.

No período medieval, os professores do *Merton College*, de Oxford, deram importantes contribuições ao estudo do movimento. Um deles, Thomas Bradwardine (aprox. 1300-1349), proporcionou em 1328 uma interpretação original da teoria do movimento de Aristóteles. Em linguagem moderna, pode-se dizer que ele sugeriu que o aumento de velocidade era proporcional a um aumento geométrico da ração entre a força e a resistência ao movimento. A relação entre uma grandeza e a potência de uma outra não era muito comum no período medieval. Como tal tipo de relação estava presente na teoria de al-Kindī a respeito dos graus de calor dos medicamentos, Marshall Clagett sugeriu que poderia ter havido alguma influência da teoria de al-Kindī sobre o trabalho de Bradwardine. Vejamos como o autor apresentou sua conjetura:

> A fórmula de Bradwardine relacionando um aumento aritmético da velocidade a um aumento geométrico da razão entre a força e a resistência foi antecipada, até certo ponto, pela teoria do filósofo árabe al-Kindī (falecido após 870), que relacionou uma sequência aritmética de graus de intensidade com um aumento geométrico dos poderes qualitativos determinados. Assim, al-Kindī assumiu que um medicamento ou composto está "em igualdade" (isto é, não produz um efeito sensível de calor ou de frio em um paciente) quando seu frio (isto é, poder de frigidez) é igual a seu calor (isto é, poder de aquecimento). [...] ele é quente no terceiro grau quando seu calor é oito vezes seu frio; e finalmente é quente no quarto grau quando seu calor é dezesseis vezes seu frio. [...] Como este tratado de al-Kindī foi traduzido por Gerard de Cremona, sem dúvida ele estava disponível para Bradwardine. Além disso, Bradwardine foi um dos primeiros a fazer a analogia da velocidade como intensidade de movimento e a intensidade de qualidades permanentes. Então, não é um passo muito grande passar de (1) uma relação exponencial entre graus de intensidade qualitativos e potências qualitativas para (2) uma

relação exponencial entre os graus de movimento e a razão entre os poderes motriz e de resistência. Certamente está dentro do domínio da probabilidade que Bradwardine tenha dado exatamente esse passo. (Clagett, 1959, p. 439, nota 35))

A conjetura de Clagett motivou uma detalhada pesquisa desenvolvida por Michael Rogers McVaugh, que resultou em sua tese de doutorado *The medieval theory of compound medicines* (McVaugh, 1965) e muitos artigos relacionados a esse tema. Seu trabalho lançou dúvidas a respeito da proposta de Clagett. Em primeiro lugar, porque não era óbvio que Bradwardine conhecesse a obra de al-Kindī. Ela de fato havia sido traduzida por Gerard de Cremona, mas parece não ter circulado amplamente nos séculos seguintes. Uma das evidências apresentadas por McVaugh é que somente são conhecidas três cópias manuscritas dessa tradução; e que um dos poucos autores desse período que tinham algum conhecimento da obra de al-Kindī, como Roger Bacon (1214-1294), parece não ter obtido um conhecimento profundo sobre ela (McVaugh, 1967, pp. 57-58). No entanto, o autor sugeriu que Bradwardine poderia ter tomado conhecimento indireto das ideias do pensador islâmico através de uma obra de Arnau de Vilanova (aprox. 1238-1311) chamada *Aphorismi de gradibus*, que apresentou um estudo detalhado da teoria de al-Kindī. O trabalho de Arnau suscitou discussões e trabalhos de outros professores da Universidade de Montpellier, onde ele ensinava na época; e se difundiu rapidamente. Um dos melhores manuscritos do *Aphorismi de gradibus* está conservado no *Merton College*; e um colega de Bradwardine, Simon Bredon (aprox. 1300-1372), escreveu uma obra médica intitulada *Trifolium* na qual apresentou as ideias de al-Kindī conforme elaboradas por Arnau (McVaugh, 1967, pp. 58-60). Portanto, Bradwardine poderia ter sido influenciado indiretamente pelas ideias de al-Kindī, através do trabalho de Arnau de Vilanova.

McVaugh menciona que Arnau aplicava ideias semelhantes às de al-Kindī também às sensações de visão, audição e outras; e sugere que, se ele tivesse analisado a teoria aristotélica do movimento, teria chegado à mesma lei proposta por Bradwardine (McVaugh, 1967, p. 64). O autor admite, na conclusão de seu artigo, que não existe nenhuma prova indubitável de que a lei mecânica acima descrita tenha sido inspirada pelo estudo médico de Arnau, não havendo continuidade de linguagem nem de método. Porém, acredita que as evidências indiretas são fortes.

> Mas Arnald of Villanova e seus sucessores aplicam a expressão a uma ampla variedade de remédios compostos específicos e desenvolvem um grande número de problemas definidos com ela, enquanto Bradwardine não formulou sua lei em conexão com medidas reais, mas para substanciar certas afirmações na *Física* de Aristóteles. Não existe, consequentemente, nenhuma razão para esperar qualquer confirmação textual de uma conexão entre as duas tradições, e nenhuma deve ser encontrada. Apesar disso, há um conjunto tão numeroso de circunstâncias paralelas que elas proporcionam forte evidência indireta da influência de Montpellier sobre a mecânica medieval. (McVaugh, 1967, p. 64)

A proposta de McVaugh foi reforçada por um estudo de Edith Sylla a respeito da terminologia utilizada pelos "calculadores de Oxford". que incluem os membros do Merton College (Sylla, 1988). Essa autora detectou o uso dos conceitos de graus e de "latitude das formas" (significando uma variabilidade de qualidade), que eram bastante utilizados na medicina e que passaram a ser utilizado pelos calculadores em seus trabalhos. Em particular, Arnau de Vilanova havia empregado essa ideia (Sylla, 1973).

Porém, em outro artigo, discordando tanto de Clagett quanto de McVaugh, Edith Sylla apresentou uma comparação conceitual detalhada entre as abordagens medievais de quantificação na medicina com a abordagem da "Escola de Merton", concluindo que são bastante distintas (Sylla, 1971).

Por outro lado, o historiador da mecânica Stillman Drake criticou a tentativa de McVaugh de relacionar a "lei de Bradwardine" com o trabalho médico de Arnau de Vilanova (Drake,

1973). Em sua crítica, Drake ressalta que a contribuição de Bradwardine não pode ser reduzida à simples proposta de uma lei sobre o movimento. O próprio título de sua obra, *Tractatus de proportionibus* (Tratado sobre as proporções) mostra que o seu objetivo era estudar as razões e proporções em geral, além de aplicá-las; e sua contribuição principal foi generalizar o trabalho de Campanus, de Novara, apresentando conceitos ampliados sobre proporções (que não existiam na Antiguidade) e que, depois, tiveram grande influência nos estudos quantitativos da filosofia natural, tanto no período medieval quanto no Renascimento. Drake apresentou uma descrição bastante ampla da obra de Bradwardine para substanciar sua importância e independência em relação à medicina de Arnaud.

Consultando a tese de doutorado de McVaugh (1965), é possível notar que esse autor não fez um estudo detalhado sobre o *Tractatus de proportionibus*, citando sempre, apenas, a sua lei sobre o movimento. Pelo contrário, McVaugh apresentou uma descrição bastante detalhada sobre o trabalho de Arnau de Vilanova. Podemos perceber que McVaugh foi vítima de um "vício historiográfico" que, infelizmente, é bastante comum: procurar comparar X com Y, tendo um conhecimento profundo sobre Y mas um conhecimento superficial sobre X.

Curiosamente, Drake caiu exatamente na mesma armadilha, em seu artigo. Ele não consultou a obra de Arnau de Vilanova, fazendo apenas citações tiradas da própria tese de doutoramento de McVaugh. Por isso, Drake cometeu várias incorreções. Drake procurou enfatizar que, no caso da medicina, trata-se sempre de potências do número 2, sendo o expoente igual a 1, 2, 3 ou 4 (os graus de calor), enquanto que em Bradwardine não encontramos essas limitações (Drake, 1973, p. 75). Em seguida, Drake passa a especular sobre se Arnau de Vilanova poderia ter considerado valores fracionários de calor, rejeitando essa possibilidade – sem consultar o *Aphorismi de gradibus*. Ora, uma consulta rápida ao trabalho de Arnaud mostra que ele estudou, sim, valores fracionários, associados às três subdivisões de cada grau.[14] Ele introduz a ideia das subdivisões dos graus logo no início do tratado (Vilanova, 1532, fol. 224 verso) e vai analisando suas propriedades gradualmente. Na página final do *Aphorismi de gradibus* ele apresentou uma tabela detalhada com as frações associadas a todas essas subdivisões (*ibid.*, fol 233 recto). Drake, evidentemente, não consultou essa obra.

A questão sobre se houve ou não alguma influência indireta das ideias de al-Kindī, via Arnau, sobre o trabalho de Bradwardine, ainda está em aberto. Não tivemos a intenção de fornecer aqui nenhum argumento novo a favor ou contra essa influência e sim apenas registrar esse tema colateral, dentro da história das ideias a respeito dos graus de calor.

O trabalho de Arnau de Vilanova teve um certo impacto em sua época, mas a proposta de al-Kindī sobre as relações entre os graus de calor e as quantidades de calor contidas nas substâncias não teve grande aceitação. Pode-se dizer que a maior influência desses trabalhos foi estimular a reflexão sobre a quantificação dos graus de calor. Porém, a associação dos graus de calor com as proporções 2, 4, 8 e 16 logo foi abandonada, por sua complexidade. De um modo geral, durante o século XVI, os autores europeus vão adotando gradativamente a abordagem aritmética que havia sido criticada por Ibn-Rushd e que permitia cálculos mais simples.

16. A ANÁLISE DE CARDANO

No século XVI, o médico Girolamo ou Gerolamo Cardano (1501-1576), mais conhecido atualmente por suas contribuições à matemática, apresentou uma análise quantitativa detalhada a respeito das três propostas de interpretação sobre os graus dos medicamentos – ou seja, as de Galeno, al-Kindī e Ibn-Rushd. Essa discussão apareceu na sua obra sobre Aritmética (capítulo 66, seção 116). Ele inicia a sua apresentação com um problema quantitativo:

---

[14] Consultei a edição de 1532 das Obras de Arnau, que contém o tratado "De graduationibus medicinarum" (Vilanova, 1532, fols. 223 recto – 233 recto).

Uma pessoa mistura 1 onça de remédio quente em terceiro grau, 3 onças de um remédio quente em primeiro grau, 4 onças de um remédio frio em segundo grau, 5 onças de um remédio quente em segundo grau, [2 onças de um quente no quarto grau,] 2 onças de remédio temperado, 1 onça de remédio frio em quarto grau e 13 onças de remédio frio em primeiro grau; e são fermentados e deles é feito um complexo. Pergunta-se de que grau de calor ou frio é esse medicamento. (Cardano, 1539, p. [471])[15]

É difícil adivinhar por qual motivo Cardano escolheu um exemplo tão complicado, com 8 componentes. Na citação acima, o trecho entre colchetes [2 onças de um quente no quarto grau] não aparece no texto, porém todos os cálculos posteriores pressupõem esse componente. Logo depois deste trecho, aparece uma tabela com todos os medicamentos; a quarta linha corresponde ao trecho que coloquei entre colchetes.

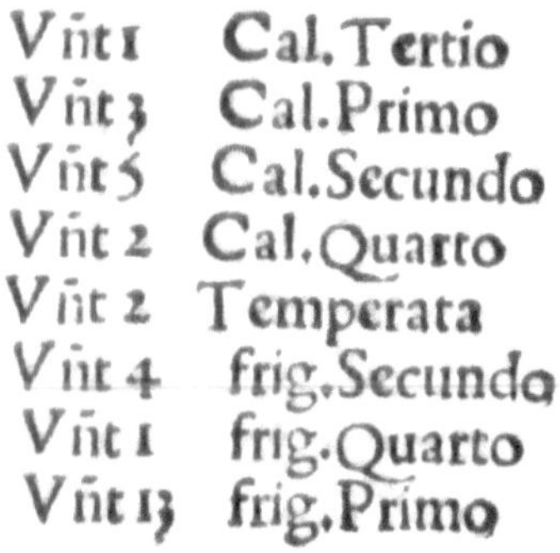

Vñt 1   Cal. Tertio
Vñt 3   Cal. Primo
Vñt 5   Cal. Secundo
Vñt 2   Cal. Quarto
Vñt 2   Temperata
Vñt 4   frig. Secundo
Vñt 1   frig. Quarto
Vñt 13   frig. Primo

Fig. 5. Componentes estudados por Cardano, no seu exemplo de medicamento composto (Cardano, 1539, p. [471])

---

[15] Este livro de Cardano não tem numeração de páginas nem de folhas. Serão indicadas as páginas contadas a partir da folha de rosto do livro, para permitir a localização da citação. Pode-se também consultar com mais facilidade a edição contida no volume 4 das Obras de Cardano, onde as páginas são numeradas (Cardano, 1663, vol. 4, p. 176).

Em seguida, Cardano adverte o leitor de que esta é uma questão "física" (médica) e que os princípios da mesma pertencem aos médicos. Porém, eles discordam quanto a isso, ou seja, quanto ao modo de calcular as propriedades dos medicamentos compostos, pois são diferentes as opiniões de Galeno, de Averrois (Ibn Rushd) e de Alchindi (al-Kindī). Porém, uma vez que sejam colocados os princípios, sua solução pertence à Aritmética.

Cardano passa a descrever, primeiramente, a teoria de al-Kindī. A tabela que ele apresenta na página seguinte indica o número de elementos frios (Frig.) e quentes (Calidit.) de cada grau de calor, onde vemos que a cada grau de calor a quantidade de elementos quentes vai duplicando, como já foi explicado anteriormente. Porém, Cardano comenta que essa posição (de al-Kindī) é falsa e confusa (Cardano, 1539, p. [472]).

	Frigid.	Calidit
Temperata	I	I
Calida In Primo	I	2
Calida In Secundo	I	4
Calida In Tertio	I	8
Calida in quarto	I	16

Fig. 6. Quantidades de calor correspondentes a cada grau de calor, segundo a interpretação que Cardano atribui a al-Kindī (Cardano, 1539, p. [472])

Uma vez conhecidas as quantidades de cada substância que entra na composição do medicamento; e conhecendo-se os elementos de calor e frio de cada grau; deve-se multiplicar a quantidade por esses elementos, para cada componente, somando depois todos os resultados. Porém, Cardano alerta que esse processo matemático não leva em conta as virtudes médicas de cada substância, dando então um exemplo: o grau de frio do sândalo é igual ao grau de calor do mel; porém, uma onça de sândalo tem o mesmo poder que duas onças de mel. Quando essas proporções são conhecidas, é necessário multiplicar o peso pelo poder da substância. Porém, no problema apresentado neste tratado, Cardano apenas indicou os graus de calor e frio de cada componente, sem identifica-los; nesse caso, basta multiplicar a quantidade da substância pela quantidade de elementos frios e quentes que contém. A tabela seguinte, que se encontra parcialmente no livro de Cardano, mostra como esse cálculo é feito, adotando-se as suposições de al-Kindī.

Tab. 8. Cálculos da composição de um medicamento, conforme o exemplo de Cardano, adotando a interpretação de al-Kindī

Peso em onças	Grau de calor ou frio	Nº de elementos de calor	Nº de elementos de frio	Peso X elementos de calor	Peso X elementos de frio
1	3º cal	8	1	8	1
3	1º cal	2	1	6	3
5	2º cal	4	1	20	5
2	4º cal	16	1	32	2
2	Temp.	1	1	2	2
4	2º frio	1	4	4	16
1	4º frio	1	16	1	16
13	1º frio	1	2	13	26
31				86	71

Assim, no composto, a quantidade total de elementos quentes é 86, e a de elementos frios é 71. Para determinar a que grau essa composição corresponde, é necessário dividir um número pelo outro, ou seja, 86/71. Essa razão é maior do que 1 (temperado) e menor do que 2 (primeiro grau). Então, o medicamento composto estaria no início do primeiro grau de calor, segundo al-Kindī (Cardano, 1539, p. [472]).

Cardano explica, em seguida, que tanto Galeno quanto Averrois têm a opinião de que os graus sucessivos estão separados por intervalos iguais, embora discordem sob outros aspectos. Galeno acredita que o medicamento quente em primeiro grau reduz o quente em terceiro grau ao segundo grau e, a partir daí, pode-se demonstrar que os graus são equidistantes. Porém, ele explica que Averrois (Ibn Rushd), contrariamente a Galeno, supunha que para reduzir uma substância quente de terceiro grau ao segundo grau seria necessário adicionar-lhe uma outra substância fria do primeiro grau.

Cardano esclarece, depois, que o grau de calor depende da quantidade de matéria na qual os elementos de calor (e frio) estão distribuídos, dando dois exemplos. Uma onça de pimenta é quente no terceiro grau; se seu calor for dividido à metade, teremos uma substância quente no meio do segundo grau (ou seja, 1½). De modo semelhante, se o calor que existe em uma onça de *squinantium* (*Asperula cynanchica*), que é de primeiro grau, for espalhado por duas onças, a substância seria quente no meio do primeiro grau (½). Portanto, se as duas forem combinadas para formar um medicamento composto, ele seria de segundo grau, porque 1½ + ½ = 2.

Para calcular o grau de calor de um medicamento composto, seguindo as ideias de Galeno, conforme a interpretação de Cardano, deve-se multiplicar o grau de calor (de cada componente quente) pela sua quantidade e somar; depois, multiplicar o grau de frio (de cada componente frio) pela sua quantidade e somar; por fim, subtrair um valor do outro e dividir pelo peso total.

Tab. 9. Cálculos da composição de um medicamento, conforme o exemplo de Cardano, adotando a interpretação de Galeno

Peso em onças	Grau de calor ou frio	Nº de elementos de calor	Nº de elementos de frio	Peso X elementos de calor	Peso X elementos de frio
1	3° cal	3		3	0
3	1° cal	1		3	0
5	2° cal	2		10	0
2	4° cal	4		8	0
2	Temp.	0	0	0	0
4	2° frio		2	0	8
1	4° frio		4	0	4
13	1° frio		1	0	13
31				24	25

Deve-se notar que, segundo essa interpretação, *não existem* elementos de frio nas substâncias quentes, e vice-versa – ao contrário da interpretação de al-Kindī, na qual existem elementos de naturezas opostas em todas as substâncias.

Combinando 24 elementos de calor com 25 elementos de frio, temos como resultado um elemento de frio. Como o peso total é de 31 onças, o resultado é um medicamento frio com grau correspondente a 1/31, que corresponde ao início do primeiro grau de frio e está muito próximo do temperado (Cardano, 1539, pp. [473]-[474]).

Utilizando a interpretação que atribuiu a Galeno, Cardano analisa em seguida os casos descritos por Ibn Rushd. Vamos apresentar sob forma de tabela, para facilitar a compreensão. Combinando uma onça de um simples quente em 3° grau com mesma quantidade de um simples frio em 1° grau, teríamos 3–1=2 elementos de calor distribuídos em duas onças, correspondendo então a 1 elemento de calor por onça – ou seja, uma substância quente em 1° grau. Lembremo-nos que, para Ibn Rushd, essa combinação daria uma substância quente em 2° grau, pois ele subtrai os graus, mas não divide pela quantidade total dos medicamentos.

Tab. 10. Cálculo da composição de medicamentos de 3° grau de calor e 1° grau de frio, adotando a interpretação de Ibn Rushd

Peso em onças	Grau de calor ou frio	N° de elementos de calor	N° de elementos de frio	Peso X elementos de calor	Peso X elementos de frio
1	3° cal	3		3	0
1	1° frio		1	0	1
2				3	1

Um segundo exemplo é a combinação de uma substância quente em terceiro grau combinada com uma fria em segundo grau. Teremos 3–2=1 elementos de calor distribuído em duas onças, correspondendo então a ½ elemento de calor por onça.

Isso corresponde à metade do primeiro grau. Segundo a análise de Ibn Rushd, o resultado seria um composto de 1º grau.

Tab. 11. Cálculo da composição de medicamentos com 3º grau de calor e 2º grau de frio, adotando a interpretação de Ibn Rushd

Peso em onças	Grau de calor ou frio	Nº de elementos de calor	Nº de elementos de frio	Peso X elementos de calor	Peso X elementos de frio
1	3º cal	3		3	0
1	2º frio		2	0	2
2				3	2

Cardano rejeita a interpretação de Ibn Rushd e aceita as conclusões obtidas utilizando o método atribuído a Galeno; e afirma que elas estão de acordo com a experiência (Cardano, 1539, p. [474]).

> No entanto, a opinião de Averrois é que o remédio frio em primeiro [grau] reduz o calor no quarto [grau] para o terceiro; e o calor no terceiro [grau] para o segundo; e o calor no segundo [grau] para o primeiro. E que três onças de medicamento frio em primeiro [grau] com uma onça [de medicamento] quente em terceiro [grau] compõem um remédio temperado. E que uma porção dupla de um medicamento quente no terceiro [grau] produziria um remédio quente no quarto e seria venenoso. E que um medicamento quente no primeiro [grau] reduz menos o quente em terceiro do que o [medicamento] temperado, e muito menos do que o frio; e que portanto não reduz ao segundo grau precisamente, mas ao segundo e meio, ou perto disso. E que o [medicamento] quente em segundo [grau] reduz o calor em terceiro um pouco, porém menos do que o quente em primeiro. (Cardano, 1539, p. [475])

Cardano considera que a posição de Ibn Rushd é contrária à verdade (*repugnans veritati*), porque seria possível transformar em veneno uma substância como o açúcar ou a malva ou outras substâncias quentes no primeiro grau, simplesmente aumentando a quantidade. Além disso, uma única dracma (1/8 de onça) de eufórbio é venenosa; então, uma onça de açúcar, que teriam mais calor do que essa quantidade de eufórbio, também seria venenosa. Embora Cardano dê vários exemplos que mostram que a interpretação de Ibn Rushd é absurda, ele procurou estabelecer uma regra de cálculo compatível com os vários exemplos dados por esse autor, como os citados acima. Utilizando essa regra, depois de muitos cálculos, Cardano conclui que o medicamento composto que está sendo analisado seria frio em um grau 3/28, ou seja, aproximadamente 1/9 do início do primeiro grau (Cardano, 1539, p. [477]). Afinal, o resultado do cálculo segundo Ibn Rushd não foi muito diferente do resultado segundo Galeno; teria sido mais útil, sob o ponto de vista didático, se Cardano tivesse escolhido um exemplo em que as três análises conduzissem a conclusões totalmente diferentes.

Independentemente disso, o grande mérito de Cardano foi apresentar uma análise cuidadosa e comparativa das três abordagens, mostrando como fazer o cálculo do grau dos medicamentos compostos segundo as três interpretações – o que nenhum autor anterior parece ter feito. Além disso, seu trabalho reforçou a interpretação de Galeno, na qual os graus de frio e calor formam uma sequência aritmética regular.

Nas suas obras médicas, encontramos apenas uma curta menção ao assunto. Ela aparece na quinta parte de sua obra polêmica, *Contradicentium medicorum*. Em apenas uma página, ele se refere às discordâncias entre Ibn Rushd e Galeno, defendendo o segundo (Cardano, 1663, vol. 6, p. 741). Esta obra é posterior à *Aritmética*, mas é difícil estabelecer sua data original. Utilizei a edição de 1663 das obras de Cardano, onde aparece pela primeira vez a versão mais completa da *Contradicentium medicorum*. Esse trabalho foi publicado em partes, sendo a primeira delas de 1545, a segunda de 1548. Ambas foram reimpressas em 1564. As oito partes restantes foram publicadas a partir dos manuscritos deixados por Cardano, nas suas *Obras*, em 1663, quase um século depois de sua morte (Baldi, 2005).

17. A ESCALA LINEAR DE CALOR E FRIO

Um trabalho interessante sobre o tema foi publicado por John Dee (1527·1608), em um prefácio que escreveu para uma tradução dos *Elementos* de Euclides (1570). Nesse prefácio, Dee apresenta uma visão geral sobre todos os ramos da matemática e sua utilidade. Em certo ponto, ele se refere ao trabalho com metais e, depois, trata sobre os cálculos da farmacologia:

> O mestre da Casa da Moeda e o ourives, em sua mistura de metais, cada um de diversos tipos e diversos valores: como eles são exatamente dirigidos e maravilhosamente agradados, se a Aritmética for seu guia? E os médicos honrados alegremente confessarão que eles próprios devem muito à ciência da Aritmética, de muitas formas; mas principalmente em sua arte de graduação, e remédios compostos. E embora Galeno, Averrois, Arnoldus, Lullus e outros tenham publicado suas posições, tanto sobre as quantidades dos graus acima do temperamento, como nas regras, concluindo sobre a nova forma resultante; no entanto, está disponível um método mais preciso, cômodo e fácil: inventado por um nosso conterrâneo (mais de 200 anos atrás). E como eu estou incerto sobre quem possui aquele pequeno tratado em latim (como foi escrito pelo autor) ou quando o mesmo será impresso (tanto para declarar o desejo que eu tenho de agradar minha nação, sempre que possível; e também, para dar uma boa prova do uso dos números, nessa conclusão mais sutil, frutífera e filosófica), eu pretendo enquanto isso, e com minha ajuda adicional, comunicar a vocês a sua parte principal. (Dee, em Euclides, 1570, fol. *.iij recto)

Neste ponto do texto, na margem da página, foram impressas as iniciais R.B., que são interpretadas como se referindo a Roger Bacon. No entanto, aquilo que John Dee apresenta a seguir não é encontrado em nenhuma das obras daquele autor.

Notemos que Dee estava ciente da existência de diferentes interpretações, já que ele se referiu não apenas a Galeno, mas também a Ibn Rushd e Arnau de Vilanova. No entanto, ele não apresentou nenhuma discussão sobre essas diferentes abordagens. Apenas adotou uma delas, a de Galeno, associando-lhe um método de análise e cálculo que atribuiu a Roger Bacon.

> Primeiramente, descreva um círculo: e seja seu diâmetro uma polegada. Divida a circunferência em quatro partes iguais. Do centro, por essas 4 seções, estenda 4 linhas retas, cada uma com o comprimento de 4 polegadas e meia; ou, se desejar, acima de 4 [polegadas], fora da circunferência do círculo. De modo que, fora do círculo, elas terão o comprimento de 4 polegadas (pelo menos). Faça marcas boas e evidentes, no fim de cada polegada. Se quiser, você pode subdividir as polegadas em 10 ou 12 partes menores, iguais. Nas extremidades das linhas, escreva os nomes das 4 qualidades elementais principais: quente [*hote*] e frio [*colde*], um oposto ao outro. E de forma semelhante úmido [*moyst*] e seco [*dry*],[16] um oposto ao outro. E no círculo escreva *temperado* [*temperate*]. E essa temperatura tem uma boa latitude, como aparece pela compleição do homem. E por isso lhe associamos o dito círculo e não um ponto matemático ou físico. (Dee, em Euclides, 1570, fol. *.iij recto)

O diagrama descrito por John Dee é apresentado na página seguinte do livro. Desde o período medieval eram comuns os diagramas mostrando as quatro qualidades fundamentais em quadratura, com a oposição de quente-frio e úmido-seco. Porém, o diagrama de Dee tem algumas peculiaridades. O círculo central, que representa a situação equilibrada ou temperada, não é um ponto (como ele enfatiza), porque há certa "latitude" (variabilidade) na composição entre as quatro qualidades no homem normal. Outro aspecto significativo do diagrama é a marcação dos quatro graus de calor, frio, umidade e secura – e a indicação de que cada grau pode ser subdividido, mostrando que não se trata de grandezas quantizadas.

---

[16] A grafia utilizada por John Dee no corpo do texto difere do inglês moderno e também não é igual à utilizada no diagrama.

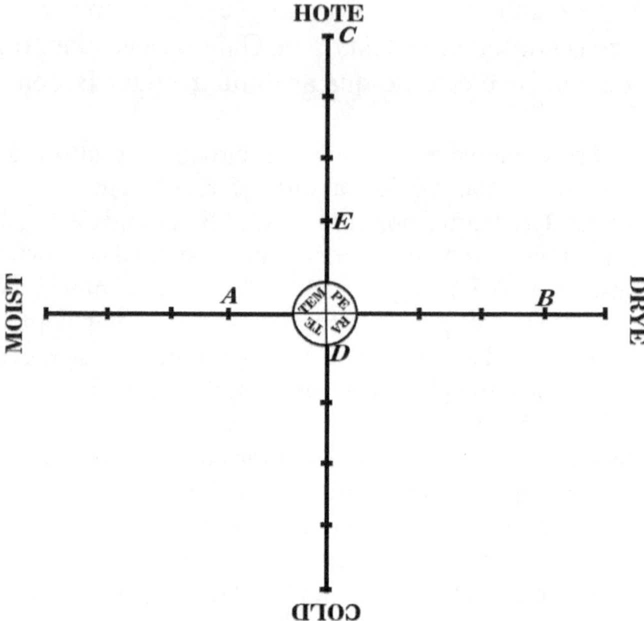

Fig. 7. Esquema de John Dee mostrando os graus de calor, frio, umidade e secura (Dee, em Euclides, 1570, fol. *.iij verso)

Agora, quando você tem duas coisas que podem ser combinadas, cujos graus são conhecidos verdadeiramente: necessariamente, ou elas são de mesma quantidade e peso, ou diferentes. Se forem de mesma quantidade e peso: sejam suas formas[17] de qualidades contrárias, ou de um tipo (mas com diferentes intensidades e graus) ou uma temperada e uma contrária, *a forma resultante de sua mistura está no meio entre os graus das formas que foram misturadas*. Por exemplo, seja *A* úmido no primeiro grau e *B* seco no terceiro grau [ver o diagrama]. Adicione 1 e 3, que dá 4; a metade ou meio de 4 é 2. Esse 2 é o meio, igualmente distante de *A* e *B* (pois o *temperamento* é contado como nada; e se, em algum momento, ele estiver na mistura, você deve colocar um zero). Então, contando 2 graus a partir de *B* na direção de *A*, você encontra que ele é seco no primeiro grau. Assim é a forma resultante da

---

[17] "Forma", aqui, indica a causa formal, no sentido aristotélico.

> mistura de *A* e *B*, em nosso exemplo. (Dee, em Euclides, 1570, fol. *.iij recto – verso)

As palavras em itálico na citação acima estão originalmente em itálico, ou seja, Dee enfatizou a regra geral de que "*a forma resultante de sua mistura está no meio entre os graus das formas que foram misturadas*". Tanto essa regra quanto a análise que ele apresentou nesse exemplo mostram que ele está considerando uma escala linear de graus de úmido-seco e de calor-frio.

> Eu lhe dou um outro exemplo. Suponha que você tem duas coisas, como *C* e *D* [ver diagrama]; e seja o calor de *C* no quarto grau; e de *D*, o frio recolhido, dentro do temperamento. Agora, para *C*, você toma 4; e para *D*, você toma um zero: que, adicionado ao 4, resulta apenas 4. O meio, ou metade disso, é 2. Portanto, a *forma resultante* de *C* e *D* é quente no segundo grau; pois 2 graus contados de *C* para *D* terminam justamente no segundo grau de calor. (Dee, em Euclides, 1570, fol. *.iij verso)

Esses dois exemplos proporcionam resultados inaceitáveis, de acordo com Ibn Rushd. No terceiro exemplo apresentado por Dee, uma das substâncias é quente no 4º grau e a outra é quente no 1º grau e elas são misturadas em iguais quantidades. A diferença entre os dois graus é 3 e dividindo por dois temos 1½. Portanto, a combinação das duas terá um grau correspondente a 2½, que significa quente no meio do terceiro grau (Dee, em Euclides, 1570, fol. *.iij verso – *.iiij recto).

Aqui, é necessário introduzir uma explicação sobre a subdivisão do grau. Vimos que, no caso de Arnau de Vilanova, ele havia dividido o grau em três partes (como indicado por Galeno) interpretando que as três posições associadas ao terceiro grau, por exemplo, seriam 2⅓, 2⅔ e 3. Porém, com essa interpretação, existem apenas *duas* posições intermediárias entre 2 e 3. Porém, as descrições de Galeno indicam que existem *três* posições intermediárias diferentes dos extremos. Então, para seguir a ideia de Galeno, as três posições associadas ao terceiro grau, por exemplo, seriam 2¼, 2½ e 2¾, que seriam o início, o meio e o fim do terceiro grau. É essa a interpretação que John Dee utilizou, implicitamente.

Em seguida, John Dee considerou a combinação de duas quantidades diferentes das substâncias:

> Mas se as quantidades de duas coisas que são combinadas forem diferentes, e as intensidades (de suas formas miscíveis) forem em diferentes graus, e alturas (sejam essas formas de um tipo, ou de tipos contrários, ou uma temperada e uma contrária), *a mesma proporção que existe da menor quantidade para a maior, será a* [razão] *da diferença que está entre o grau da forma resultante e o grau da maior quantidade da coisa miscível, para a diferença que existe entre o mesmo grau da forma resultante, e o grau da menor quantidade.* Como por exemplo: sejam dadas duas libras de um líquido quente no quarto grau; e uma libra de líquido quente no terceiro grau. Eu gostaria de saber a forma resultante da mistura desses dois líquidos. (Dee, em Euclides, 1570, fol. *.iiij recto)

A regra é bastante obscura, mas é equivalente a um tipo de proporcionalidade especial, que será explicada a seguir. Dee montou uma equação algébrica para obter o resultado final. Em notação moderna (que é diferente da que ele empregou), chamando de x o grau de calor da combinação, teremos $(4-x)/(x-3)=1/2$. Nessa equação, $4-x$ representa a diferença entre o grau de calor da combinação (que é x) e o grau de calor da substância em maior quantidade (que é 4); e $x-3$ é a diferença entre o grau de calor da combinação (que é x) e o grau de calor da substância em menor quantidade (que é 3). A razão entre essas diferenças, que é $(4-x)/(x-3)$, é inversamente proporcional às quantidades das duas substâncias, ou seja, 1 para 2. Resolvendo a equação, obtém-se $x=11/3$ ou 3⅔ para o grau de calor do composto. Dee apresentou um esquema para facilitar a compreensão de sua segunda regra.

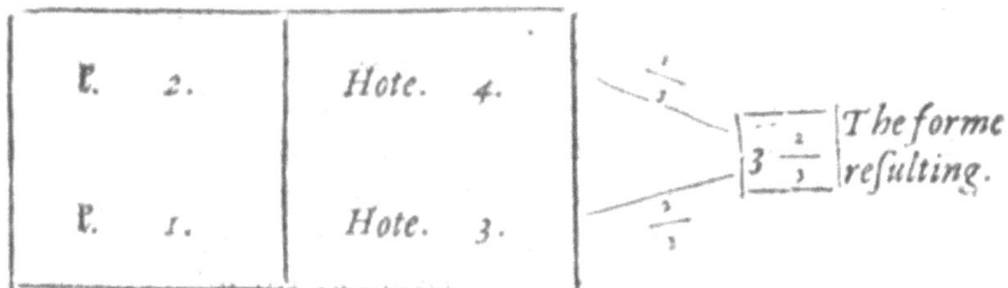

Fig. 8. Esquema de John Dee mostrando o modo de encontrar o grau de calor de um composto.

Por fim, Dee indicou que as mesmas regras podem ser utilizadas quando há um maior número de substâncias para serem combinadas, em vez de duas.

O prefácio de John Dee foi publicado em 1570. Na próxima seção vamos apresentar um trabalho um pouco anterior, porém mais completo e complexo.

18. A CONTRIBUIÇÃO DE FRANCISCO VALLES

A interpretação linear dos graus de calor e frio foi defendida e utilizada pelo médico espanhol Francisco Valles (1524-1592) no nono livro da obra que publicou em 1556, *Controversiarum medicarum et philosophicarum* (Valles, 1556). Esta foi a primeira de suas obras, e a que teve maior repercussão, sendo depois reeditada, com adições, outras duas vezes (em 1564 e 1583).

Infelizmente, ainda não existem estudos históricos sobre essa importante contribuição. José María López Piñero e Francisco Calero, que publicaram um estudo sobre essa obra de Valles, mencionam muito rapidamente essa contribuição sobre os graus dos medicamentos (Piñero & Calero, 1988, pp. 59-60) à qual não dão valor. Consideram que seus procedimentos de cálculo são complexos, baseando-se em frações das qualidades; e mencionam que um médico contemporâneo, Johannes Crato von Krafftheim (1519-1585), afirmou em uma de suas cartas que "ninguém conseguiu entendê-los" (*ibid.*, p. 60). Por causa dessa visão negativa, infelizmente, Piñero e Calero não incorporaram essa parte da obra de Valles na tradução parcial que publicaram. Não concordo com essa opinião negativa.

O trecho da vasta obra de Valles que nos interessa é o capítulo 9 do livro 9, intitulado "De mixtione alterantium medicamentorum" (Valles, 1556, fols. 151 verso – 155 verso). Primeiramente, o autor se baseia em Galeno e explica os quatro graus das qualidades primárias, mencionando também que "todos os filósofos" falam sobre oito graus de calor ou de frio, ou das outras qualidades (Valles, 1556, fol. 151 verso). Logo depois, ele menciona as subdivisões dos graus das qualidades, estabelecidas por Galeno, chamando-as de "posições" (*stationes*): início, meio e fim de cada grau (*ibid.*, fol. 152 recto). Como veremos mais abaixo, Valles quantificou esses passos intermediários dos graus e, além disso, admitiu um contínuo quantitativo ao longo dos graus – uma atitude nova e importante, para aplicar cálculos de medicamentos compostos. Valles mencionou a interpretação de al-Kindī e a rejeitou rapidamente (*ibid.*, fol. 152 recto), passando a expor a sua própria abordagem, que atribuiu a Galeno – mas que é diferente da interpretação fornecida por Cardano. Supondo que na situação de equilíbrio (temperado) existem duas unidades de calor e duas de frio e que no grau máximo de calor há duas unidades de calor e nenhuma de frio, ele apresentou tabelas com as quantidades de calor e de frio para cada um dos graus e, também, para as três subdivisões.

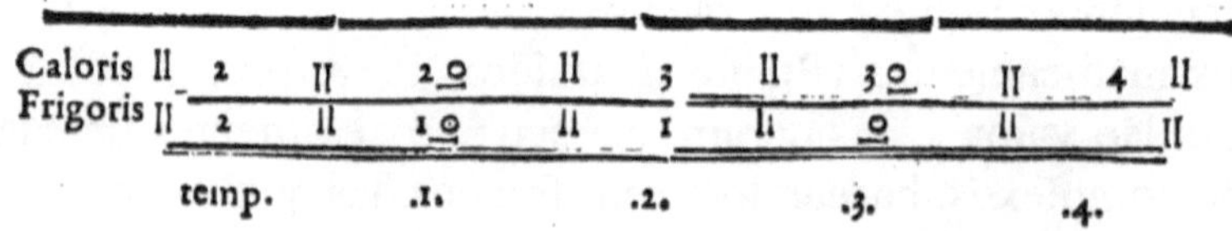

Caloris	2		2 0		3		3 0		4	
Frigoris	2		1 0		1		0			
	temp.		.1.		.2.		.3.		.4.	

Fig. 9. Tabela apresentada por Francisco Valles para as quantidades de calor e de frio em cada grau de calor.

A tabela abaixo indica, de modo mais familiar para nós, o significado dos números apresentados por Valles.

Tab. 12. Representação moderna para a tabela de Valles com as quantidades de calor e de frio em cada grau de calor.

	Quantidades de calor e frio				
Calor	2	2 ½	3	3 ½	4
Frio	2	1 ½	1	½	0
Grau de calor	Temp.	1º	2º	3º	4º

À medida que o grau de calor vai aumentando, a quantidade de calor aumenta meia unidade e a quantidade de frio diminui meia unidade – e não uma unidade, como em praticamente todos os autores anteriores. Uma vantagem dessa análise de Valles é que a diferença entre as quantidades de calor e de frio, em cada caso, fornece o grau de calor correspondente.

Cada grau contém três subdivisões ou posições intermediárias; assim, Valles dividiu por três a diferença entre as quantidades de calor ou frio dos sucessivos graus. Assim, de uma subdivisão para a seguinte há uma variação de 1/6 de unidades de calor e frio. Apresentou então sua tabela para todas as subdivisões (Valles, 1556, fol. 152 verso). Cada coluna corresponde a um dos graus de calor – exceto a situação temperada ou de equilíbrio, que não tem subdivisões. Na primeira linha da primeira coluna temos a primeira subdivisão ou posição do primeiro grau de calor. Nele, a quantidade de calor é 2+1/6 e a quantidade de frio é 1+5/6. Logo abaixo temos a segunda subdivisão do primeiro grau de calor, onde a quantidade de calor é 2+2/6 (=2+1/3) e a quantidade de frio é 1+4/6 (=1+2/3). A partir desses dois exemplos, é fácil compreender toda a tabela. Aparentemente, foi o surgimento das frações de calor e frio nessas tabelas que suscitou um estranhamento por parte de Piñero e Calero. Note que, como no caso de Arnau de Vilanova, Valles dividiu cada grau em três partes, em vez de colocar três pontos intermediários entre os inícios de graus sucessivos.

Tabula ternarum ſtationum quatuor graduum.

Corpus calidum.

Temperato nullæ sunt stationes.						
	$2\frac{1}{6}$	$2\frac{2}{3}$	$3\frac{1}{6}$	$3\frac{2}{3}$	Caloris	Stat. 1.
	$1\frac{5}{6}$	$1\frac{1}{3}$	$\frac{5}{6}$	$1\frac{1}{3}$	Frigoris	
	$2\frac{1}{3}$	$2\frac{5}{6}$	$3\frac{1}{3}$	$3\frac{5}{6}$	Caloris	Stat. 2.
	$1\frac{2}{3}$	$1\frac{1}{6}$	$\frac{2}{3}$	$\frac{1}{6}$	Frigoris	
	$2\frac{1}{2}$	3	$3\frac{1}{2}$	4	Caloris	Stati. 3.
	$1\frac{1}{2}$	1	$\frac{1}{2}$		Frigoris	

Fig. 10. Tabela apresentada por Francisco Valles para as quantidades de calor e de frio em cada subdivisão dos graus de calor (Valles, 1556, fol. 152 verso).

A partir dessas duas tabelas fundamentais, Valles passa a analisar o que acontece quando dois medicamentos são combinados. O primeiro exemplo analisado é a combinação de iguais quantidades de um medicamento quente em primeiro grau com outro quente em terceiro grau (Valles, 1556, fol. 153 recto). O procedimento é simples. O autor soma as quantidades de calor e de frio e, depois, divide o resultado por dois, já que o medicamento resultante é o dobro dos componentes.

O quente em primeiro grau tem 2½ unidades de calor e 1½ unidades de frio; o quente em terceiro grau tem 3½ unidades de calor e ½ unidade de frio. Somando, temos 6 unidades de calor e 2 de frio, distribuídas no dobro da quantidade do medicamento. Dividindo por dois, temos 3 unidades de calor e 1 de frio, que corresponde ao segundo grau de calor. Assim, a combinação do quente em primeiro grau com o quente em terceiro grau proporciona um resultado quente em segundo grau (a média dos dois componentes), contrariando a análise apresentada por Ibn Rushd, como vimos (Valles, 1556, fol. 153 recto).

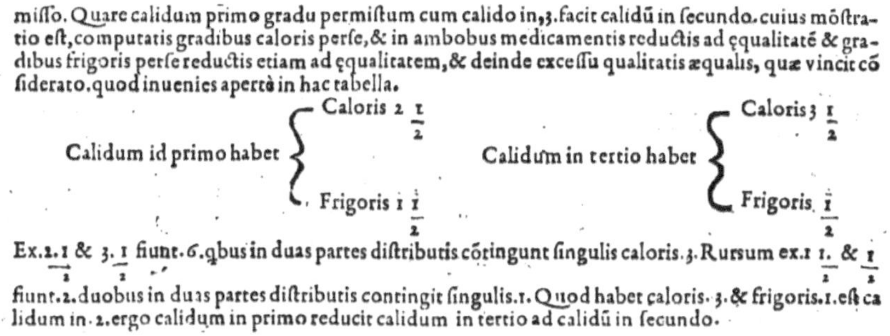

miſſo. Quare calidum prĩmo gradu permiſtum cum calido in,3.facit calidũ in ſecundo.cuius mõſtratio eſt,computatis gradibus caloris perſe,& in ambobus medicamentis reductis ad ęqualitatē & gradibus frigoris perſe reductis etiam ad ęqualitatem,& deinde exceſſu qualitatis æqualis, quæ vincit có ſiderato.quod inuenies apertè in hac tabella.

$$\text{Calidum id primo habet} \left\{ \begin{array}{l} \text{Caloris 2 } \frac{1}{2} \\ \\ \text{Frigoris 1 } \frac{1}{2} \end{array} \right. \qquad \text{Calidum in tertio habet} \left\{ \begin{array}{l} \text{Caloris 3 } \frac{1}{2} \\ \\ \text{Frigoris } \frac{1}{2} \end{array} \right.$$

Ex.2.$\frac{1}{2}$ & 3.$\frac{1}{2}$ fiunt.6.qbus in duas partes diſtributis cótingunt ſingulis caloris.3.Rursum ex.1 1. & $\frac{1}{2}$ $\frac{1}{2}$ fiunt.2.duobus in duas partes diſtributis contingit ſingulis.1.Quod habet caloris.3.& frigoris.1.eſt ca lidum in.2.ergo calidum in primo reducit calidum in tertio ad calidũ in ſecundo.

Fig. 11. Diagramas apresentados por Francisco Valles para o cálculo do grau de calor de um composto (Valles, 1556, fol. 153 recto)

Para compreendermos a importância da abordagem de Valles, é útil fazer uma comparação anacrônica, utilizando conceitos posteriores. A física dos séculos XVII e XVIII reconheceu a diferença entre a *intensidade* de calor (aquilo que chamamos de temperatura) e a *quantidade* de calor.[18] A quantidade de calor é uma grandeza aditiva, ou seja: quando tomamos dois corpos e os unimos, a quantidade de calor do objeto resultante é a soma das quantidades de calor dos dois objetos iniciais. Por outro lado, a intensidade de calor não é aditiva. Quando a ideia de graus de calor e frio foi desenvolvida por Galeno, pode-se perceber que ele estava pensando na *intensidade* de calor ou frio, pois quando atribui a uma determinada substância certo grau de calor, ele não fala sobre seu peso ou quantidade. Porém, quando se começou a imaginar, dentro das substâncias, certas quantidades de calor e frio que dependiam do grau de calor do objeto, a situação se tornou confusa. Ibn Rushd, como vimos, considerava que tomando-se o dobro de uma substância o resultado teria um grau de calor duplo, ou seja, uma *intensidade* dobrada. A análise de Valles também pressupõe a existência de quantidades

---

[18] A análise apresentada aqui, que era válida nos séculos XVII e XVIII, foi depois modificada. No século XIX, com o desenvolvimento do princípio de conservação da energia, percebeu-se que não era possível falar sobre o "calor contido em um corpo". O raciocínio mostrado aqui é válido se considerarmos uma situação em que não há transformações de energia e se utilizarmos a expressão "energia térmica" em vez de calor.

de calor e de frio dentro dos objetos, que determinam seu grau de calor ou frio; mas ele se diferencia de autores anteriores porque passou a associar esse grau de calor ou frio (a intensidade) a uma quantidade unitária de matéria.

Utilizando o mesmo método, Valles mostrou que é possível calcular o efeito de combinação em casos mais complicados, como aqueles em que os componentes possuem uma posição intermediária de calor e frio – por exemplo, quando um deles é quente na última posição do primeiro grau e o outro é quente na primeira posição do quarto grau (Valles, 1556, fol. 153 verso). Estudando situações desse tipo, surge a necessidade de aceitar frações que não fazem parte da tabela original, ou seja, os graus de calor podem ser subdivididos indefinidamente. Não consegui localizar qualquer autor anterior a Valles que utilizasse essa ideia.

Os primeiros exemplos de composição de medicamentos apresentados por Valles são com dois componentes quentes, porém com graus diferentes. Em seguida, ele vai analisar os casos em que um deles é frio e o outro quente. Um exemplo é o de uma substância fria em primeiro grau combinada com outra quente em terceiro grau. Recordemos que Ibn Rushd havia examinado esse caso e argumentado que um grau de frio reduziria o calor do outro componente por uma unidade, ou seja, que o medicamento composto teria o segundo grau de calor. Valles, pelo contrário, concluiu que o composto seria quente em primeiro grau, e não em segundo (Valles, 1556, fol. 153 verso). De fato, como Valles está utilizando graus de calor espaçados uniformemente, o medicamento composto será intermediário entre os componentes – e o primeiro grau de calor está exatamente no meio, entre o primeiro grau de frio e o terceiro grau de calor. O autor apresenta o cálculo detalhado, que é simples: quente em terceiro grau contém 3½ unidades de calor e ½ unidade de frio; frio em primeiro grau contém 1½ unidades de calor e 2½ unidades de frio. Somando, temos 5 unidades de calor e 3 de frio. Reduzindo à metade, temos 2½ unidades de calor e 1½ unidades de frio, que corresponde ao primeiro grau de calor. Depois de apresentar sua análise, Valles comentou:

> Portanto, evidentemente Averroes errou [...] dizendo que o frio em primeiro [grau] reduz o quente em terceiro [grau] ao quente em segundo [grau], pois supunha que um grau de frio pudesse reduzir um grau de calor. (Valles, 1556, fol. 153 verso)

A ideia fundamental de que misturando iguais quantidades de substâncias com diferentes graus de calor obtém-se um grau exatamente médio de calor é de enorme importância. Ela já havia sido sugerida por outros autores – inclusive Galeno – mas apenas com o trabalho de Valles ela se torna justificada e geral. Nos séculos seguintes, um princípio semelhante foi utilizado na termometria e calorimetria, assumindo-se que a mistura de iguais quantidades de água a diferentes temperaturas produz água à temperatura intermediária entre as iniciais. É claro que, na física posterior, logo se percebe que o princípio só vale se for utilizada uma única substância – ele não se aplica para uma mistura de água e álcool a diferentes temperaturas, por causa de seus diferentes calores específicos. Também se descobriu, depois, que o próprio calor específico de uma mesma substância depende da temperatura e que, por isso, o princípio da temperatura média é apenas aproximado. De qualquer forma, pode-se dizer que essa ideia que aparece claramente em Valles foi muito utilizada nos séculos XVII e XVIII.

Depois de analisar as situações descritas acima, Valles abordou casos progressivamente mais complicados, como aquele em que os dois componentes são opostos (um frio e outro quente) com graus fracionários. Até este ponto, ele sempre estava considerando que eram utilizadas quantidades iguais dos dois componentes; mas em seguida ele também apresenta exemplos de cálculo em que as quantidades são diferentes, indicando que sempre é necessário reduzir os valores obtidos proporcionalmente, para obter o grau de calor ou frio do composto (Valles, 1556, fol. 154 recto). A seguir, o autor generaliza o método, indicando como calcular o grau de calor ou frio do composto quando são utilizados três ou mais componentes, em iguais quantidades ou em quantidades diferentes (*ibid.*, fol. 154 verso). Neste ponto, ele esclarece que o cálculo pode ser simplificado utilizando-se apenas o excesso de calor ou frio de cada componente, em vez de fazer o cálculo levando em conta tanto a quantidade de calor quanto a quantidade de frio de cada uma delas. Porém, ele não explorou mais detalhadamente esse método alternativo de cálculo.

Embora a interpretação de Valles seja diferente da apresentada por Cardano, os resultados dos cálculos para medicamentos compostos são idênticos, nas duas abordagens.

Até este ponto, Valles explicou o modo de calcular as propriedades do composto, conhecendo-se as propriedades e quantidades dos componentes. Porém, no final do capítulo, ele introduz um problema diferente. Suponhamos que um médico quer produzir um medicamento composto com certo grau de calor ou frio, a partir de dois componentes – como calcular as quantidades desses dois que devem ser utilizadas? (Valles, 1556, fol. 154 verso). Ele apresenta o método matemático adequado que, aparentemente, nunca havia sido utilizado por outros médicos. Para explicar esse procedimento, é necessário recuar no tempo e explicar o desenvolvimento da técnica matemática chamada "alligatio", em latim.

19. LIGAS METÁLICAS E OUTRAS MISTURAS – O MÉTODO DE *ALLIGATIO*

A palavra latina *alligatio* poderia ser traduzida por "ligadura". Vem do verbo *ligare*, que significa ligar, unir. Desde a Idade Média existia um problema prático de produzir moedas com certa composição desejada, a partir de dois ou mais metais. Existem dois tipos de cálculos de *alligatio*, que depois receberam nomes específicos. *Alligatio* medial é um método para determinar as propriedades de um composto a partir de quantidades conhecidas de componentes cujas propriedades são dadas. Trata-se, basicamente, de uma técnica de média ponderada.

Alligatio alternada é um método para determinar as quantidades (ou proporções) dos componentes cujas propriedades são conhecidas, a fim de produzir um composto cuja propriedade é dada. Por exemplo: conhecendo-se os graus de pureza de duas porções de prata, como produzir uma liga com uma pureza específica desejada? Hoje em dia, montaríamos uma equação algébrica para resolver o problema. Porém, o problema já existia e era solucionado por um algoritmo aritmético de proporções inversas, como será mostrado.

Jack Williams estudou detalhadamente o desenvolvimento desse método na Europa, a partir do século XIII, sem tentar pesquisar sua origem anterior (Williams, 1995). De acordo com sua pesquisa, o método de *alligatio* parece ter surgido por causa da necessidade de estabelecer padrões muito precisos para a composição de moedas. A mais antiga obra ocidental que trata sobre o assunto é o *Liber abaci*, ou "Livro de cálculo", escrito por Leonardo de Pisa, conhecido depois como Fibonacci (aprox. 1170-1242). A primeira versão do manuscrito é de 1202, mas não foram conservadas cópias da mesma. Em 1227 o autor produziu uma segunda versão, da qual são conhecidas várias cópias manuscritas (Germano, 2013). O *Liber abaci* foi uma das primeiras obras ocidentais a descrever detalhadamente o sistema numérico hindu-arábico e sua aplicação a enorme número de problemas matemáticos, mostrando sua importância. O trabalho circulou amplamente e influenciou autores posteriores, mas não foi impresso até o século XIX (Boncompagni, 1857). Existe uma tradução completa para o inglês, publicada duas décadas atrás (Sigler, 2002).

A parte da obra de Fibonacci que nos interessa aqui é o capítulo 11, no qual ele discute detalhadamente o processo de produção de ligas de prata e cobre para a produção de moedas e alguns outros problemas matemáticos semelhantes, associados a misturas. No texto latino, esse capítulo tem o curioso título "de consolamine monetarum", cuja tradução literal seria "sobre o consolo das moedas" (Boncompagni, 1857, p. 143). No entanto, o termo latino *consolamen* pode também ser compreendido como correção ou compensação, o que faz mais sentido no contexto dessa obra. No início do capítulo, Fibonacci explica o significado do termo: "Chama-se corrigir a moeda [*moneta consolari*] quando se adiciona a uma libra dela [da moeda] uma certa quantidade de prata" (*ibid.*).

Vejamos alguns dos problemas tratados no capítulo 11. Os primeiros casos são muito simples, como este: "Alguém tem 7 libras de moedas de uma onça [de prata por libra] e quer fazer moedas com 2 onças [de prata por libra];[19] e pergunta-se quanto deve adicionar de cobre, e quanto será o total" (Boncompagni, 1857, p. 145). A solução aritmética é simples e não será descrita aqui. Outros casos estudados nesse capítulo são mais complicados, como este: "Se tiver duas moedas maiores [com mais da metade de prata], das quais uma tenha 7 onças [de prata por libra] e a outra 6 onças, das quais se quer fazer uma libra de moedas em que haja 4 onças de prata; deseja-se saber quantas onças de cada uma das moedas [devem ser usadas] e quanto cobre deve ser adicionado" (Boncompagni, 1857, p. 148). Este problema é indeterminado, ou seja, admite muitas soluções diferentes, sendo necessário introduzir hipóteses adicionais para fazer os cálculos.

Vejamos agora o primeiro exemplo do *Liber abaci* onde aparece o método que nos interessa.

> Se alguém tem dois tipos de moedas, das quais uma é maior [com mais prata] e a outra menor [com menos prata] do que a moeda que se quer produzir, pode-se fazer isso sem adicionar cobre ou prata, se dessas duas moedas se fizer a permutação segundo os números das diferenças que essas duas moedas possuem, em onças de prata, com relação à moeda que deve ser feita. Por exemplo: se tiver moeda com 2 onças [de prata por libra] e moeda com 9 onças, das quais se quer fazer moeda com 5 onças. Coloque então 2 e 9 em uma linha, e sob o meio delas escreva 5, como se pode ver na margem [da obra]. Então coloque sobre o 9 a diferença que existe entre

---

[19] Nessa época, uma libra correspondia a 12 onças.

2 e 5, que é 3; e, inversamente, coloque sobre o 2 a diferença que existe entre 5 e 9, que é 4. Então terá a solução, que é tomar 4 partes da moeda menor [com menos prata] e 3 da maior. Pois a mesma quantidade de prata em excesso que existe em 3 libras da moeda maior é igual à falta dela em 4 libras da menor. (Boncompagni, 1857, p. 151)

O diagrama apresentado na margem do *Liber abaci*, neste ponto, ilustra o modo de fazer o cálculo. Para compreendê-lo, é necessário seguir a explicação do texto, ou consultar a segunda figura, onde colocamos esclarecimentos adicionais.

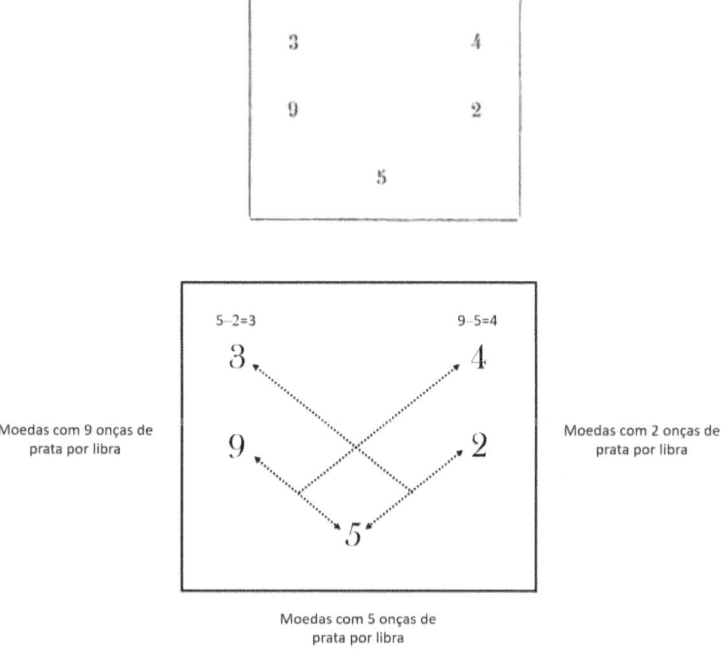

Fig. 12. Acima, o diagrama apresentado no *Liber abaci*; abaixo, uma explicação do presenta autor a respeito dos cálculos realizados.

Este é um caso simples do método que posteriormente foi denominado de *alligatio alternada*. Fibonacci aplicou o mesmo método a outros problemas, como por exemplo:

> Alguém vendeu duas peças de ouro cujo peso [total] era de uma libra. Ele vendeu uma pela razão de 67 besantes por libra,[20] e a outra pela razão de 50 besantes [por libra]. Ele obteve 56 besantes pelas duas. Pergunta-se qual era o peso de cada peça. Resolvemos isso pela regra ensinada para as moedas. (Boncompagni, 1857, p. 159)

Acredita- se que na composição do *Liber abaci* Fibonacci se baseou principalmente em autores árabes dos séculos anteriores (Rashed, 1994; Rashed, 2003); mas não se conhece a fonte específica deste capítulo.[21] Sabe-se, também, que o mesmo método havia sido apresentado, com exemplos semelhantes, na obra *Līlāvatī* do matemático indiano Bhāskarāchārya (aprox. 1114-1185). É possível que Fibonacci tivesse conhecimento indireto desse trabalho, através dos matemáticos árabes.

Līlāvatī ("mulher encantadora") é parte de uma obra mais ampla, denominada *Siddhānta Śiromaṇi* (a perfeição da teoria). O curioso título desse tratado é o nome de uma filha de Bhāskarāchārya, a quem ele dedicou o trabalho. O método que foi denominado na Europa de *alligatio* tinha, naquela obra, o nome de *suvarṇa gaṇita*, ou cálculo do ouro, pois seu objetivo primordial era justamente determinar a qualidade de ligas desse metal. Bhāskarāchārya apresentou exemplos tanto daquilo que chamamos de *alligatio* medial, quanto de *alligatio* alternada (Bhāskarāchārya, 1967, pp. 58-61; Bhāskarāchārya, 2001, pp. 97-100). Não foi possível verificar se esse método já era conhecido antes, na Índia.

Em meados do século XVI, quando Valles escreveu sua obra médica, o método de *alligatio* aparecia comumente em textos matemáticos, com esse nome. Por exemplo, na *Arithmetica* de

---

[20] O *besante* era uma moeda de origem bizantina, existente nessa época.

[21] No caso específico da álgebra apresentada por Fibonacci, Rashed mostrou que quase todos os problemas que ele estudou são extraídos das obras de al-Khwārizmī e de Abū Kāmil, dos séculos IX e X (Rashed, 2003). Infelizmente, o professor Roshdi Rashed não estudou as fontes do capítulo 11 do *Liber abaci*.

Petrus Ramus (Pierre de la Ramée), o capítulo 15 é denominado "De alligatione" (Ramus, 1562, p. 73) e lá são apresentados problemas como este: "Se existem dois vinhos comuns, dos quais o primeiro vale 6, o segundo 12, qual mistura vale 10?" A solução utiliza o mesmo método das moedas, apresentado por Fibonacci. As diferenças entre os valores iniciais (6 e 12) e o valor final (10) são, respectivamente, 4 e 2. Invertendo esses números e tomando 2 partes do primeiro vinho (que vale 6) e 4 partes do segundo (que vale 12), teremos 6 unidades do vinho com o resultado desejado (valor 10). Porém, as obras matemáticas desse período não apresentam a aplicação do método ao estudo dos graus dos medicamentos compostos.

Retornemos agora à obra de Valles. Depois de todas as análises que ele fez sobre composições de medicamentos e que já foram expostas, ele discute um novo problema: se o médico quiser produzir um medicamento composto com certo grau de calor ou frio a partir de dois outros, como calcular as quantidades deles? Para resolver esse tipo de questão, ele introduz o método de *alligatio*: "Isso é ensinado muito brevemente e claramente pela regra de *alligatio* [*allegandi*] (assim eles a chamam) que é usada por aqueles que fazem ligas metálicas e misturam mercadorias" (Valles, 1556, fol. 154 verso). Por exemplo: se um medicamento é quente no quarto grau e outro em primeiro grau, que proporções deles devem ser utilizadas para produzir um medicamento composto que seja quente no segundo grau? Utilizando o método de *alligatio* alternada, Valles encontra as diferenças entre os graus de calor dos componentes e o grau de calor desejado (do composto): 4–2=2 e 2–1=1. Então, combinando-se duas partes do medicamento quente em primeiro grau com uma parte do medicamento quente em quarto grau, são produzidas três partes do medicamento composto, com segundo grau de calor.

O método só pode ser aplicado de forma direta quando são adicionados apenas dois medicamentos. Se forem misturados três ou mais, há infinitas combinações possíveis que produzem o mesmo resultado. Então, quando devem ser combinados mais de dois medicamentos, Valles indica que deve ser feito o cálculo por partes, combinando-os dois a dois (Valles, 1556, fol. 155 recto).

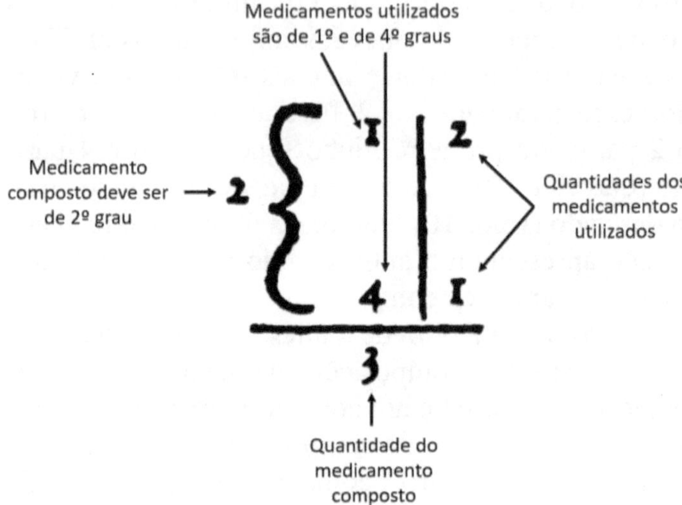

Fig. 13. Diagrama de Francisco Valles para um problema de *alligatio* alternada, com adição de explicações a respeito do cálculo, pelo presente autor.

Como a história do método de *alligatio* ainda não foi escrita, é difícil saber se algum outro autor médico havia utilizado essa técnica de cálculo antes de Valles; porém, aparentemente, ele foi o primeiro a fazê-lo. Existe um estudo histórico feito por Alvan Bregman a respeito do método de *alligatio* alternada aplicado à composição de medicamentos, *em textos ingleses* (Bregman, 2005). Segundo ele, a primeira ocorrência dessa técnica em obras inglesas ocorre na *Arithmetick* de Jonas Moore, publicada em 1650 – ou seja, quase um século depois da obra de Valles.

Porém, uma busca preliminar permitiu verificar que, em outros idiomas, esse tipo de análise aparece em obras matemáticas várias décadas antes. Em 1600, o italiano Giovanni Battista Zucchetta publicou uma obra sobre aritmética onde, no capítulo a respeito da "regola d'alligatione", encontramos este problema: "Tendo seis [medicamentos] simples de compleição quente, nestes graus: *A*, no primeiro; *B*, 1½; C, 1¾; D 1½; E 3½; e F 4. Desejo compor 10 onças, e que a composição seja do segundo grau [de calor]. Pergunto, quanto de cada um é necessário colocar?" Trata-se de um problema indeterminado, ou seja, que admite inúmeras soluções diferentes. O autor apresenta várias resoluções diferentes, utilizando o método de *alligatio* (Zuchetta, 1600, pp. 270-274).

Na França, Pierre Hérigone aplicou o método de *alligatio* à composição de medicamentos em várias de suas obras. A primeira delas parece ter sido em 1634, no seu curso sobre matemática, publicado em versão bilingue latim/francês. O segundo volume desse curso ensina a regra de *alligatio*, onde ele apresenta o seguinte exemplo de farmacologia:

> Um farmacêutico tem quatro tipos de medicamentos, dos quais o primeiro é quente no quarto grau, o segundo é quente no segundo grau, o terceiro é frio no primeiro grau, o quarto é frio no terceiro grau. A questão é quanto ele deve tomar de cada medicamento a fim de que o remédio composto tenha o primeiro grau de calor.
>
> Para que essa questão se possa resolver pela regra de *alligatio*, adiciona-se cinco a cada grau de calor, e cada grau de frio é subtraído de cinco, depois se fará a regra de *alligatio* como nos exemplos precedentes. (Hérigone, 1634-1637, vol. 2, pp. 99-100)

O autor utilizou um expediente curioso: para evitar o uso de números negativos, ele fez uma transformação da escala de graus de calor, que pode ser compreendida mais facilmente pelo diagrama que ele publicou na mesma obra. Com a transformação que ele realizou, passam a existir 9 graus de frio-calor, onde o primeiro grau da nova escala corresponde ao 4º grau de frio, o quinto grau da nova escala é o equilíbrio ou estado temperado, e o nono grau de nova escala corresponde ao 4º grau de calor.

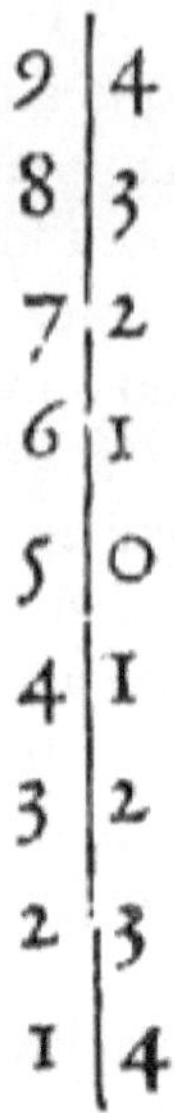

Fig. 14. Uma reinterpretação numérica dos graus de calor e frio, utilizada por Hérigone para facilitar os cálculos de *alligatio* dos medicamentos (Hérigone, 1634-1637, vol. 2, p. 100).

Depois de apresentar duas das possíveis soluções do problema, o autor explicitou o princípio básico subjacente à aplicação do método de *alligatio* à composição de medicamentos e que é justamente a hipótese que havia sido rejeitada por Ibn Rushd:

> Nessa regra, supomos que o quente no primeiro grau com a mesma quantidade de frio no primeiro grau produz o morno ou temperado; e também, o quente em quarto grau com a mesma quantidade de quente em segundo grau, produz o quente no terceiro grau. (Hérigone, 1634-1637, vol. 2, p. 101)

Pierre Hérigone apresentou exatamente o mesmo exemplo na segunda edição de sua curso de matemática, em 1644; e também em seu comentário sobre os *Elementos* de Euclides (Hérigone, 1639, p. 339).

O tratamento dado por Hérigone ao cálculo do grau dos medicamentos compostos parece ter se tornado bem conhecido e foi citado por um autor inglês, que utilizou o mesmo recurso de transformação da escala de frio-calor, somando 5 aos graus de calor (Wingate, 1650, pp. 323-324). Alvan Bregman, no seu artigo citado acima a respeito do uso médico do método de *alligatio* em obras inglesas, refere-se apenas à primeira edição do livro de Edmund Wingate, onde não aparece nenhuma referência a esses usos (Bregman, 2005, p. 309), mas aparentemente não consultou essa segunda edição.

A ideia de uma escala linear de graus de frio-calor, que é a base da aplicação da técnica de *alligatio* ao cálculo dos medicamentos compostos, constitui também o fundamento para o desenvolvimento posterior da termometria, que é o tema que vamos abordar em seguida.

20. OS GRAUS DE TEMPERATURA NA TERMOMETRIA

A invenção do termômetro e seu uso clínico podem ser atribuídos ao médico Santorio Santori (1561-1636), que o divulgou de forma sucinta primeiramente em 1612, no seu comentário sobre Galeno.

> Finalmente, temos um instrumento com o qual medimos o grau de recuo do calor de todas as partes externas do corpo e do ar, por meio do qual todos os dias observamos com certeza quanto a mais ou a menos nos afastamos do mais temperado. (Santorio, *apud* Nelli, 1793, vol. 1, p. 80)[22]

---

[22] A descrição de Santorio sobre seu instrumento de medida dos graus de calor apareceu na terceira parte da edição de 1612 do seu *Commentaria in artem medicinalem Galeni*, que não consegui consultar, pois só tive acesso a uma versão que continha as duas primeiras partes. A terceira parte foi impressa separadamente e é extremamente rara. Sherwood Taylor, quando escreveu seu estudo sobre a origem do termômetro, informou que não encontrou no Reino Unido nenhum exemplar da terceira parte dessa obra (Taylor, 1942, p. 135).

Ou, seguindo as citações proporcionadas por Middleton[23] em seu livro sobre história do termômetro:

> Quero lhe contar a respeito de um modo maravilhoso pelo qual costumo medir, com certo instrumento de vidro, a temperatura fria e quente do ar de todas as regiões e lugares, e de todas as partes do corpo; e de forma tão exata, que podemos medir com o compasso os graus e limites últimos do calor e do frio em qualquer hora do dia. Ele [o instrumento] está em nossa casa em Pádua e nós o mostramos a todos. Prometemos que em breve aparecerá um livro sobre instrumentos médicos pouco conhecidos, no qual daremos uma ilustração desse instrumento, descrevendo sua construção e usos. (Santori, 1612, parte III, col. 62, *apud* Middleton, 1966, p. 9)
>
> [...] a temperatura do ar pode ser observada não apenas com relação ao corpo, mas também por si própria; de modo que pode ser percebida exatamente a média entre as temperaturas muito quente e fria do ar. Pois temos um instrumento com o qual não apenas o calor e o frio do ar são medidos, mas todos os graus de calor e frio de todas as partes do corpo, como mostramos aos nossos estudantes em Pádua, ensinando-lhes seus usos; e eles ficaram muito espantados em ouvir sobre essa novidade. (Santori, 1612, parte III, col. 105, *apud* Middleton, 1966, p. 9)

Notemos o uso do termo "temperado", que significa aqui uma situação média ou de equilíbrio – no caso, a temperatura normal do corpo humano; o uso da palavra "temperatura" em um sentido semelhante ao atual; e a menção aos graus de calor. Portanto, Santorio está utilizando uma conceituação que, proveniente de Galeno, sofreu as transformações que foram descritas. Porém, é importante também notar que o instrumento que ele desenvolveu *não serve* para determinar o grau de calor dos medicamentos – que foi o campo no qual a teoria quantitativa do

---

[23] Middleton conseguiu fotocópias da Parte III da obra de Santorio através da *National Library of Medicine*, em Bethesda, Maryland (Middleton, 1966, p. 9, nota 32).

calor e do frio teve um mais forte desenvolvimento, como vimos. Serve para avaliar o grau de calor das partes do corpo e do ar – ou seja, aquilo que pode ser sentido, qualitativamente, pelo tato. Os graus de calor e frio, umidade e secura das substâncias, por outro lado, não podem ser sentidos dessa forma. Por exemplo: a água do mar parece úmida, ao tato, porém ela produz efeitos de secura, nas pessoas; a pimenta não é quente nem fria ao tato, porém produz efeitos de aquecimento, nas pessoas.

As citações de Santorio mostram que seu instrumento já era mostrado a várias pessoas, inclusive aos seus estudantes da Universidade de Pádua. Aparentemente o primeiro instrumento de Santorio não tinha uma escala no seu tubo, pois ele diz que usava um compasso – um modo de marcar a distância entre dois pontos e depois conferir essa distância com uma régua ou alguma outra escala externa.

Podemos notar a ênfase do estudo quantitativo *das doenças* em Santorio, quando ele se refere, na mesma obra, ao número de enfermidades associadas ao desequilíbrio ou intemperança. Existe o estado equilibrado ou temperado do corpo humano, que corresponde à saúde; mas existem oito estados principais de desequilíbrio ou intemperança, quando há um excesso de calor, de frio, de umidade, de secura, ou então das quatro combinações possíveis entre eles (calor+umidade, calor+secura, frio+umidade, frio+secura). E esses oito podem ser subdividos:

> Devemos dizer com Galeno, portanto, que existem oito intemperanças, e que cada uma delas se afasta do temperado no primeiro grau, ou no segundo, ou no terceiro, ou no quarto; pois os médicos sensatos quiseram dividir cada grau em três casas, de modo que todas as casas dos oito intemperados, considerados de acordo com os quatro graus, chegassem a seis sobre noventa. (Santorio, 1612, col. 121; Santorio, 1630, col. 164)[24]

---

[24] Nessas duas edições da obra de Santorio há duas colunas por página; por isso, a numeração indicada é a das colunas e não das páginas.

> Existem noventa e seis doenças pela intemperança, se são oito as intemperanças, como diz Galeno no *Liber de temperamentis*, e cada um dos graus é dividido em três casas. (Santori, 1612, col. 133; Santori, 1630, col. 180)

Nesta obra, por outro lado, Santorio não aborda a questão dos graus dos medicamentos.

A busca de Santorio por uma quantificação na medicina é resumida muito bem por Fabrizio Bigotti, provavelmente o mais importante pesquisador atual sobre o médico italiano:

> O interesse de Santorio pelos aspectos quantitativos da medicina o levou a considerar todas as condições mórbidas em tornos de uma distância linear em relação ao seu estado fisiológico (*recessus a statu naturali*), que lhe permitiu estabelecer uma conexão entre a gravidade de uma doença e sua avaliação em termos quantitativos [...]. Essa intuição inicial, retrabalhada sob o ponto de vista da teoria diagnóstica de Galeno, foi depois expandida em seus comentários sobre a *Ars medica* de Galeno e sobre o *Canon* de Avicenna [...] e sobretudo no seu *Ars de statica medicina*, a obra prima de Santorio, que teve mais de 55 reimpressões em menos de 150 anos, tornando-se um livro texto fundamental na prática médica europeia. Por meio de seus trabalhos, Santorio estabeleceu o princípio de que as transformações corporais estão necessariamente associadas a parâmetros quantitativos. (Bigotti, 2020, p. 1860)

Esse programa de trabalho de Santorio, que já estava delineado nas suas primeiras obras, em 1603, 1612 e 1614, levou-o ao desenvolvimento de instrumentos de medida e experimentos quantitativos de muitos tipos (ver Bigotti & Barry, 2022). É impossível apresentar aqui todas as suas realizações, porque isso fugiria muito ao escopo do presente artigo. No entanto, apenas para contextualizar seu desenvolvimento do termômetro, é relevante indicar algumas outras de suas contribuições. Uma delas foi a utilização de uma grande balança, capaz de sustentar uma pessoa, com a qual ele media sistematicamente tanto seu próprio peso quanto o de outras pessoas que colaboraram com seus experimentos (Eknoyan, 1999; Hollerbach, 2018). Ele determinava o peso da pessoa, o peso dos alimentos e líquidos ingeridos, e também o peso de suas excreções (urina e fezes). Descobriu que uma grande parte dos líquidos era eliminada por meio da transpiração e pela respiração e estudou as relações entre esse processo, as condições ambientes, o estado de saúde e as atividades dos sujeitos experimentais (incluindo ele próprio). Os resultados desse longo trabalho experimental foram descritos em sua obra *Ars de statica medicina*, publicada em 1614, que foi mencionada na citação acima como sendo o *best seller* do autor.[25] Para aferir o estado de saúde das pessoas, desenvolveu um instrumento que denominou *pulsilogium* para medir o ritmo de suas pulsações, utilizando um pêndulo associado a uma escala graduada, onde era possível ler diretamente a frequência da pulsação (Bigotti & Taylor, 2017; Bigotti, Taylor & Welsman, 2017).

Retornemos, no entanto, ao termômetro. Em primeiro lugar, devemos mencionar que há muitos autores que consideram que Galileo teria sido o inventor desse instrumento. No entanto, trata-se apenas de uma das muitas lendas que procuram enaltecer a importância de Galileo. Conforme comentado por William Middleton em seu livro sobre a história do termômetro, "Como os idólatras britânicos de Newton, os partidários italianos de Galileo fizeram tudo o que puderam para engrandecer as realizações de seu herói, geralmente com pouca consideração para com o método histórico, ou mesmo para com a probabilidade" (Middleton, 1966, pp. 5-6). Recentemente, Fabrizio Bigotti publicou um artigo detalhado, no qual indicou todas as evidências que mostram que Santorio foi o inventor desse instrumento (Bigotti, 2018).

---

[25] Pode-se consultar, por exemplo, a tradução para o inglês, com comentários, realizada por John Quincy no século seguinte (Santori, 1712).

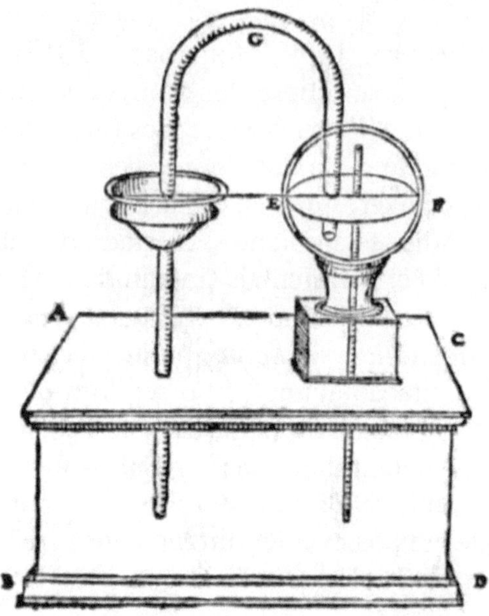

Fig. 15. Esquema do experimento descrito por Heron, em uma das edições de seu livro em latim (Heron, 1575, fol. 50 recto).

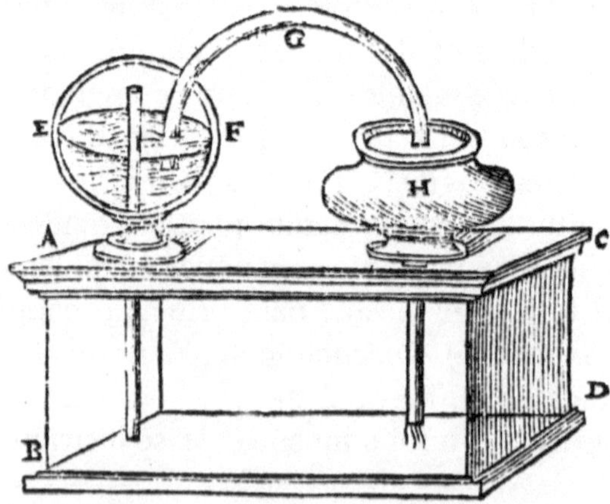

Fig. 16. Esquema do experimento descrito por Heron, em uma tradução italiana de seu livro (Heron, 1589, p. 54)

O ponto de partida dessa invenção foi o fato bem conhecido, desde a Antiguidade, de que o ar se dilatava com o calor.

(Taylor, 1942, p. 133; Middleton, 1966, pp. 4-5). Os escritos mais antigos sobre experimentos sobre o fenômeno são os de Philo, de Bizâncio (séc. II a.C.) e de Heron, de Alexandria (séc. I a.C.), que descreveram dispositivos com os quais se podia observar o movimento de água dentro de um tubo, quando o ar dentro de um balão era aquecido ou resfriado (figuras 15 e 16).

A obra de Heron contendo esse experimento foi publicada em tradução para o latim, em 1575, tornando-se bem conhecida; mas antes de sua publicação, Giovanni Battista Della Porta (aprox. 1535-1615), na sua *Magia naturalis*, de 1558, descreveu um dispositivo inspirado em Heron. Esses experimentos mais antigos não tinham o objetivo de indicar níveis de calor e sim, apenas, mostrar um efeito do aquecimento do ar. Vejamos a descrição de Della Porta:

> Um recipiente invertido puxa a água. Faça assim: prepare um recipiente com um pescoço muito longo; quanto mais longo, mais maravilhoso será; feito de vidro transparente, para que você possa ver a água subindo; encha isso com água fervendo, ou coloque o fundo no fogo, e quando estiver bem quente, rapidamente – para que não esfrie – vire a boca para baixo tocando a água, e ele a absorverá toda. Aqueles que buscam a natureza das coisas dizem que a água é puxada pelo Sol dos lugares côncavos da terra para os montes, onde brotam as fontes. E disso surgem grandes artifícios com instrumentos pneumáticos, como mostrou Heron. (Della Porta, 1558, p. 70)

Essa obra não tem ilustrações, mas é fácil imaginar o experimento descrito. Os pontos principais são o uso de um recipiente de vidro transparente, com um pescoço muito longo; esse recipiente é aquecido fortemente (com água fervendo ou colocando-o ao fogo) e depois, vazio (ou seja, tirando a água fervente, se ela tiver sido usada), é invertido e a extremidade de seu pescoço é colocada em um recipiente cheio de água. Logo que o ar no frasco esfria, a água sobe pelo tubo do recipiente invertido. Uma ilustração publicada por Della Porta em outra obra, em 1606, mostra o experimento (Fig. 17).

Embora Della Porta se refira explicitamente a Heron e o princípio de funcionamento seja o mesmo, o experimento é bem diferente.

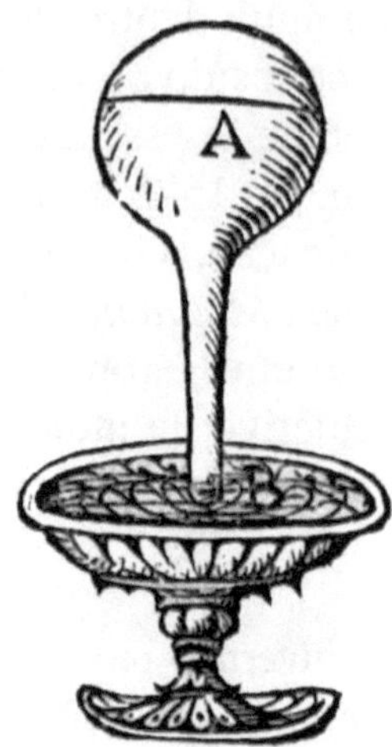

Fig. 17. Esquema do experimento descrito por Della Porta, em uma de suas obras publicadas no início do século XVII (Della Porta, 1606, p. 70).

O livro de Della Porta teve enorme sucesso, sendo reimpresso em latim mais de 15 vezes antes do final do século XVI e também em traduções para os idiomas italiano, francês, alemão e holandês. Os termoscópios e termômetros fabricados no início do século seguinte parecem ter sido todos inspirados pela descrição da obra *Magia naturalis* (Borrelli, 2008).

Passemos, agora, ao instrumento construído por Santorio. Embora mencionado em sua obra de 1612 e tendo circulado desde 1611, sua descrição mais detalhada, com figuras, só apareceu em 1625:

> A segunda figura é um recipiente de vidro com o qual podemos facilmente, em qualquer hora, medir a temperatura fria ou quente [*dimetiri temperaturam frigidam, vel calidam*], e perfeitamente saber em cada hora quanto a temperatura se afasta do estado natural [*quantum temperatura recedat à*

naturali statu] medido antes. Esse recipiente foi proposto por Heron para outra finalidade. Nós realmente o adaptamos para outro, para saber a temperatura quente e fria [*temperatura calida, & frigida*] do ar, e de todas as partes do corpo, e para diagnosticar o grau de calor da febre, o que pode ser feito de dois modos. Ou se segura a parte superior do vidro, que é D, com a mão do doente; ou aplicando a boca do doente à mesma parte do vidro, como mostrado na folha 219, primeiro instrumento. Assim se pode em um tempo curto, como em dez pulsações do *pulsilogium*, fazer experiências em dias sequenciais, fazendo com que a água desça a mesma distância; ou pelo frio, fazendo subir, conforme for. Pelo calor ou rarefação o ar desce, e assim determinamos na doença uma situação melhor ou pior, por diferenças mínimas que não podem ser percebidas pelo médico sem um instrumento. (Santori, 1625, cols. 22-24)

Podemos perceber os aspectos novos do instrumento de Santorio: em primeiro lugar, o pescoço do instrumento é fino e muitíssimo longo, quando comparado com o instrumento de Della Porta; além disso, ele tem uma escala graduada. No experimento de Della Porta, a água sobe até o balão de vidro e preenche uma parte dele; no dispositivo de Santorio, a água não deve subir até o recipiente superior. Por outro lado, o dispositivo não tem mais o objetivo de mostrar as variações de volume do ar e sim de medir as variações de temperatura do ar ou de um corpo humano. Notemos que Santorio utiliza na citação acima a palavra "temperatura" e menciona os graus de calor – evidentemente, compreendendo esses termos dentro da tradição galênica. Além disso, ele prescreve o modo exato de utilizar o instrumento: ao contrário do uso do termômetro clínico moderno, em que se aguarda até que o instrumento fique em equilíbrio térmico com o corpo da pessoa, Santorio indicava que se esperasse um tempo fixo, correspondente a dez oscilações de um pequeno pêndulo. Desde que se utilize sempre o mesmo procedimento, não é necessário aguardar um tempo mais longo.

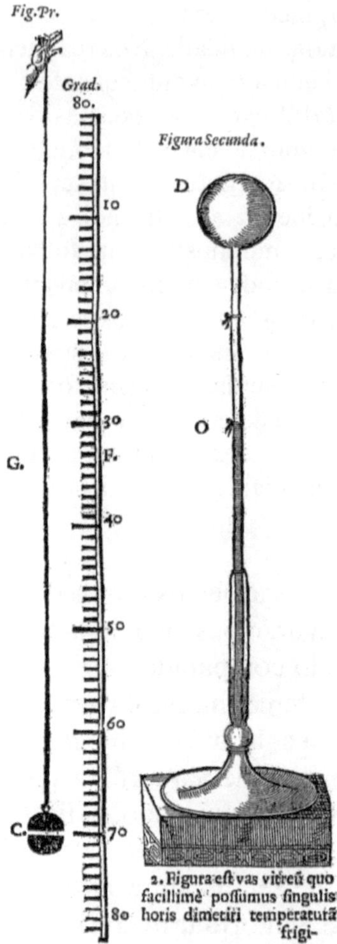

Fig. 18. Desenho mostrando o instrumento desenvolvido por Santorio. À esquerda, um pêndulo usado para contar o tempo necessário para a medida de temperatura. À direita, o instrumento de medida de temperatura (Santori, 1625, col. 22).

Na mesma obra, Santorio apresentou outros modelos de instrumentos:

Diagnosticamos a temperatura quente ou fria do coração por sete instrumentos. No primeiro e segundo, assim medimos o calor do coração. Introduza na boca a parte superior do

114

instrumento, que é redonda e como uma esférula, onde ela deve ficar retida pelo espaço de oito ou dez pulsações do terceiro ou quarto *pulsilogium*, pelo qual medimos o pulso. [...] No primeiro e no segundo instrumento feitos de vidro, a água lá contida desce tanto mais quando maior for o calor do coração, indicando as menores diferenças de graus de calor. E por observações quotidianas diagnosticaremos se o calor do coração cresce, ou decresce. Seu maior uso é no estudo das febres.

A parte superior do quinto instrumento de vidro deve ser aplicada na região do coração, para fazer as mesmas observações, como nos dois primeiros instrumentos. E rapidamente notaremos se o calor do coração aumenta, ou diminui, ou se ele se conserva constante. Do mesmo modo, o instrumento aplicado a cada parte do corpo permite diagnosticar em qualquer momento quanto é o aumento ou diminuição do calor. O tempo dessa aplicação medimos pelas pulsações do terceiro ou quarto instrumento, como foi dito. (Santori, 1625, cols. 219-220)

Santorius escolheu dois limites para a sua escala de graus de calor e frio, usando neve e a chama de uma vela:

> Empregamos um instrumento de vidro pelo qual determinamos os temperamentos. Conhecemos o excesso e o meio deste modo: aplicamos neve à esfera de vidro do instrumento, de modo que a água suba até o limite último. Então, aplicamos a chama de uma vela para que a água desça até o limite último. Conhecendo os extremos, determinamos o meio e temperado, a partir do qual será conhecido facilmente quantas partes se afasta em cada caso. (Santori, 1630, col. 762)

É claro que essa determinação dos extremos e do meio da escala tem problemas graves. Sob o nosso ponto de vista atual, sabemos que a temperatura da neve pode variar; e a temperatura da chama de uma vela é, também, muito variável. Por outro lado, o ponto intermediário da escala, que deveria corresponder ao temperado (nem frio, nem quente), certamente não é o ponto médio entre esses dois.

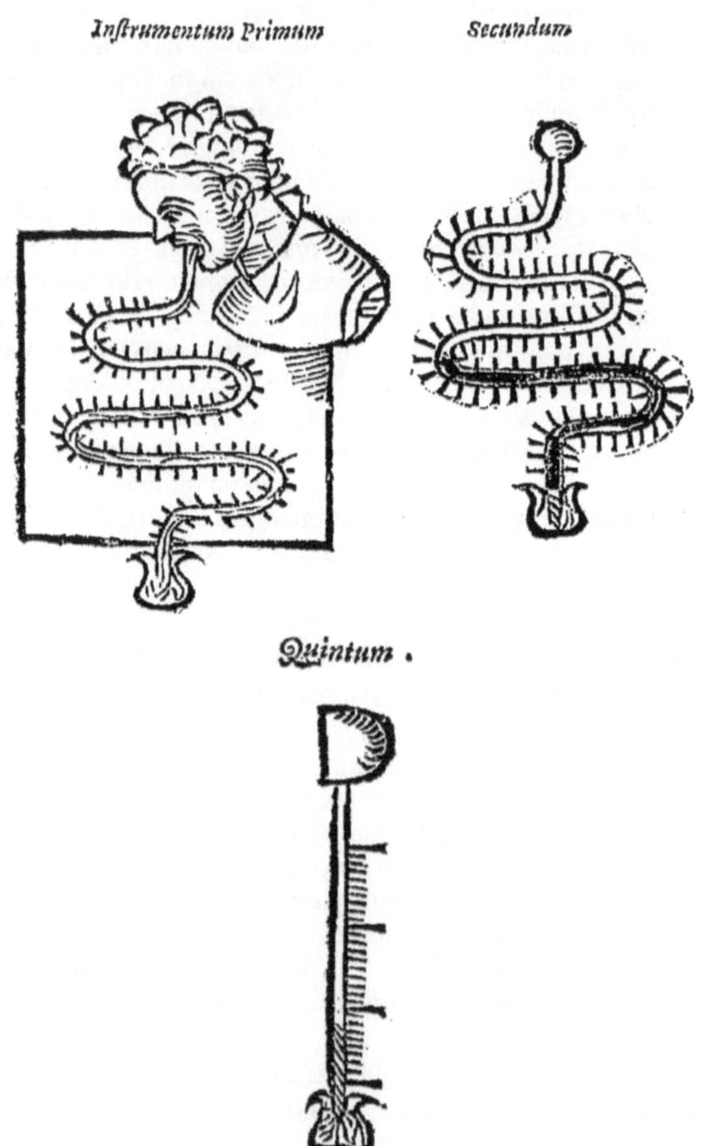

Fig. 19. Outros modelos do instrumento de Santorio para medida de calor e frio, nos quais aparece claramente a existência de uma escala de graus de calor e frio (Santori, 1625, cols. 219-220).

Santorio não deu nenhum nome específico ao instrumento que inventou. Em 1620, Giuseppe Biancani publicou uma descrição do invento de Santorio, acompanhado de um desenho, propondo chamá-lo de termoscópio (Biancani, 1620, p. 111).

Fig. 20. Desenho de Giuseppe Biancani para o instrumento de Santorio (Biancani, 1620, p. 111).

O nome "termômetro" aparece pela primeira vez em 1626, em uma obra de Jean Leurechon. A ilustração presente na obra, assim como a descrição apresentada pelo autor, possuem aspectos muito interessantes.

Problema 76. Sobre o termômetro [*thermometre*], ou instrumento para medir os graus de calor ou de frio, que existem no ar.

É um instrumento de cristal, que tem uma pequena garrafa no alto, e abaixo um longo gargalo, ou então um tubo muito fino, que termina embaixo dentro de um recipiente cheio de água, ou então é recurvado para cima com uma outra pequena garrafa, para lá derramar água ou o líquido que se deseje. A figura mostrará melhor todo o instrumento, do que a palavra escrita. E o seu uso é este: coloque no recipiente de baixo qualquer líquido colorido de azul, vermelho, amarelo, ou qualquer outra cor que não seja muito escura, como vinagre, vinho, água avermelhada, ou água forte que tenha servido para gravar o cobre.

Isso feito, eu digo, primeiramente, que à medida que o ar encerrado na garrafa venha a ser rarefeito ou condensado, a água subirá de forma evidente ou descerá pelo tubo; o que você experimentará facilmente, levando o instrumento de um lugar bem quente para outro bem frio. Mas sem sair do lugar, se você aplicar docemente a mão acima da garrafa do alto, ele [o instrumento] é tão delicado e o ar tão suscetível de toda impressão, que no mesmo instante você verá a água descer, e quando a mão for retirada, ela voltará docemente ao seu lugar. Isso é ainda mais perceptível quando se aquece a garrafa com seu alento, como se lhe quisesse dizer uma palavra ao ouvido, para fazer a água descer por seu comando. A razão desse movimento é que o ar aquecido no tubo se rarefaz e dilata, e quer ter um espaço maior, é por isso que ele pressiona a água e a faz descer. Pelo contrário, quando o ar esfria e se condensa, ele ocupa menos espaço e, portanto, por medo de que lá fique algum vácuo, a água volta imediatamente.

Digo, em segundo lugar, que por esse meio se podem conhecer os graus de calor ou de frio que existem no ar, em cada hora do dia; pois conforme o ar externo seja frio ou quente, o ar que está encerrado na garrafa se rarefaz ou condensa, sobe ou desce. Assim vemos que de manhã a água sobe bem alto, depois pouco a pouco ela desce, até que fica bastante baixo perto do meio-dia; e durante a tarde ela sobe de novo. Assim, no inverno ela sobe tão alto, que enche quase todo o tubo; mas

118

no verão, ela desce tão baixo, que quando está muito quente ela quase não aparece no tubo.

Os que querem determinar essa mudança por números e graus, marcam alguma linha ao longo de todo o tubo, e a dividem em 8 graus, segundo os filósofos, ou 4, segundo os médicos, subdividindo ainda esses 8 em outros 8, para ter 64 parcelas. E desse modo não apenas eles podem distinguir, a qual grau sobe a água, de manhã, ao meio-dia e em qualquer hora do dia; mas ainda pode-se conhecer quanto um dia é mais frio ou mais quente do que outro; notando quantos graus a água sobe ou desce. Podem ser conferidos os maiores calores ou frios de um ano com os de um outro ano. Pode-se saber quanto um quarto é mais quente do que outro. Pode-se manter um quarto, um forno, uma estufa, com calor sempre igual, fazendo com que a água do termômetro permaneça sempre sobre um mesmo grau. Pode-se ainda julgar o ardor das febres. Em resumo, pode-se saber aproximadamente até que ponto o ar pode se rarefazer, com os maiores calores, etc. (Leurechon, 1926, pp. 99-101)

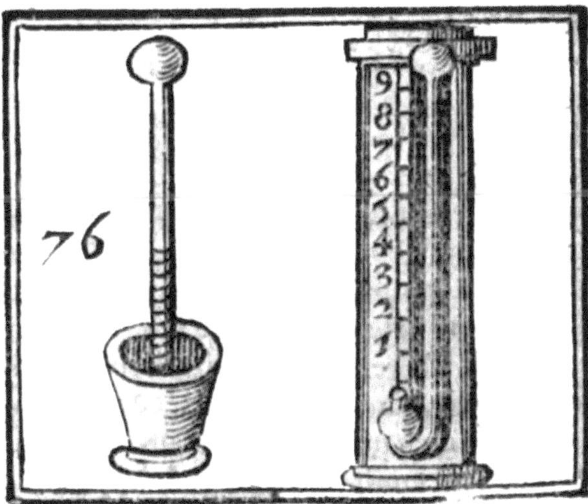

Fig. 21. Dois diagramas de termômetros (Leucheron, 1627, p. 101). Foi utilizada a imagem da segunda edição dessa obra, porque a da primeira edição era menos nítida.

A descrição é muito clara e detalhada. O último parágrafo da citação, que fala sobre a escala do termômetro, indica a diferença que já foi apontada anteriormente entre os médicos (que atribuíam 4 graus ao calor e ao frio) e os filósofos (que utilizavam 8 graus). Porém, curiosamente, a imagem publicada por Leurechon apresenta uma escala de 9 graus. Lembremo-nos que Pierre Hérigone havia proposto uma transformação dos graus de calor e frio em uma escala de 9 graus, para facilitar o cálculo de *alligatio* dos medicamentos. Pode ser que a escala do termômetro representado na obra de Leurechon tivesse sido inspirada por essa transformação de escala.

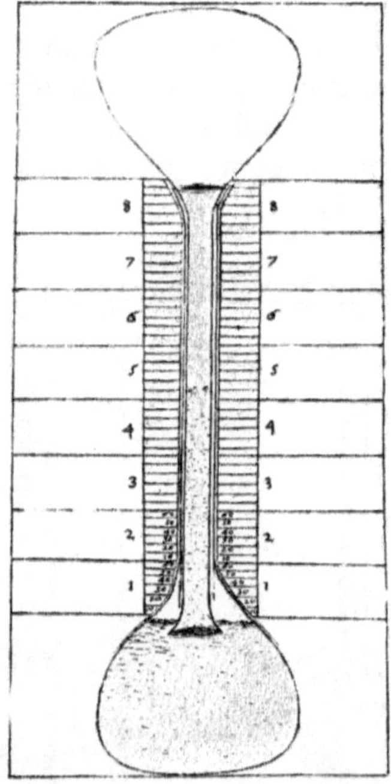

Fig. 22. Desenho do instrumento descrito em 1611 por Telioux (Chaldecott, 1952, plate XI; Middleton, 1966, p. 11).

Por outro lado, existe um antigo desenho de um termômetro, que foi encontrado em um manuscrito datado de 1611, de um engenheiro italiano chamado Bartolomeo Telioux, no qual aparece uma escala com 8 graus de calor (Chaldecott, 1952). A descrição do instrumento, nesse manuscrito, é muito confusa; e não há a indicação sobre quem teria construído o dispositivo, que não se parece com o modelo antigo de Santorio. É interessante notar que Telioux subdividiu cada grau em 60 partes, certamente inspirado pela subdivisão dos graus angulares em 60 minutos.

O termômetro de Telioux é um enigma histórico que pode indicar a existência de uma origem independente desse instrumento – talvez por Cornelius Drebbel, como sugerido por vários historiadores (Taylor, 1942, pp. 154-156; Middleton, 1966, pp. 19-22). Porém, esse tema extrapola o objetivo do presente artigo.

21. COMENTÁRIO FINAL

Esta longa história mostrou o intrincado caminho que levou, através da medicina e da farmacologia, ao desenvolvimento de ideias quantitativas sobre os graus de calor e frio, umidade e secura, que depois foram transformadas e integradas à termologia do século XVII. Sem conhecer esses precedentes históricos, é impossível compreender de onde saíram os conceitos de temperatura e de graus de calor e frio, bem como a ideia de uma escala linear desses graus, que terá posteriormente enorme importância.

Ao longo do século XVII o uso de termômetros passou a interessar muitas pessoas que não tinham conexão com a Medicina. Assim, a conceituação e a terminologia que eram provenientes do contexto médico foram rapidamente dissociados de sua origem, adquirindo outra conotação e transformando-se nos termos utilizados na Física.

Embora o relato aqui apresentado tenha sido longo e bastante detalhado, muitos autores, textos e aspectos conceituais foram deixados de lado. O conteúdo deste artigo poderia facilmente ser expandido e transformado em uma série de livros, se a intenção fosse proporcionar um maior número de detalhes.

AGRADECIMENTO

O autor é grato ao Conselho Nacional de Desenvolvimento Científico e Tecnológico (CNPq), que apoiou a fase inicial da presente pesquisa.

REFERÊNCIAS BIBLIOGRÁFICAS

ADAMSON, Peter. *Al-Kindī*. Oxford: Oxford University Press, 2006.

ADAMSON, Peter; PORMANN, Peter E. *The philosophical works of Al- Kindī*. Oxford: Oxford University Press, 2012.

AL-KINDĪ, Abu Yūsuf Ya'qūb ibn 'Isḥāq aṣ-Ṣabbāḥ. De gradibus rerum. Pp. 140-163, *in*: MUKHTAR IBN AL-HASAN. *Tacuini sanitatis Elluchasem Elimithar medici de Baldath, de sex rebus non naturalibus, earum naturis, operationibus, et rectificationibus, publico omnium usui, conservandae sanitatis, recens exarati. Albengnefit de virtutibus medicinarum, et ciboru. Iac. Alkindus de rerum gradibus*. Trad. Gerardus Cremonensis. Strasbourg: apud Ioannem Schottum Librarium, 1531.

ÁLVAREZ DE MORALES, Camilo; VÁZQUEZ DE BENITO, María de la Concepción. Apuntes y reflexiones en torno al *Kulliyyāt* de Averroes. Pp. 93-112, in: ÁLVAREZ DE MORALES, Camilo (ed.). *Ciencias de la naturaleza en al-Andalus, 6: textos y estudios*. Granada: Consejo Superior de Investigaciones Científicas, 2001.

ARISTÓTELES. *The complete works of Aristotle*. Ed. Jonathan Barnes. Princeton: Princeton University Press, 1995.

BAILLY, Anatole. *Le Grand Bailly*: *Dictionnaire grec-français*. Paris: Hachette, 1935.

BALDI, Marialuisa. The *Contradicentia medicorum libri* by Girolamo Cardano. *British Journal for the History of Philosophy*, **13** (4): 815-817, 2005.

BARNES, Jonathan (ed.). *The complete works of Aristotle*. 2 vols. Princeton: Princeton University Press, 1991.

BARNETT, Martin K. The development of thermometry and the temperature concept. *Osiris*, **12**, 269-341, 1956.

BHĀSKARĀCHĀRYA. *Lilavati*. Trad. Henry Thomas Colebrooke; notas de Haran Chandra Banerji. Allahabad: Kitab Mahal, 1967.

BHĀSKARĀCHĀRYA. *Lilavati of Bhaskaracharya*. Trad. Krishnaji Shankara Patwardhan, Somashekhara Amrita Naimpally e Shyam Lal Singh. Delhi: Motilal Banarsidass, 2001.

BHAYRO, Siam. The reception of Galen in the Syriac tradition. Pp. 163-178, in: BOURAS-VALLIANATOS, Petros; ZIPSER, Barbara (eds.). *Brill's Companion to the Reception of Galen*. Leiden: Brill, 2019.

BIANCANI, Giuseppe. *Sphaera mundi, seu cosmographia*. Bononiae: typis Sebastiani Bonomij, 1620.

BIGOTTI, Fabrizio. The weight of the air: Santorio's thermometers and the early history of medical quantification reconsidered. *Journal of Early Modern Studies*, **7** (1): 73-103, 2018.

BIGOTTI, Fabrizio. Santorio, Sanctorius. Pp. 1858-1861, in: JALOBEANU, Jana; WOLFE, Charles T. (eds.). *Encyclopaedia of early modern philosophy and the sciences*. Cham: Springer Nature, 2020.

BIGOTTI, Fabrizio; BARRY, Jonathan. Introduction. Santorio's life and works. Pp. 1-63, in: BARRY, Jonathan; BIGOTTI, Fabrizio (eds). *Santorio Santori and the emergence of quantified Medicine, 1614-1790: Corpuscularianism, technology and experimentation*. Cham: Springer Nature, 2022.

BIGOTTI, Fabrizio; TAYLOR, David. The *pulsilogium* of Santorio: new light on technology and measurement in early modern medicine. *Societate si Politica*, **11** (2): 53-113, 2017.

BIGOTTI, Fabrizio; TAYLOR, David; WELSMAN, Joanne. Recreating the *pulsilogium* of Santorio: outlines for a historically engaged endeavour. *Bulletin of the Scientific Instrument Society*, **133**: 30–35, 2017.

BOLZAN, J. E. Chemical combination according to Aristotle. *Ambix*, 23 (3): 134-144, 1976.

BONCOMPAGNI, Baldassarre. *Il Liber abbaci di Leonardo Pisano*. Pubblicato secondo la lezione del Codice Magliabechiano C. 1, 2616, Badia Fiorentina, n. 73 da Baldassarre Boncompagni, socio ordinario dell'Accademia Pontificia de' Nuovi Lincei. Roma: Tipografia delle Scienze Matematiche e Fisiche, 1857.

BORRELLI, Arianna. The weatherglass and its observers in the early seventeenth century. Vol. 1, pp. 67-130, in: ZITTEL, Claus; ENGEL, Gisela; KARAFYLLIS, Nicole C.; NANNI, Romano (eds.). *Philosophies of technology: Francis Bacon and his contemporaries*. 2 vols. Leiden: Brill, 2008.

BOURAS-VALLIANATOS, Petros. Galen in late antique medical handbooks. Pp. 38-61, in: BOURAS-VALLIANATOS, Petros; ZIPSER, Barbara (eds.). *Brill's Companion to the Reception of Galen*. Leiden: Brill, 2019.

BREGMAN, Alvan. Alligation alternate and the composition of medicines: Arithmetic and medicine in early modern England. *Medical History*, **49** (3): 299-320, 2005.

BRUNACCI, Gaudenzio. *De cina cina, seu pulvere ad febres syntagma physiologicum*. Venetiis: Nicolaum Pezzana, 1661.

BURNETT, Charles. The coherence of the Arabic-Latin translation program in Toledo in the twelfth century. *Science in Context*, **14** (1/2): 249-288, 2001.

CARDANO, Gerolamo. *Hieronimi C. Cardani [...] Practica arithmetice, & mensurandi singularis*. Mediolani: Io. Antonins Castellioneu, 1539.

CARDANO, Gerolamo. *Hieronymi Cardani Mediolanensis philosophi ac medici celeberrimi Operum*. 10 vols. Tomus quartur, quo continentur arithmetica, geometrica, musica.

Lugduni: sumptibus Ioannis Antonii Huguetan & Marco Antonii Ravaud, 1663.

CARDANO, Gerolamo. *Hieronymi Cardano* [...] *Operum.* 10 vols. Tomus sextus qui est medicinalium primus. Lugduni: sumptibus Ioannis Antonii Huguetan, & Marci Antonii Ravaud, 1663.

CHALDECOTT, John A. Bartolomeo Telioux and the early history of the thermometer. *Annals of Science,* **8**: 195-201, 1952.

CHANDELIER, Joël. Averroes on medicine. Pp. 158-176, in: ADAMSON, Peter; DI GIOVANNI, Matteo (eds.), *Interpreting Averroes. Critical essays.* Cambridge: Cambridge University Press, 2019.

CHIPMAN, Leigh. The reception of Galenic pharmacology in the Arabic tradition. Pp. 304-318, in: BOURAS-VALLIANATOS, Petros; ZIPSER, Barbara (eds.). *Brill's Companion to the Reception of Galen.* Leiden: Brill, 2019.

CLAGETT, Marshall. *The science of mechanics in the Middle Ages.* Madison: University of Wisconsin Press, 1959.

CONSTANTINUS, Africanus. *Constantini Africani post Hippocratem et Galenum* [...] *opera.* Basileae: Henricvm Petrvm, 1536.

COOPER, Glen M. Ḥunayn Ibn Isḥāq and the creation of an Arabic Galen. Pp. 179-195, in: BOURAS-VALLIANATOS, Petros; ZIPSER, Barbara (eds.). *Brill's Companion to the Reception of Galen.* Leiden: Brill, 2019.

D'ALVERNY, Marie-Thérèse. Translations and translators. Pp. 421-462, in: BENSON, Robert L.; CONSTABLE, Giles; LANHAM, Carol D. (eds.). *Renaissance and renewal in the twelfth century.* Toronto: Univ. of Toronto Press, 1999.

DELLA PORTA, Giovanni Battista. *Magiae naturalis sive de miraculis rerum naturalium libri IIII.* Neapoli: apud Matthiam Cancer, 1558.

DRAKE, Stillman. Medieval ratio theory vs compound medicines in the origins of Bradwardine's rule. *Isis,* **64** (1): 67-77, 1973.

DRAKE, Stillman. *Galileo at work: his scientific biography*. Chicago: University of Chicago Press, 1978.

EICHHOLZ, David Edward. Galen and his environment. *Greece & Rome*, **20** (59): 60-71, 1951.

EIJK, Philip van der. Galen and the scientific treatise: a case study of *Mixtures*. Pp. 145-176, in: ASPER, Markus; KANTHAK, Anna-Maria (eds.). *Writing science. Medical and mathematical authorship in ancient Greece*. Berlin: Walter de Gruyter, 2013.

EIJK, Philip van der. Galen on the assessment of bodily mixtures. Pp. 675-698, in: HOLMES, Brooke; FISHER, Klaus-Dietrich (eds). *The frontiers of ancient science. Essays in honor of Heinrich von Staden*. Berlin: Walter de Gruyter, 2015.

EKNOYAN, Garabend. Santorio Sanctorius (1561-1636) – Founding father of metabolic balance studies. *American Journal of Nephrology*, **19**: 116-233, 1999.

EUCLIDES. *The elements of geometrie of the most auncient philosopher Euclide of Megara*. Faithfully (now first) translated into the Englishe toung, by H. Billingsley, citizen of London. Whereunto are annexed certaine scholies, annotations, and inuentions, of the best mathematiciens, both of time past, and in this our age. With a very fruitfull præface made by M. I. Dee, specifying the chiefe mathematicall sciences, what they are, and wherunto commodious: where, also, are disclosed certaine new secrets mathematicall and mechanicall, vntill these our daies, greatly missed. London: John Daye, 1570.

FALLOPPIO, Gabriele. *Omnia, quae adhuc extant opera, in vnum congesta, & in Medicinae studiosorum gratiam, nunc primùm tali ordine excusa*. Venetiis: apud Felicem Valgrisium, 1584.

FICHTNER, Gerhard. *Corpus Galenicum: Bibliographie der galenischen und pseudogalenischen Werke*. Berlin: Berlin-Brandenburgische Akademie der Wissenschaften, 2012.

GALENOS, Claudios. *Galeni Pergameni, opera quae ad nos extant omnia*. Vol. 5. Bâle: Froben, 1549.

GALENOS, Claudios. *Tomus tertius operum Galeni, medicamentorum simplicium facultates, eorum compositionis rationem, varios detrahendi sanguinis modos, & artem morborum curatricem complectens*. Lugduni: apud Ioannem Frellonium, 1550.

GALENOS, Claudios. *Cl. Gal. De compositione medicamentorum per genera libri septem*. Trad. Joanne Andernaco. Lugduni: apud Gulielmum Rouillium, 1552.

GALENOS, Claudios. *Galeni omnia quae extant opera, in latimum sermonem conversa*. Quinta editio. Vol. 2. Venetia: apud Iuntas, 1576.

GALENOS, Claudios. *Galeni isagogici libri. Galeni opera ex sexta Iuntarum editione*. Vol. 1. Venetia: apud Iuntas, 1586.

GALENOS, Claudios. *Clavdii Galeni Opera omnia*. 22 vols. Edit. Carl Gottlob Kühn. Lipsiae: Cnoblochii, 1821-1833.

GAROFALO, Ivan. Galen's legacy in Alexandrian texts written in Greek, Latin, and Arabic. Pp. 62-85, in: BOURAS-VALLIANATOS, Petros; ZIPSER, Barbara (eds.). *Brill's Companion to the Reception of Galen*. Leiden: Brill, 2019.

GERMANO, Giuseppe. New editorial perspectives on Fibonacci's Liber Abaci. *Reti Medievali Rivista*, **14** (2): 157-173, 2013.

GREEN, Monica H. Medical books. Pp. 277-292, in: KWAKKEL, Erik; THOMSON, Rodney (eds.). *The European book in the twelfth century*. Cambridge: Cambridge University Press, 2018.

GREEN, Monica H. *Gloriosissimus Galienus*: Galen and galenic writings in the eleventh- and twelfth-century Latin west. Pp. 319-342, in: BOURAS-VALLIANATOS, Petros; ZIPSER, Barbara (eds.). *Brill's companion to the reception of Galen*. Leiden: Brill, 2019.

HÉRIGONE, Pierre. *Cursus mathematicus / Cours mathematique*. 5 vols. Paris: chez Henry le Gras, 1634-1637.

HÉRIGONE, Pierre. *Les six premiers liures des elements d'Euclide*. Demonstrez par notes, d'vne methode tres-brieve & intelligible. Auec les principalles parties des Mathematiques. Paris: chez Henry le Gras, 1639.

HERON, de Alexandria. *Heronis Alexandrini Spiritalium liber*. Trad. Federico Commandino. Urbini: Frisolino, 1575.

HERON, de Alexandria. *Artifitiosi et Curiosi Moti Spiritali di Herrone*. Trad. Gio. Batista Aleotti d'Argent. Ferrara: Vittorio Baldini, 1589.

HIPÓCRATES. *Hippocrates*. With an English translation by W. H. S. Jones. London: William Heinemann, 1959.

HOLLERBACH, Teresa. The weighing chair of Sanctorius Sanctorius: a replica. *NTM. Zeitschrift für Geschichte der Wissenschaften, Technik und Medizin*, **26** (2): 121-149, 2018.

HOLMYARD, Eric John. Mediæval Arabic pharmacology. *Proceedings of the Royal Society of Medicine*, **29**: 99-108, 1935.

IBN RUSHD, Abū l-Walīd Muḥammad Ibn ʾAḥmad. *Averrois Cordubensis Colliget libri VII*. Venetiis: apud Iuntas, 1553.

IBN SARĀBIYŪN, Yūḥannā. *Practica Io. Serapionis*. Trad. Gherardo, de Cremona. Lugduni: Iacobum Myt, 1525.

IBN SARĀBIYŪN, Yūḥannā. *Serapionis medici Arabis celeberrimi practica*. Trad. Andreas Alpago. Venetiis: apud Iuntas, 1550.

IBN SERAPION. *In hoc volumine continentur insignium medicorum Ioan. Serapionis Arabis De simplicibus medicinis opus praeclarum & ingens*. Averrois Arabis, De eisdem liber eximius, Rasis filii Zachariae, de eisdem opusculum perutile, incerti item autoris de centaureo libellus hactenus Galeno inscriptus, dictionum arabicarvm iuxta atq[ue] latinarum index valde necessarius, in quorum emendata excusione, ne quid omnino disyderaretur Othonis Brunfelsii singulari fide & diligentia cautum est. Argentorati: excudebat Georgius Ulricher, 1531.

IBN SĪNĀ. *Auicennae liber canonis, de medicinis cordialibus, et cantica*. Trad. Gherard, de Cremona; Andrea Alpago. Venetiis: apud Iuntas, 1555.

JACQUART, Danielle. Islamic pharmacology in the Middle Ages: theories and substances. *European Review*, **16** (2): 219-227, 2008.

JOUANNA, Jacques. *Greek Medicine from Hippocrates to Galen. Selected papers*. Trad. Neil Allies. Leiden: Brill, 2021.

KOETSCHET, Pauline. From commentary to polemic: the reception of Galen by Abū Bakr al-Rāzī. Pp. 196-214, in: BOURAS-VALLIANATOS, Petros; ZIPSER, Barbara (eds.). *Brill's Companion to the Reception of Galen*. Leiden: Brill, 2019.

KOVAČIĆ, Franjo. Intensität der Elementarqualitäten nach Galen. *Traditio*, **63**: 1-45, 2008.

KOTRC, Ronald Fred; WALTERS, Kenneth Russell. A bibliography of the Galenic Corpus. A newly researched list and arrangement of the titles of the treatises extant in Greek, Latin, and Arabic. *Transactions & Studies of the College of Physicians of Philadelphia* [série 5], **1** (4): 256–304, 1979.

KÜHN, Karl Gottlob (ed.). *Claudii Galeni opera omnia*. Leipzig: Prostat in officina libraria Car. Cnoblochii, 1821-1833. 20 vols.

LANGERMANN, Y. Tzvi. Another Andalusian revolt? Ibn Rushd's critique of al-Kindi's pharmacological computus. Pp. 351-372, *in*: HOGENDIJK, Jan P.; SABRA, Abdelhamid I. (eds.). *The enterprise of science in Islam: new perspectives*. Cambridge, MA: MIT Press, 2003.

LEURECHON, Jean. *Récréation mathématique composée de plusieurs problèmes plaisans et facétieux*. Pont-a-Mousson: Jean Appier Hanzelet, 1626.

LEURECHON, Jean. *Récréation mathématique composée de plusieurs problèmes plaisans et facétieux*. Lyon: Claude Rigaud & Claude Obert, 1627.

LIDDELL, Henry George; SCOTT, Robert. *A Greek-English lexicon*. Revised and augmented throughout by Sir Henry

Stuart Jones with the assistance of Roderick McKenzie. 2 vols. Oxford: Clarendon Press, 1940.

LLOYD, Geoffrey Ernest Richard. *Methods and problems in Greek science: selected papers*. Cambridge: Cambridge University Press, 1991.

LONG, Brian. Translating Galen in the medieval west: the Greek-Latin translations. Pp. 359-380, in: BOURAS-VALLIANATOS, Petros; ZIPSER, Barbara (eds.). *Brill's companion to the reception of Galen*. Leiden: Brill, 2019.

LONGRIGG, James. *Greek rational medicine. Philosophy and medicine from Alcmaeon to the Alexandrians*. London: Routledge, 1993.

MAJOR, Ralph H. Santorio Santorio. *Annals of Medical History*, **10** (5): 369, 1938.

MARTINS, Roberto de Andrade. A influência de Aristóteles na obra astrológica de Ptolomeu (o Tetrabiblos). *Trans/Form/Ação: Revista de Filosofia*, **18**: 51-78, 1995.

MARTINS, Roberto de Andrade; MARTINS, Lilian Al-Chueyr Pereira. Uma leitura biológica do *De anima* de Aristóteles. Pp. 405-426, *in*: MARTINS, Lilian Al-Chueyr Pereira; PRESTES, Maria Elice Brzezinski; STEFANO, Waldir; MARTINS, Roberto de Andrade (orgs.). *Filosofia e História da Biologia 2. Seleção de Trabalhos do V Encontro de Filosofia e História da Biologia*. São Paulo: Fundo Mackenzie de Pesquisa (MackPesquisa), 2007.

MCVAUGH, Michael Rogers. *The mediaeval theory of compound medicines*. Tese de doutorado em História Medieval. Princeton: Princeton University, 1965.

MCVAUGH, Michael Rogers. Arnald of Villanova and Bradwardine's law. *Isis*, **58** (1): 56-64, 1967.

MCVAUGH, Michael. Galen in the medieval universities, 1200–1400. Pp. 381-392, in: BOURAS-VALLIANATOS, Petros; ZIPSER, Barbara (eds.). *Brill's companion to the reception of Galen*. Leiden: Brill, 2019.

MEYERHOF, Max. *The book of the ten treatises on the eye, ascribed to Hunain ibn Is-hâq (809-877 A. D.)*. The earliest existing systematic text-book of ophthalmology. The Arabic text edited from the only two known manuscripts, with an English translation and glossary, by Max Meyerhof. Cairo: Government Press, 1928.

MIDDLETON, William Edgar Knowles. *A history of the thermometer and its use in meteorology*. Baltimore: The Johns Hopkins Press, 1966.

NELLI, Giovan Battista Clemente. *Vita e commercio letterario di Galileo Galilei, nobile e patrizio fiorentino*. 2 vols. Losanna: [s.n.], 1793.

NUTTON, Vivian. Galen in the eyes of his contemporaries. *Bulletin of the History of Medicine*, **58** (3): 315–324, 1984.

NUTTON, Vivian. The fatal embrace: Galen and the history of ancient medicine. *Science in Context*, **18** (1): 111-121, 2005.

NUTTON, Vivian. Galen in Byzantium. Pp. 171-176, in: GRÜNBART, Michael; KISLINGER, Ewald; MUTHESIUS, Anna; STATHAKOPOULOS, Dionysios (eds.), *Material culture and well-being in Byzantium*. Vienna: Verlag der Österreichischen Akademie der Wissenschaften, 2007.

PEARCE, J. M. S. A brief history of the clinical thermometer. *QJM: An International Journal of Medicine*, **95** (4): 251-252, 2002.

PIETROBELLI, Antoine. Galen's early reception (second–third centuries). Pp. 11-37, in: BOURAS-VALLIANATOS, Petros; ZIPSER, Barbara (eds.). *Brill's Companion to the Reception of Galen*. Leiden: Brill, 2019.

PIÑERO, José María López; CALERO, Francisco. *Los temas polémicos de la medicina renacentista: las Controversias (1556), de Francisco Valles*. Madrid: Consejo Superior de Investigaciones Cientificas, 1988.

PLATÃO. *Plato in twelve volumes*. Trad. Harold North Fowler. Cambridge, MA: Harvard University Press; London: William Heinemann, 1966.

PLUTARCH. *Moralia*. Ed. Frank Cole Babbit. 15 vols. Cambridge, MA: Harvard University Press, 1927-1976.

PORMANN, Peter E. The formation of the Arabic pharmacology between tradition and innovation. *Annals of Science*, **68** (4): 493-515, 2011.

POWELL, Owen. *Galen: On the properties of foodstuffs*. Introduction, translation and commentary by Owen Powell. Foreword: John Wilkins. Cambridge: Cambridge University Press, 2003.

RAMUS, Petrus. *Arithmetica*. Parisiis: apud Andream Wechelum, 1562.

RASHED, Roshdi. Fibonacci et les mathématiques arabes *Micrologus*, **2**: 145-160, 1994.

RASHED, Roshdi. Fibonacci et le prolongement latin des mathématiques arabes. *Bollettino di Storia delle Scienze Matematiche*, **23** (2): 1-19, 2003.

ROBINSON, David K. Gustav Fechner: 150 years of *Elemente der Psychophysik*. *History of Psychology*, **13** (4): 409-410, 2010.

SANTORI, Santorio. *Commentaria in artem medicinalem Galeni*. Venetiis: apud Iacobum Antonium Somaschum, 1612.

SANTORI, Santorio. *Commentaria in primam fen primi libri Canonis Avicennae*. Venetia: Sarcina, 1625.

SANTORI, Santorio. *Commentarii in primam sectionem Aphorismorum Hippocratis*. Venetia: M. A. Brogiolli, 1629.

SANTORI, Santorio. *Commentaria in artem medicinalem Galeni*. Venetiis: apud Marcum Antonium Brogiollum, 1630.

SANTORI, Santorio. *Medicina statica*. Being the aphorisms of Sanctorius, translated into English with large explanations. Trad. John Quincy. London: William Newton, 1712.

SIGLER, Laurence E. *Fibonacci's Liber abaci*. A translation into modern English of Leonardo Pisano's Book of Calculation. New York: Springer Verlag, 2002.

SMITH, William. *A new classical dictionary of Greek and Roman biography, mythology, and geography: partly based upon the dictionary of Greek and Roman biography and mythology*. Revised by Charles Anthon. New York: Harper & Brothers, 1851.

SMITH, William; LOCKWOOD, John. *Chambers Murray Latin-English dictionary*. Edinburgh: Chambers; London: J. Murray, 2000.

STELMACK, Robert M.; STALIKAS, Anastasios. Galen and the humour theory of temperament. *Personality and Individual Differences*, **12** (3): 255-263, 1991.

SYLLA, Edith. Medieval quantifications of qualities: The "Merton School". *Archive for History of Exact Sciences*, **8** (1-2): 9-39, 1971.

SYLLA, Edith. Medieval concepts of the latitude of forms: the Oxford calculators. *Archives d'Histoire Doctrinale et Littéraire du Moyen Age*, **40**: 223-283, 1973.

SYLLA, Edith. The Oxford calculators. Pp. 540-563, in: KRETZMANN, Norman; KENNY, Anthony; PINBORG, Jan; STUMP, Eleonore (eds.). *The Cambridge History of Later Medieval Philosophy: From the Rediscovery of Aristotle to the Disintegration of Scholasticism, 1100–1600*. Cambridge: Cambridge University Press, 1988.

TAYLOR, F. Sherwood. The origin of the thermometer. *Annals of Science*, **5** (2): 129-156, 1942.

VALLES, Francisco. *Controuersiarum medicarum & philosophicarum libri decem*. Compluti: ex officina Ioannis Brocarii, 1556.

VENTURA, Iolanda. Classification systems and pharmacological theory in medieval collections of *materia medica*: a short history from the antiquity to the end of the 12th century. Pp. 101-166, in: POMMERENING, Tanja; BISANG, Walter (eds.). *Classification from Antiquity to modern times: sources, methods, and theories from an interdisciplinary perspective*. Berlin; Boston: De Gruyter, 2017.

VENTURA, Iolanda. Lo sviluppo della farmacopea salernitana ed il ruolo del *Corpus Constantinianum*: per una mise au point. *Medicina nei Secoli – Arte e Scienza*, **30** (2): 641-686, 2018.

VENTURA, Iolanda. Galenic pharmacology in the Middle Ages: Galen's *On the Capacities of Simple Drugs* and its reception between the sixth and fourteenth century. Pp. 393-436, in: BOURAS-VALLIANATOS, Petros; ZIPSER, Barbara (eds.). *Brill's Companion to the Reception of Galen.* Leiden: Brill, 2019.

VENTURA, Iolanda. La scuola medica Salernitana. pp. 249-264, in: PONTRANDOLFO, Angela; GALDI, Amalia (eds.). *Storia di Salerno I. Età antica e medievale.* Salerno: Società Salernitana di Storia Patria, 2020.

VILANOVA, Arnau. *Arnaldi de Villanoua [...] opera nuperrime reuisa: vna cum ipsius vita recenter hic apposita.* Lugduni: impressa in calchographia Iacobi Myt, 1532.

VOGT, Sabine. Drugs and pharmacology. Pp. 304-322, in: HANKINSON, Robert James (ed.). *The Cambridge companion to Galen.* Cambridge: Cambridge University Press, 2008.

WALLIS, Faith. The ghost in the *Articella*: a twelfth-century commentary on the Constantinian *Liber Graduum.* Pp. 107-151, in: ARSDALL, Anne Van; GRAHAM, Timothy (eds.). *Herbs and Healers from the Ancient Mediterranean through the Medieval West.* Essays in honor of John M. Riddle. Farham: Ashgate, 2012.

WILKINS, John. Galen's *Simple medicines*: problems in ancient herbal medicine. Pp. 173-190, in: FRANCIA, Susan; STOBART, Anne (eds.). *Critical approaches to the history of western herbal medicine. From classical antiquity to the early modern period.* London: Bloomsbury, 2014.

WILKINS, John. Taste and the senses: Galen's humours clarified. Pp. 210-223, in: BRADLEY, Mark; LEONARD, Victoria; TOTELIN, Laurence (eds.). *Bodily fluids in antiquity.* London: Routledge, 2021.

WILLIAMS, Jack. Mathematics and the alloying of coinage 1202–1700. *Annals of Science*, **52** (3): 213-234; 235-263, 1995.

WINGATE, Edmund. *Arithmetique made easie*. The second edition. Enlarged by J. Kersey. London: Phil. Stephens, 1650.

WISNIAK, Jaime. The thermometer – from the feeling to the instrument. *The Chemical Educator*, **5** (2): 88-91, 2000.

WRIGHT, William F. Early evolution of the thermometer and application to clinical medicine. *Journal of Thermal Biology*, **56**: 18-30, 2016.

ZUCCHETTA, Giovanni Battista. *Prima parte della arimmetica di Gio. Battista Zuchetta cittadino genovese*. Per la quale con mirabile ordine, & nuoue regole si risolue con marauigliosa facilità ogni dubbio mercantesco. Con vn trattato che risolue qualunque quesito bisognoso à zecchieri, orefici, argentari. Copiosa di postille, & tauole. Brescia: per Vincenzo Sabbio, 1600.

ZYPAEUS, Franz. *Fundamenta medicinae physico-anatomica*. Bruxellis: Aegidius t'Serstevens, 1683.

EM BUSCA DO ÉTER: DE MAXWELL A MICHELSON, MORLEY E MILLER

Roberto de Andrade Martins

Resumo: Os experimentos que foram realizados para buscar fenômenos devidos ao movimento da Terra em relação ao éter luminífero, até 1878, procuravam efeitos de primeira ordem em v/c. A partir de uma sugestão apresentada por Maxwell nesse ano, iniciou-se uma segunda fase de pesquisas, levando em conta efeitos de segunda ordem em v/c – como os experimentos interferométricos de Michelson de 1881, de Michelson e Morley em 1887 e os de Morley e Miller em 1904-1905. Este artigo estuda esse período histórico, analisando principalmente os trabalhos experimentais desenvolvidos no período e as dificuldades encontradas para explicar os resultados utilizando-se as teorias do éter luminífero de Fresnel e de Stokes.
Palavras-chave: história da física; história da óptica; teorias sobre o éter.

Conteúdo do artigo:
1. Introdução
2. O éter no século XIX
3. Maxwell e o éter
4. O experimento de Maxwell
5. A proposta de Maxwell
6. Michelson – da velocidade da luz ao éter
7. Relato do primeiro experimento de Michelson (1881)
8. A fragilidade do experimento de Michelson
  8.1 O percurso longitudinal

MARTINS, Roberto de Andrade. *Ensaios sobre História e Filosofia das Ciências III*. Extrema: Quamcumque Editum, 2023.

1. INTRODUÇÃO

O mais famoso experimento relacionado com a teoria da relatividade especial é, sem dúvida, o de Michelson e Morley. Porém, o contexto de realização desse experimento é pouco conhecido, sua interpretação tem sido deturpada, e não se costuma mencionar a existência de experimentos interferométricos posteriores relevantes. O objetivo deste artigo é esclarecer esses pontos e mostrar aspectos históricos pouco conhecidos. A proposta do presente estudo não é tentar determinar se a teoria da relatividade especial está correta ou não; e sim esclarecer que um experimento que costuma ser considerado como se fosse um dos seus fundamentos, não é exatamente aquilo que os livros didáticos apresentam.

Já tratei sobre assunto estudado neste artigo nos capítulos 4 e 5 de meu livro sobre a história da relatividade especial (Martins, 2015). Porém, naquele livro, o tratamento é simplificado, sem indicação das referências bibliográficas e sem uma discussão mais detalhada.

Este artigo aborda apenas a questão dos experimentos interferométricos no período entre 1880 e 1906. Antes dessa época, todas as tentativas de detecção do movimento da Terra através do éter utilizavam efeitos de primeira ordem em v/c e seus efeitos nulos podiam ser explicados pela teoria de Fresnel do arrastamento do éter. Neste novo período, estudado no presente artigo, são buscados efeitos de segunda ordem em v/c, ou seja, da ordem de 10^{-8}, seguindo uma sugestão original de Maxwell.

Para uma descrição detalhada do período anterior, é conveniente consultar um artigo em que apresentei a teoria do éter de Fresnel e diversos experimentos realizados para tentar medir efeitos da velocidade da Terra em relação ao éter, antes de Michelson (Martins, 2012).

2. O ÉTER NO SÉCULO XIX

Na primeira metade do século XIX, a teoria ondulatória da luz suplantou a teoria corpuscular. Isso ocorreu principalmente por causa do estudo de fenômenos de interferência, difração e polarização; e também por medidas da velocidade da luz em meios transparentes, que mostraram que a velocidade da luz é *menor* na água e no vidro, de acordo com a teoria ondulatória e contrariamente à teoria corpuscular newtoniana. A aceitação da interpretação ondulatória da luz trouxe, como consequência, a aceitação generalizada do éter luminífero – um meio que preenche todo o universo e que transmite as ondas luminosas. Para nós, que fomos educados ignorando o éter, pode parecer que uma coisa não tem nada a ver com a outra – afinal, nós podemos aceitar que as radiações eletromagnéticas são ondas, sem precisar imaginar um éter. Porém, o raciocínio empregado no século XIX era diferente de nosso. As ondas luminosas (e as outras que foram descobertas, como infravermelho e ultravioleta) não são materiais, em si. Elas são *fenômenos* de vibração que se propagam pelo espaço. Essas vibrações exigem (no pensamento do século XIX) um *substrato*, uma base que vibra – e que seria o éter. Pensar sobre ondas luminosas sem um éter, na época, seria como pensar sobre ondas sonoras sem um meio material, ou ondas do mar sem a água – algo totalmente absurdo. Você não precisa *aceitar* isso; mas precisa compreender que era assim que se pensava.

A primeira e mais importante teoria sobre o éter luminífero, no século XIX, foi proposta por Augustin-Jean Fresnel (1788-1827), um dos principais defensores da teoria ondulatória da luz nas primeiras décadas do século. Ele elaborou sua proposta estimulado por um resultado experimental que havia sido obtido por François Jean Dominique Arago (1786-1853) em 1809. Supondo que a luz fosse constituída por partículas (como na proposta newtoniana), Arago concluiu que o desvio da luz das estrelas por um prisma dependeria da relação entre a direção dessa luz e a direção do movimento da Terra. No entanto, não obteve nenhum resultado – e não publicou sua pesquisa. Alguns anos depois, quando Fresnel começou a publicar seus trabalhos sobre a teoria ondulatória da luz, Arago o consultou sobre como essa nova abordagem poderia explicar o resultado nulo de seu experimento – e isso levou Fresnel a desenvolver uma teoria sobre a óptica dos corpos em movimento, de acordo com a teoria ondulatória.

A teoria de Fresnel é bastante sofisticada. Para explicar a refração da luz nos materiais transparentes, ele supôs que, dentro desses materiais, o éter teria um maior densidade, proporcional ao quadrado do índice de refração do meio. Supôs, também, que apenas esse *excesso* de éter está preso à substância transparente, movendo-se com ela quando o objeto é transportado de um ponto para outro (Fresnel, 1818). A partir dessas hipóteses, ele previu quantitativamente diversos fenômenos, estudando as propriedades da luz dentro de corpos transparentes em movimento. Explicou o resultado nulo do experimento de Arago e, depois, de outros experimentos que foram produzidos para tentar detectar efeitos do movimento da Terra em relação ao éter.

Após a teoria de Fresnel, surgiu uma outra que teve grande importância durante o século XIX: a que foi proposta por George Gabriel Stokes (1819-1903) (Stokes, 1845). Essa teoria propunha que o éter seria semelhante a um líquido viscoso, que aderia à superfície dos corpos, sendo quase totalmente arrastado pela Terra, ficando em repouso em relação a ela na região próxima ao solo. Ou seja: segundo essa teoria, não existe nenhum vento do éter próximo à superfície terrestre. Tal arrastamento faz com que qualquer experimento óptico puramente terrestre independa do movimento da Terra. Porém, à medida que a distância à superfície da Terra aumentar, poderiam ser percebidos efeitos crescentes do vento de éter.

A teoria do éter de Fresnel havia sido aplicada a vários experimentos que procuravam detectar efeitos do movimento da Terra em relação ao éter, mostrando que existiam diversos fenômenos envolvidos e que eles cancelavam os efeitos previstos. Em 1846, Stokes propôs uma generalização para esses resultados, utilizando a própria teoria de Fresnel. Ele mostrou que, embora a Terra se mova através do éter e a luz seja transmitida por esse éter, os fenômenos ópticos de reflexão, refração e propagação retilínea não permitem detectar esses efeitos (Stokes, 1846a).

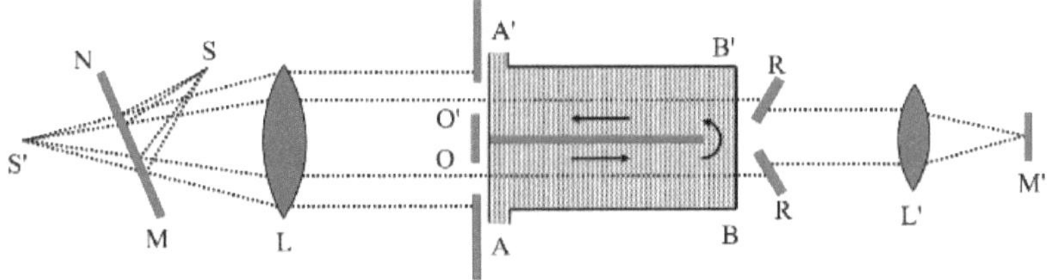

Fig. 1. Esquema do experimento de Fizeau sobre o arrastamento do éter pela água (desenho baseado em Verdet, 1872, parte 2, p. 707). Os artigos de Fizeau não contêm nenhuma figura. A aparelhagem efetivamente utilizada foi um pouco diferente (Frercks, 2005).

Uma das confirmações mais fortes da teoria de Fresnel foi proporcionada por experimentos realizados por Armand Hippolyte Louis Fizeau (1819-1896) em 1851. Fizeau estudou o movimento da luz percorrendo um circuito fechado dentro de tubos contendo água em movimento (Fig. 1), tendo também feito o experimento com ar em movimento. A teoria de Fresnel permitia calcular a influência do movimento desses meios transparentes sobre a velocidade da luz e o experimento confirmou *quantitativamente* a previsão (Fizeau, 1851a; 1851b; 1859; 1860).

De acordo com Émile Verdet, a água se movimentava dentro de um tubo único AA'BB' que era separado em duas metades por uma parede incompleta que passava por seu eixo. A água entrava em A e saía por A'. A fonte luminosa é indicada pela letra S. Os raios que saem dela são refletidos por uma placa de vidro MN e atingem uma lente acromática L, cujo foco principal coincide com a imagem S' da fonte S, produzida pela superfície MN. Os raios, depois de serem refratados pela lente, saem paralelamente ao seu eixo, atravessando as duas aberturas O e O' de um anteparo. Atravessam a placa de vidro AA' e entram no tubo dividido ao meio, que contém água. Os raios saem do tubo através de outra placa de vidro BB', são desviadas por placas de vidro espessas R e R' para ficarem mais próximos e então passam por uma segunda lente acromática L' cujo eixo é paralelo ao da lente L. Essa segunda lente faz os raios convergirem para seu foco principal, onde se encontra um pequeno espelho plano M' perpendicular ao eixo. Os raios refletidos atravessam novamente a lente L', mas os que haviam atravessado a parte inferior dela vão agora, depois da reflexão, atravessar a parte superior, e vice-versa. Assim, os raios que haviam atravessado a metade AB do tubo, no sentido do movimento da água, vão agora atravessar a outra metade A'B' também no mesmo sentido do deslocamento da água; por outro lado, os raios que haviam inicialmente atravessado a metade A'B' do tubo, em sentido contrário ao movimento da água, atravessarão agora a metade AB também em sentido contrário a esse movimento. Ao sair do tubo pela placa de vidro AA', os raios atravessam a lente L que os faz convergirem no seu foco principal S', atravessando a placa de vidro MN. É nesse ponto que se observa o sistema de franjas de interferência (Verdet, 1872, parte 2, pp. 706-707). Quando a água era colocada em movimento em um sentido, as franjas deveriam se deslocar para um lado. Quando se invertia o seu movimento, o deslocamento das franjas era para o outro lado.

Levando em conta todos os detalhes experimentais, a previsão, de acordo com a teoria de Fresnel, era que deveria haver um deslocamento de 0.2022 franjas de interferência quando o sentido do movimento da água fosse invertido, no tubo. O resultado experimental foi um deslocamento de 0,23, muito próximo da previsão – levando-se em conta a enorme dificuldade de medir deslocamentos tão pequenos das franjas de interferência e a instabilidade do arranjo experimental, conforme descrito por Fizeau.

Nos artigos em que descreveu sua pesquisa, Fizeau discutiu a teoria do éter viscoso de Stokes e mostrou que ela previa um deslocamento de 0,4597 franjas; portanto, os resultados experimentais foram contrários a ela.

No artigo que publiquei mais de dez anos atrás (Martins, 2012) apresentei mais detalhadamente as ideias a respeito do éter e, também, a grande quantidade de experimentos realizados para tentar detectar efeitos do movimento da Terra em relação ao éter. Passamos, agora, ao novo período que se inicia pouco antes do falecimento de Maxwell.

3. MAXWELL E O ÉTER

A teoria eletromagnética de James Clerk Maxwell (1831-1879) estava intimamente conectada com a hipótese de um éter. Atualmente, os estudantes de física aprendem uma teoria eletromagnética "neutra", sem nenhuma menção ao éter, que não é exatamente a mesma que Maxwell propôs. A explicação dessa deformação histórica é simples: como, hoje em dia, o éter parece uma ideia estúpida para a maior parte dos físicos; e como Maxwell foi um grande físico; parece conveniente dissociar esse importante personagem da hipótese do éter. É importante, para o estudo do tema do presente artigo, mostrar inicialmente que Maxwell, até o final de sua vida, aceitava essa ideia.

Em 1878 – um ano antes de sua morte – foi publicado um verbete que ele escreveu sobre o éter, para a *Encyclopædia Britannica* (Maxwell, 1878). Como se tratava de um texto para uma enciclopédia, Maxwell começou tratando sobre a própria origem da palavra e, depois, apresentou um curto histórico sobre especulações filosóficas a respeito dessa substância e sobre o abuso de hipóteses a respeito do éter – o que produziu uma reação contrária à sua aceitação, no século XVIII.

> [...] aqueles que imaginavam éteres para explicar os fenômenos não conseguiam especificar a natureza do movimento desses meios e não conseguiam provar que esses meios imaginados por eles produziriam os efeitos que deviam explicar. O único éter que sobreviveu é aquele que foi inventado por Huygens para explicar a propagação da luz. A evidência a favor da existência do éter luminífero se acumulou, à medida que foram descobertos fenômenos adicionais da luz e de outras radiações; e descobriu-se que as propriedades desse meio, conforme deduzidas dos fenômenos da luz, eram exatamente aquelas exigidos para explicar os fenômenos eletromagnéticos. (Maxwell, 1878, p. 569)

Em seguida, Maxwell argumenta que a luz não pode ser uma substância, utilizando o fenômeno de interferência luminosa. Ele introduz então as principais propriedades da luz que devem ser aceitas a fim de explicar os experimentos – comprimento de onda, polarização, velocidade – e apresenta uma equação ondulatória para representa-la, comentando:

> Portanto, o processo físico envolvido na propagação da luz deve não apenas ser uma quantidade direcionada ou vetor, capaz de ter sua direção revertida, mas este vetor deve ser perpendicular ao raio, seja no plano de polarização ou perpendicular a ele. [...]
> Tendo até aqui determinado o caráter geométrico do processo, devemos agora voltar nossa atenção para o meio no qual ele ocorre. Podemos usar o termo éter para indicar esse meio, seja lá o que ele for. (Maxwell, 1878, p. 570)

Para Maxwell, assim como para qualquer outro físico do final do século XIX, a existência de uma onda exige a existência de um meio onde essa onda se propaga. Chamando esse meio de "éter", a própria existência da luz implicava na existência do éter.

> Quando a luz viaja através da atmosfera, é evidente que o meio através do qual a luz se propaga não é o próprio ar pois, em primeiro lugar, o ar não pode transmitir vibrações transversais, e as vibrações normais que o ar transmite viajam cerca de um milhão de vezes mais lentamente do que a luz. Sólidos transparentes, tais como vidro e cristais, sem dúvida são capazes de transmitir vibrações transversais, mas a velocidade de transmissão ainda é centenas de milhares de vezes menor do que aquela com a qual a luz é transmitida através desses corpos. Somos, portanto, obrigados a supor que o meio através do qual se propaga a luz é algo distinto do meio transparente que conhecemos, embora ele interpenetre todos os corpos transparentes e, provavelmente, também os corpos opacos. (Maxwell, 1878, p. 570)

A velocidade da luz muda quando ela entra em um objeto transparente; portanto, existe alguma conexão entre o éter, que transmite a luz, e a matéria.

> Devemos, portanto, considerar o éter dentro dos corpos densos como de alguma forma fracamente conectado com os corpos densos. Devemos em seguida investigar se, quando esses corpos densos estão em movimento através do grande oceano de éter, eles carregam consigo o éter que contêm, ou se o éter passa através deles como a água do mar passa através das malhas de uma rede, quando ela é puxada por um barco. (Maxwell, 1878, p. 570)

Se o éter for totalmente arrastado dentro dos corpos transparentes que se movem, então, no caso da Terra, o éter estaria preso em sua atmosfera, caminhando pelo espaço junto com ela. Mas se ele não for arrastado desse modo, então o éter (ou uma parte dele) passa através da atmosfera terrestre, como a água do mar, na comparação apresentada por Maxwell. Nesse caso, seria possível determinar a velocidade relativa da Terra e do éter, como ele indica:

> Se fosse possível determinar a velocidade da luz observando o tempo que ela leva para viajar entre uma estação e outra na superfície da Terra, então, comparando as velocidades observadas em direções opostas, poderíamos determinar a velocidade do éter em relação a essas estações terrestres. (Maxwell, 1878, p. 570)

Vamos explicar o que Maxwell queria dizer. Suponhamos que o éter está parado em todo o universo e a Terra se desloca através do éter. Nesse caso, em relação à Terra, teríamos algo semelhante a um "vento de éter" passando por nós (Fig. 2).

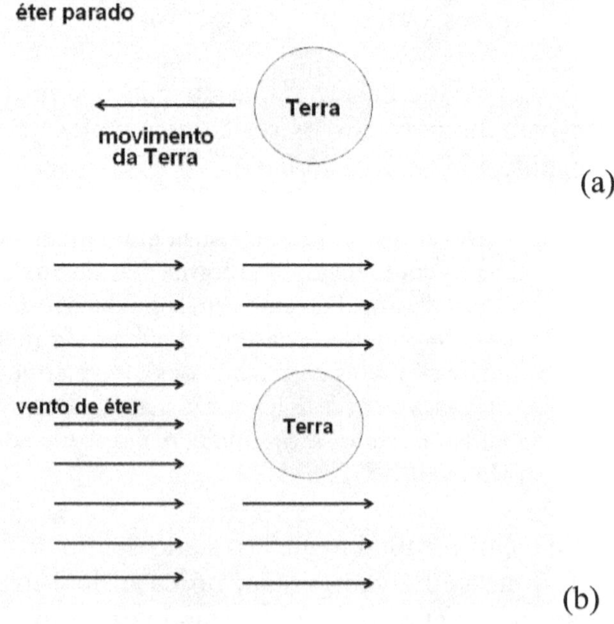

Fig. 2. A teoria de Fresnel supunha que o éter não está preso à atmosfera e que a Terra se move através do éter, que está parado (a); em relação à Terra, é como se houvesse um vento de éter passando por ela (b).

Como a luz é uma onda do éter, sua velocidade seria influenciada diretamente por esse vento de éter – assim como a velocidade do som é influenciada pelo vento. Se o éter estiver passando pela superfície da Terra em uma certa direção horizontal, então a luz demorará menos tempo para ir de um ponto para outro quando estiver se movendo paralelamente ao vento de éter, no mesmo sentido; e gastará mais tempo entre os mesmos pontos se estiver se deslocando no sentido oposto ao do vento do éter (Fig. 3).

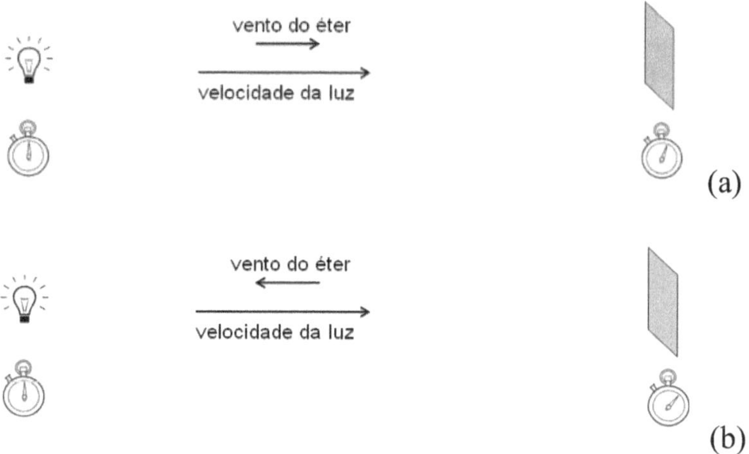

Fig. 3. Se a luz se deslocar, na Terra, a favor do vento do éter (a), ela demorará menos tempo para ir de um ponto até outro do que se ela se deslocar contra o vento de éter (b).

Maxwell não apresentou todos os detalhes deste argumento, mas comentou, como já foi mencionado:

> Se fosse possível determinar a velocidade da luz observando o tempo que ela leva para viajar entre uma estação e outra na superfície da Terra, então, comparando as velocidades observadas em direções opostas, poderíamos determinar a velocidade do éter em relação a essas estações terrestres. (Maxwell, 1878, p. 570)

Porém, como a luz caminha muito rapidamente, é extremamente difícil conceber um método de medir o tempo que ela demora para ir de um ponto até outro ponto sobre a superfície da Terra.

Nos métodos que haviam sido desenvolvidos por Armand Hippolyte Louis Fizeau (1819-1896) e por Jean Bernard Léon Foucault (1819-1868), em meados do século XIX, para medir a velocidade da luz, o feixe luminoso saía de um ponto, era refletido em um espelho a uma certa distância e retornava ao ponto de partida (Tobin, 1993). Media-se o tempo de ida e volta, e não o tempo para ir de um ponto até outro ponto distante. Medindo-se o tempo de ida e volta, se houvesse um vento de éter entre a fonte de luz e o espelho, a velocidade da luz seria maior em um sentido e menor no outro, e os dois efeitos praticamente se cancelariam.

> No entanto, todos os métodos pelos quais é viável determinar a velocidade da luz por experimentos terrestres dependem da medida do tempo necessário para a viagem dupla de uma estação à outra e depois de volta; e o aumento desse tempo por causa de uma velocidade relativa semelhante à da Terra em sua órbita seria de apenas um centésimo de milionésimo do tempo total de transmissão, sendo por isso praticamente insensível. (Maxwell, 1878, p. 570)

Este é um ponto importante, que Maxwell apenas mencionou, mas que precisa ser esclarecido. Suponhamos que a distância entre as duas estações é D. Sem o vento de éter, é claro que o tempo de ida e volta seria simplesmente:

$$t_0 = 2D/c$$

E com o vento de éter? De acordo com a física clássica, se a luz caminha apenas em um sentido, a favor do vento de éter que tem velocidade u, percorrendo uma distância D, o tempo que ela demora é

$$t_1 = D/(c+u)$$

e se ela percorrer a mesma distância no sentido contrário ao vento de éter, o tempo será:

$$t_2 = D/(c-u)$$

Se esses dois tempos pudessem ser medidos diretamente, e comparados, a diferença entre eles seria:

$$\Delta t = t_2 - t_1 = D/(c-u) - D/(c+u) = 2Du/(c^2-u^2)$$

Se u for muito menor do que c, o efeito Δt seria de aproximadamente $2Du/c^2$, que é um efeito de primeira ordem em u/c.

Se compararmos Δt com o tempo t_0, teremos:

$$\Delta t / t_0 = [2Du/(c^2-u^2)] / (2D/c) = uc/(c^2-u^2) \cong u/c$$

Considerando u igual à velocidade orbital da Terra, de cerca de 30 km/s, teremos que u/c é aproximadamente igual a 1 dividido por dez mil (ou seja, um décimo milésimo). É um efeito pequeno, mas que talvez pudesse ser medido.

Por outro lado, se a luz vai e volta entre os dois pontos, o tempo total será:

$$t' = t_2 + t_1 = D/(c-u) + D/(c+u) = 2Dc/(c^2-u^2)$$

Como já foi indicado acima, sem o vento de éter o tempo de ida e volta seria simplesmente:

$$t_0 = 2D/c$$

A diferença entre o tempo t' (com vento de éter) e o tempo t_0 (sem vento de éter) seria:

$$\Delta t' = t' - t_0 = 2Dc/(c^2-u^2) - 2D/c = 2Du^2 / c(c^2-u^2)$$

Se a velocidade u for muito menor do que c, o efeito $\Delta t'$ seria de aproximadamente $2Du^2/c^3$, que é um efeito de segunda ordem em u/c. Se compararmos $\Delta t'$ com o tempo t_0, teremos:

$$\Delta t' / t_0 = [2Du^2 / c(c^2-u^2)] / (2D/c) = u^2/(c^2-u^2) \cong u^2/c^2$$

Considerando u igual à velocidade orbital da Terra, teremos que u^2/c^2 é aproximadamente igual a um dividido por cem milhões (ou seja, um centésimo de milionésimo). É um efeito muito menor do que o calculado antes, sendo praticamente impossível medi-lo.

Além de métodos de medida da velocidade da luz através de experimentos terrestres, existiam dois modos astronômicos para determinar o seu valor. Um deles é através da observação da aberração estelar, que é uma variação da posição angular aparente de uma estrela, a cada 6 meses, por causa do movimento orbital da Terra – um efeito descoberto por James Bradley (1692-1762) em uma série de medidas realizadas em 1725 a 1728 (Stewart, 1964). Se a direção da estrela for perpendicular ao plano orbital da Terra, essa variação angular será de aproximadamente $2u/c$. Haveria alguma influência do movimento da Terra através do éter que modificasse esse efeito? Maxwell comentou:

> A teoria do movimento do éter não está suficientemente desenvolvida para nos permitir produzir uma teoria matemática exata da aberração da luz, levando em conta o movimento do éter. No entanto, o professor Stokes mostrou que, utilizando uma hipótese muito provável a respeito do movimento do éter, a valor da aberração não seria afetado sensivelmente por aquele movimento. (Maxwell, 1878, p. 570)

Depois de indicar essas dificuldades, Maxwell sugeriu um outro método astronômico para determinar a velocidade da Terra em relação ao éter:

> O único método praticável de determinar diretamente a velocidade relativa do éter em relação ao sistema solar é comparar os valores da velocidade da luz deduzidos da observação dos eclipses dos satélites de Júpiter, quando Júpiter é visto da Terra em pontos aproximadamente opostos da eclíptica. (Maxwell, 1878, pp. 570-571)

No caso, Maxwell não estava indicando um modo de determinar efeitos da velocidade *orbital* da Terra e sim efeitos do movimento do sistema solar como um todo, em relação ao éter (supondo-se que o sistema solar se desloca através do éter, como se aceitava na época).

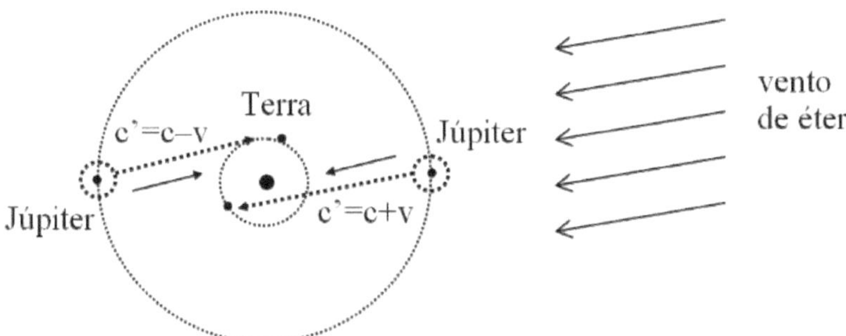

Fig. 4. Maxwell propôs medir a velocidade da luz usando os satélites de Júpiter em diferentes épocas do ano. Quando a luz vai de Júpiter para a Terra no mesmo sentido que o vento do éter, ela terá um valor mais alto; quando a luz caminha no sentido oposto ao vento do éter, sua velocidade será menor.

O princípio do método que ele propôs é semelhante ao que serviu para a primeira determinação da velocidade da luz em 1676, por Ole Christensen Rømer (1644-1710): observar os momentos dos eclipses dos satélites de Júpiter e, comparando seus atrasos e adiantamentos, determinar a velocidade da luz (Van Helden, 1983; Shea, 1998).

Se o sistema solar se mover em relação ao éter, essa velocidade não será sempre a mesma: ela dependerá da direção da reta que une Júpiter à Terra (Fig. 4). Se houver um vento de éter vindo de Júpiter para a Terra, a velocidade efetiva da luz será maior; se houver um vento de éter indo da Terra para Júpiter, a velocidade efetiva da luz será menor. À medida que a Terra e Júpiter forem se deslocando em suas órbitas em torno do Sol, as medidas da velocidade da luz obtidas por esse método devem ir mudando; haveria uma oscilação do valor obtido para a velocidade da luz entre Júpiter e a Terra, e as medidas oscilariam com um período de aproximadamente 12 anos. Essas variações permitiriam determinar a velocidade do sistema solar em relação ao éter.[1]

4. O EXPERIMENTO DE MAXWELL

O próprio Maxwell realizou um experimento para verificar se o desvio da luz por um prisma seria influenciado pelo movimento da Terra através do éter. Ele não publicou esse trabalho como um artigo; ele forneceu sua descrição dos métodos e resultados ao astrônomo William Huggins (1824-1910), que incorporou a pesquisa de Maxwell como uma seção de seu artigo a respeito de medidas de velocidades de corpos celestes (Huggins, 1868). A contribuição de Maxwell, enviada em uma carta a Huggins, tem a data de 10 de junho de 1867 (Maxwell, em Huggins, 1868, pp. 532-535).

No início dessa seção, Maxwell faz uma dedução do efeito Doppler-Fizeau para a luz, um fenômeno que não era muito conhecido ainda, na época. É provável que esse início do texto de Maxwell fosse uma explicação teórica que ele estava dando para o próprio Huggins, que estava tentando utilizar medidas desse efeito com um espectrômetro, para determinar as velocidades de aproximação ou afastamento de estrelas, nebulosas e outros corpos celestes em relação à Terra.

Depois de deduzir as fórmulas do efeito, levando em conta o movimento da fonte de luz (uma estrela, por exemplo) e da Terra (Maxwell, em Huggins, 1868, pp. 532-533), ele discute o método de medida de desvios das raias espectrais, utilizando um espectrômetro de prisma. Nesse ponto, ele introduz mais um fator relevante: se houver um movimento do éter em relação à Terra, o desvio da luz pelo prisma será diferente conforme a luz se propague no mesmo sentido do éter, ou no sentido contrário,

---

[1] Há um problema conceitual nessa proposta, que Maxwell não poderia prever. Os momentos em que os eclipses dos satélites de Júpiter são vistos, da Terra, são determinados por relógios que estão se movendo junto com a Terra. Esse movimento afeta os relógios e não permite supor que eles permanecem sincronizados durante todo o tempo. Ver a análise de Karlov (1970); ver também o artigo de Salmon (1977).

sendo essa diferença praticamente independente da fonte de luz (*ibid.*, p. 533).

> Há, portanto, dois tópicos diferentes e independentes para experimentos. Um é a alteração no período da vibração da luz devida ao movimento relativo das estrelas e da Terra. O fato dessa alteração é independente da forma sob a qual aceitamos a teoria das ondulações, e a possibilidade de estabelecer sua existência depende da descoberta de linhas nos espectros estelares que indiquem, pelo seu arranjo, que sua origem é devida à existência na estrela de substâncias que têm as mesmas propriedades que substâncias encontradas na Terra. Qualquer método de observação de pequenas diferenças no período de vibrações dos raios, se for suficientemente exato, nos permitirá verificar a teoria, e determinar a efetiva velocidade de aproximação ou afastamento entre a Terra e qualquer estrela.
>
> O outro tópico para experimentação é a relação entre o índice de refração de um raio e a direção na qual ele atravessa o prisma. A essência desse experimento é completamente terrestre e independente da fonte de luz, e depende apenas do movimento relativo do prisma e do meio luminífero, e da direção com que o raio passa através do prisma. (Maxwell, em Huggins, 1868, p. 533)

Vamos compreender o que Maxwell estava afirmando. O desvio da luz por um prisma depende do seu índice de refração, que é a razão entre a velocidade da luz fora do prisma e a velocidade da luz dentro do prisma. Porém, se há um movimento de éter em relação à superfície da Terra e se esse éter se move também dentro do prisma, então a velocidade da luz, tanto fora quanto dentro do material transparente, dependerá do sentido de seu movimento: se a luz estiver se movendo no mesmo sentido que o éter, a velocidade será aumentada; se a luz estiver se movendo no sentido oposto ao do éter, a velocidade será reduzida. Então, isso mudará as velocidades, o índice de refração e o desvio produzido pelo prisma.

Porém, Maxwell indicou que os detalhes do cálculo dependem da teoria de éter que for utilizada. Primeiramente, ele apresentou as partes da dedução que independem da teoria de éter que for empregada. Depois, utilizando a teoria de Fresnel – que ele aceitava – mostrou que a variação relativa dos tempos de passagem da luz pelo prisma, em um sentido e no outro, era proporcional a v^2/V^2, onde v é a velocidade do éter em relação à Terra e v a velocidade da luz no vácuo (ou seja, um efeito de segunda ordem). A alteração do ângulo de desvio também dependeria desse fator. Supondo que v é aproximadamente igual à velocidade orbital da Terra, então V é mais de 10.000 vezes maior do que v, e v^2/V^2 é menor do que um centésimo de milionésimo.

> Assim, de acordo com a teoria de Fresnel, o retardamento devido ao prisma não é afetado sensivelmente pelo movimento da Terra. O mesmo seria válido sob a hipótese de que o éter luminífero perto da superfície da Terra se move com a Terra, seja qual for a forma da teoria sobre o meio [transparente].
>
> Como o desvio da luz pelo prisma depende totalmente do retardamento dos raios dentro do vidro, não deve ser esperado nenhum efeito do movimento da Terra sobre a refrangibilidade da luz. O professor Stokes (*Phil. Mag.* 1846, p. 63) também já proporcionou uma prova direta dessa afirmação e o experimento de Arago a confirma com certo grau de exatidão. (Maxwell, em Huggins, 1868, p. 534)

A teoria do éter de Fresnel, o experimento de Arago com um prisma e a análise de Stokes foram descritos detalhadamente em um artigo anterior (Martins, 2012), que deve ser consultado para obter todos os esclarecimentos necessários.

Maxwell descreve o experimento que realizou, utilizando um espectroscópio de prisma. A luz, produzida por queima de cloreto de sódio, passava por três prismas de 60º, primeiro em um sentido e depois no outro; e era possível detectar mudanças na posição das raias espectrais observadas, quando o instrumento era girado e, também, em diferentes épocas do ano. Apresentamos abaixo a descrição que ele publicou no verbete da

Encyclopaedia Britannica, que é mais simples do que a do artigo de 1868:

Arago propôs comparar os desvios produzidos na luz de uma estrela depois de passar por um prisma acromático, quando a direção do reio dentro do prisma formava diferentes ângulos com a direção do movimento da Terra em sua órbita. Se o éter estivesse se movimento rapidamente através do prisma, poder-se-ia esperar que o desvio fosse diferente quando a direção da luz era a mesma que a do éter, e quando essas direções fossem opostas. O presenta autor [*Phil. Trans.*, 158 (1868) p. 532] organizou o experimento de um modo mais prático utilizando um espectroscópio comum, no qual se substituía a fenda do colimador por um espelho plano. Os fios cruzados do telescópio de observação eram iluminados. A luz de qualquer ponto desses fios passava pela lente objetiva e depois pelos prismas, como um feixe paralelo, até chegar à lente objetiva do colimador e então era focalizada no espelho, onde era refletida e, depois de passar de novo pela lente objetiva, formava um feixe que passava por cada um dos prismas paralelamente à sua direção original, de modo que a lente objetiva do telescópio de observação o focalizasse coincidindo com o ponto dos fios cruzados de onde havia se originado. Como a imagem coincidia com o objeto, não podia ser observada diretamente; mas desviando o feixe por reflexão parcial na superfície plana do vidro, foi encontrado que a imagem do mais fino fio de teia de aranha poderia ser vista distintamente, embora a luz que formava a imagem tivesse passado duas vezes pelos três prismas de 60°. O aparelho era primeiramente girado de modo que a direção da luz na primeira passagem pelo segundo prisma era igual à do movimento da Terra em sua órbita. O aparelho era depois colocado de modo que a direção da luz era oposta à do movimento da Terra. Se o desvio do raio pelos prismas aumentasse ou diminuísse na sua primeira passagem, seria diminuído ou aumentado na passagem de volta e a imagem apareceria ao lado do objeto. Quando o aparelho fosse girado, apareceria no outro lado.

O experimento foi tentado em diferentes épocas do ano, mas só foram obtidos resultados negativos. No entanto, não podemos concluir absolutamente desse experimento que o éter próximo à superfície da Terra é transportado com ela em sua órbita, pois o Professor Stokes mostrou [*Phil. Mag.* 1846, p. 53] que, de acordo com a hipótese de Fresnel, a razão entre a velocidade relativa do éter dentro do prisma e a do éter fora seria inversamente proporcional ao quadrado do índice de refração, e que nesse caso o desvio não seria alterado sensivelmente pelo movimento do prisma através do éter. (Maxwell, 1878, p. 571)

Maxwell afirma que "tentei esse experimento em várias épocas do ano, desde 1864, e nunca detectei o mais leve efeito devido ao movimento da Terra" (Maxwell, em Huggins, 1868, p. 535). Ele informa que poderia ter detectado facilmente um desvio das linhas espectrais que fosse da ordem de 1/20 da distância entre as componentes da linha D do espectro do sódio. Os comprimentos de onda das linhas desse dubleto são 5.889,950 Å e 5.895,924 Å; a diferença entre eles é 5,974 Å. Se o espectrômetro utilizado por Maxwell era capaz de detectar 1/20 dessa diferença, então poderiam ser percebidos efeitos de aproximadamente 5 partes em 100.000.

Se o experimento de Maxwell tivesse proporcionado um efeito positivo mensurável, ele seria contrário tanto à teoria de Stokes quanto à teoria de Fresnel. O resultado negativo era compatível com as duas teorias.

Porém, Maxwell estava ciente de que, antes de seus experimentos, tanto Fizeau quanto Ångström haviam publicado resultados de experimentos que haviam detectado efeitos do movimento da Terra em relação ao éter (ver Martins, 2012, p. 65). Esses dois experimentos utilizavam fenômenos de difração e de polarização, que poderiam proporcionar efeitos positivos por causa do vento do éter – ao contrário de fenômenos de reflexão e refração. Maxwell comentou:

Fizeau, no entanto, observando a mudança do plano de polarização da luz transmitida obliquamente através de uma série de placas de vidro, obteve o que lhe pareceu ser uma evidência de uma diferença no resultado quando a direção do raio no espaço era diferente; e Ångström obteve resultados análogos pela difração. Este autor não está ciente de que qualquer desses dois experimentos muito difíceis tenha sido verificado por repetições. (Maxwell, em Huggins, 1868, p. 535; Maxwell, 1878, p. 571)

Se esses dois experimentos fossem confirmados, eles proporcionariam evidência a favor da teoria de Fresnel e contrários à teoria do éter de Stokes. Eles foram efetivamente repetidos em 1872 por Éleuthère Élie Nicolas Mascart (1837-1908), com resultados negativos (Martins, 2012, p. 67), porém Maxwell aparentemente não estava ciente disso, quando escreveu o verbete da *Encyclopaedia Britannica*. Lá, ele também comentou sobre o experimento de Fizeau a respeito do arrastamento parcial do éter pela água:

> Em outro experimento do Sr. Fizeau [*Ann. de Chimie et de Physique*, Feb. 1860], que parece merecer a maior confiança, ele observou que a propagação da luz em uma corrente de água ocorre com maior velocidade na direção em que a água se move do que na direção oposta; mas a mudança de velocidade é menor do que a que seria devida à velocidade efetiva da água; e que o fenômeno não ocorre quanto se substitui a água por ar. Esse experimento parece verificar a teoria de Fresnel do éter; mas toda a questão sobre o estado do meio luminífero perto da Terra e de sua conexão com a matéria grosseira está ainda longe de ter sido estabelecida pelo experimento. (Maxwell, em Huggins, 1868, p. 535; Maxwell, 1878, p. 571)

Assim, embora Maxwell pendesse para a aceitação da teoria do éter de Fresnel, ele era suficientemente cuidadoso para indicar que ainda faltavam evidências experimentais que pudessem definir a situação. Por outro lado, em nenhum momento ele colocou em dúvida a própria existência do éter.

5. A PROPOSTA DE MAXWELL

Vimos que, no verbete da *Encyclopaedia Britannica*, Maxwell sugeriu um método astronômico para determinação da velocidade do sistema solar através do éter, pelo estudo dos eclipses dos satélites de Júpiter. A proposta de Maxwell era nova, e ele não dispunha de dados astronômicos que permitissem testar esse método. Em 1879 ele escreveu uma carta ao astrônomo norte-americano David Peck Todd (1855-1939), do *Nautical Almanac Office* em Washington, que estudava os satélites de Júpiter, perguntando-lhe se havia dados suficientemente precisos para fazer esse tipo de análise e se alguém já tinha tentado fazer a sua análise. A carta, datada do dia 19 de março de 1879, foi publicada postumamente por Stokes, que era Secretário da *Royal Society* e que a recebeu através de Todd (Maxwell, 1880). Na carta, Maxwell escreveu a Todd:

> Recebi com muito prazer as tabelas dos satélites de Júpiter que você me enviou tão gentilmente, e sou encorajado pelo seu interesse no sistema de Júpiter a lhe perguntar se você fez algum estudo especial sobre o aparente retardamento dos eclipses, afetado pela posição geocêntrica de Júpiter. Dizem-me que observações desse tipo foram colocadas fora de moda por outros métodos de determinação das quantidades relacionadas à velocidade da luz, mas elas proporcionam o único método, tanto quanto sei, de obter qualquer estimativa sobre a direção e a grandeza da velocidade do Sol com respeito ao meio luminífero. [...] Se JE é a distância de Júpiter à Terra e l a sua longitude geocêntrica, e se l' é a longitude e λ a latitude da direção na qual o Sol está se movendo através do éter com velocidade v, e se V é a velocidade da luz e t o tempo de trânsito [da luz] de J até E [de Júpiter à Terra],
>
> $$JE = [V - v \cos \lambda \cos (l - l')]\, t$$
>
> Pela comparação dos valores de t quando Júpiter está em diferentes signos do zodíaco, seria possível determinar l' e cos λ. [...]

Porém, não se pode utilizar o método sem boas tabelas do movimento dos satélites e, como não sou um astrônomo, não sei se, comparando as observações com as tabelas de De Damoiseau, foi feita alguma tentativa de considerar o termo em $\cos \lambda$. Por isso, tomei a liberdade de lhe escrever, como o tema está além do alcance de qualquer pessoa que não tenha feito um estudo especial dos satélites [de Júpiter].

No artigo E [éter] da nona edição da *Encyclopaedia Britannica*, coletei todos os fatos que conheço sobre o movimento relativo do éter e dos corpos que se movem nele, e mostrei que nada pode ser inferido sobre esse movimento relativo a partir de quaisquer fenômenos observados até agora, exceto os eclipses, etc., de satélites de um planeta, quanto mais distante melhor. Se você conhece algum trabalho feito nessa direção, seja por você mesmo ou outros, eu ficaria muito agradecido de ser informado sobre isso. (Maxwell, 1880, pp. 109-110)

Na introdução à carta, Stokes comentou que Todd lhe havia informado: "Considero a comunicação como sendo de importância extraordinária, embora (como você notará se tiver acesso à resposta que eu enviei) seja provável que passe um longo tempo antes que tenhamos tabelas dos satélites de Júpiter suficientemente precisas para realizar um teste prático disso" (Maxwell, 1880, p. 109). É interessante notar que, meio século depois, o astrônomo suíço Leopold Courvoisier (1873-1955), que trabalhava no observatório de Berlim (Babelsberg), estudou os eclipses dos satélites de Júpiter e alegou ter encontrado o efeito previsto por Maxwell (Martins, 2011). Porém, nessa época a teoria da relatividade já era aceita por praticamente todas as pessoas, e o trabalho de Courvoisier não despertou atenção.

A carta de Maxwell a Todd teve ampla repercussão, sendo reproduzida também na revista *Nature* (vol. 21, 1880, pp. 315-316). Nenhum astrônomo, na época, se interessou em pesquisar o tema; porém, a carta de Maxwell teve um outro importante efeito: ela interessou um jovem pesquisador, Albert Abraham

Michelson, que também trabalhava com Todd no *Nautical Almanac Office* em Washington.

6. MICHELSON – DA VELOCIDADE DA LUZ AO ÉTER

Albert Abraham Michelson (1852-1931) iniciou seus estudos e sua carreira na Marinha dos Estados Unidos. Em 1869, aos 17 anos de idade, ele ingressou na Academia Naval, em Annapolis, onde se graduou em 1873. Passou dois anos a serviço, em três navios, sendo depois promovido a "ensign" – um cargo de oficial da Marinha, inferior a tenente (Jaffe, 1960, pp. 43-46). Pelo seu interesse em estudos, obteve um posto de instrutor na Academia, no departamento de Filosofia Natural e Experimental, cujo professor titular era o comandante William Thomas Sampson (1840-1902). Foi apresentado à sobrinha deste, Margaret McLean Heminway (aprox. 1857-1939), iniciando um relacionamento e casando-se na primavera de 1877 (*ibid.*, 46-47).

Em 1877, a pedido de Sampson, preparando uma demonstração didática sobre os métodos de medida da velocidade da luz, ocorreu-lhe uma modificação do método de Foucault, que conseguiu colocar em prática no ano seguinte, com equipamento improvisado (Jaffe, 1960, pp. 51-53). As suas primeiras medidas deram o resultado (convertido para o sistema métrico) de 300.140 km/s, com desvio de 480 km/s. Animado pelos primeiros resultados, Michelson procurou aperfeiçoar sua aparelhagem, utilizando recursos financeiros (2.000 dólares) que lhe foram doados por seu sogro, Albert Gallatin Heminway.[2] No trabalho que publicou sobre seus novos experimentos, apresentou o valor de 299.740 km/s para a velocidade da luz no ar, ou 299.820 km/s no vácuo, com um desvio estimado de 50 km/s (Michelson, 1879) – um excelente resultado, para a época.

---

[2] O pai da esposa de Michelson havia obtido grande riqueza, através de negociações em Wall Street. O poder aquisitivo de 2.000 dólares, em 1878, é equivalente ao de 60.000 dólares, em 2023: "$1,000 in 1878 → 2023 | Inflation Calculator." Official Inflation Data, Alioth Finance, 21 Feb. 2023, https://www.officialdata.org/us/inflation/1878?amount=1000.

Esses primeiros trabalhos de Michelson, com medidas da velocidade da luz, tiveram rapidamente um reconhecimento internacional, pois eram resultados tão bons – ou melhores – do que os obtidos na Europa.

A pesquisa de Michelson chamou a atenção do astrônomo Simon Newcomb (1835-1909) que, nessa época, estava planejando obter medidas mais precisas da velocidade da luz para, combinando-as com determinações de aberração estelar, obter um melhor valor para a distância entre a Terra e o Sol. Newcomb o convidou para colaborar em novos experimentos. Para isso, Michelson ficou à disposição do *Nautical Almanac Office*, em Washington, durante alguns meses, em 1880 (Jaffe, 1960, pp. 54-55). Porém, a pesquisa com a qual colaborou demorou muito mais tempo para ser concluída.

Foi nessa época que a carta de Maxwell para Todd foi publicada, e nela Michelson encontrou um comentário que lhe suscitou forte interesse:

> [...] nos métodos terrestres de determinação da velocidade da luz, a luz retorna pelo mesmo caminho novamente, de modo que a velocidade da Terra em relação ao éter alteraria o tempo da dupla passagem por uma quantidade que depende do quadrado da razão entre a velocidades da Terra e da luz, e isso é pequeno demais para ser observado. (Maxwell, 1880, p. 109)

O efeito de segunda ordem indicado por Maxwell – ou seja, proporcional a $(v/c)^2$ –superava em muito a sensibilidade de qualquer experimento existente de medida da velocidade da luz. No caso das melhores medidas de Michelson, como vimos, o desvio era de aproximadamente 50 km/s em 300.000 km/s, ou seja, uma parte em 6.000. O efeito de segunda ordem seria de aproximadamente uma parte em 100.000.000.

Michelson parece ter tomado o comentário de Maxwell como um desafio. Porém, percebeu que era necessário utilizar uma metodologia completamente diferente para tentar detectar mudanças tão pequenas na velocidade da luz – uma técnica interferométrica. Certamente não era possível fazer uma medida *direta* da velocidade da luz com a precisão de uma parte em 100 milhões. Mas era possível detectar os efeitos de pequenas diferenças de velocidade (sem medir a própria velocidade) através de outras técnicas.

Não se sabe o percurso exato de Michelson para chegar ao projeto de seu interferômetro. No entanto, há uma pista que é fornecida pelo nome que ele dava inicialmente ao instrumento: *interferential refractometer*, ou "refratômetro interferencial" (ver, por exemplo, Michelson 1888, p. 80). No próprio artigo de 1881 em que descreveu suas primeiras experiências, ele comentou: "Notar-se-á que este aparelho pode muito facilmente servir como um "refrator interferencial", e tem as duas vantagens importantes de pequeno custo, e ampla separação dos dois feixes" (Michelson, 1881, pp. 123-124).

Esse nome (em francês, *réfractomètre interférentiel*) era atribuído, antes de Michelson, a instrumentos inventados por Fizeau, Jamin e Cornu (Swenson, 1970, p. 58) e, como o próprio nome indica, serviam para determinar diferenças de índice de refração em substância, através de um método interferométrico. O mais popular deles, em torno de 1880, era o instrumento desenvolvido por Jules Célestin Jamin (1818-1886), que era comercializado em grande escala (Fig. 5).

Jamin descreveu seu aparelho em 1856, em um curto artigo (Jamin, 1856) e depois publicou vários trabalhos mostrando sua aplicação à comparação dos índices de refração de gases (Jamin, 1857) e às variações do índice de refração da água em diversas pressões (Jamin, 1858). O objetivo do aparelho não é medir índices de refração, mas sim detectar variações muito pequenas dos índices de refração, comparando duas amostras.

Nas versões que encontramos atualmente para o aparelho de Jamin, as placas de vidro são espelhadas na parte de trás. Porém, Jamin utilizava placas de vidro sem espelhamento, conforme a descrição apresentada aqui (Fig. 5). Esse fato é relevante, para a discussão que será feita mais adiante sobre o interferômetro de Michelson.

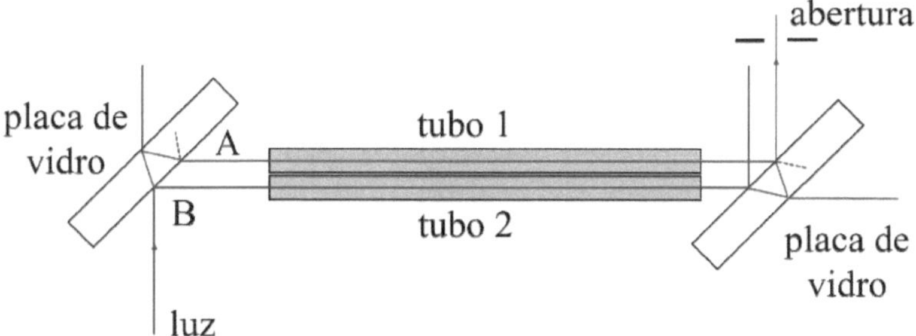

Fig. 5. No refratômetro interferencial de Jamin, a luz proveniente de uma fonte incide sobre uma placa de vidro espessa, com superfícies planas paralelas. Ocorre uma reflexão parcial na primeira superfície (B) e o raio refratado sofre várias reflexões dentro da placa, sendo que o primeiro raio refletido é parcialmente refratado para fora da placa (A). Cada um deles passa por um tubo, onde podem ser colocados gases diferentes (ou outras substâncias) para comparação. Os dois feixes chegam então a outra placa de vidro igual à primeira e paralela a ela, onde são recombinados e, depois de passar por uma abertura, é observado um padrão de interferência.

Sabe-se que, em Agosto de 1879, Edward Pickering chamou a atenção de Michelson para experimentos de interferência, indicando os estudos de Mascart a respeito da refração dos gases. Mascart havia utilizado um aparelho baseado no refratômetro de Jamin (Staley, 2008, pp. 46-47).

Qual a relação entre esse instrumento e o problema estudado por Michelson? Para observar o efeito do movimento do éter na superfície da Terra, conforme descrito por Maxwell, era necessário detectar uma pequena variação no tempo de ida e volta da luz. O cálculo que foi mostrado anteriormente (seção 3) indica a diferença entre o tempo de ida e volta em duas situações: com o éter parado em relação às duas estações; e com o éter se movimentando entre elas. Mas é claro que não é possível fazer a comparação experimental nessas duas situações, porque estamos na superfície da Terra e existe, supostamente, o vento de éter. Maxwell não discutiu esse ponto.

Vamos tentar reconstruir o que Michelson pode ter pensado. O efeito de segunda ordem no tempo de ida e volta da luz é calculado supondo que a distância entre os dois pontos é paralela à direção do vento de éter. E se a direção não for paralela? Michelson imaginou, inicialmente, que o vento do éter não afetaria o tempo de ida e volta se a distância entre os dois pontos fosse *perpendicular* à direção do vento de éter (uma suposição errônea, mas isso será explicado mais adiante). Então, essa seria a comparação que precisava ser feita: verificar se havia uma pequena mudança no tempo de ida e volta, comparando trajetórias da luz em direções perpendiculares entre si.

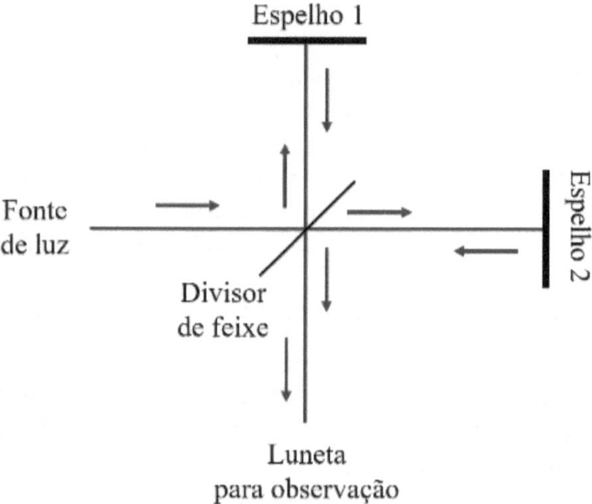

Fig. 6. No instrumento de Michelson, a luz proveniente de uma fonte (à esquerda) incide sobre um divisor de feixe (placa de vidro). Uma parte do feixe atravessa o divisor, outra parte é refletida, produzindo feixes perpendiculares entre si. Cada um desses feixes é, por sua vez, refletido totalmente nos espelhos 1 e 2, retornando ao divisor de feixe. Parte do feixe refletido pelo espelho 1 atravessa esse divisor e vai para a luneta de observação; e parte do feixe refletido pelo espelho 2 é refletido no divisor e também vai para a luneta de observação.

No instrumento de Jamin, os dois feixes de luz são paralelos entre si. Então, era necessário alterar a geometria do instrumento, para produzir dois feixes perpendiculares entre si. Como foi mostrado na descrição do aparelho de Jamin, a luz que incide na primeira placa de vidro sofre uma reflexão parcial na primeira superfície. Como a placa é colocada em um ângulo de 45° em relação à luz incidente, esse raio é perpendicular à luz incidente. A parte da luz que é refratada sofre inúmeras reflexões internas e também refrações, saindo da placa. Uma parte do raio refratado atravessa a segunda superfície da placa de vidro e sua direção é paralela à da luz incidente. Assim, essa placa pode criar dois raios perpendiculares entre si que, depois, podem ser recombinados, produzindo interferência. Esse tipo de raciocínio pode ter conduzido Michelson a planejar seu aparelho (Fig. 6).

Sabemos que, antes de chegar à ideia do instrumento que realmente utilizou, Michelson explorou outras configurações (Fig. 7). Mas não foi conservada uma documentação que permita analisar o planejamento que ele desenvolveu até chegar ao projeto final.

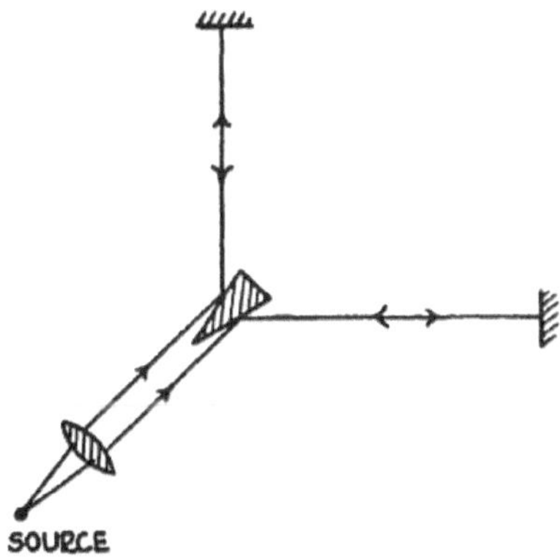

Fig. 7. Diagrama de Michelson para uma primeira configuração que ele imaginou para o seu experimento (Michelson, 1928, p. 343). A luz de uma fonte passava por uma lente, produzindo um feixe cilíndrico, que era dividido em duas partes por um espelho em forma de cunha. Os dois feixes resultantes, perpendiculares entre si, eram então refletidos por espelhos planos e retornavam até a origem, produzindo interferência. O esquema não mostra como seria possível observar os feixes que retornavam.

No mesmo período em que colaborava com Newcomb, Michelson enfrentava um problema profissional. Ele era apenas um instrutor, subordinado ao professor Sampson, na Academia

Naval de Annapolis. Como oficial da Marinha, era obrigado a prestar serviços nos navios, periodicamente. Esses dois pontos o incomodavam bastante. Se ele conseguisse um cargo de professor, teria um melhor salário e, além disso, não precisaria mais ficar viajando. Na época, existiam duas vagas de professor, na Marinha, mas ambas eram para professor de Matemática e a seleção incluída exames de matemática e de astronomia. Michelson não se sentia seguro para prestar esse tipo de seleção.

No dia 26 de junho de 1880, Michelson escreveu uma carta ao prof. Alfred Marshal Mayer (1836-1897), do *Stevens Institute*, comentando sobre seu problema de trabalho:

> Meu caro Prof. Mayer
>
> O professorado de Matemática da Marinha ainda está vago e não parece haver nenhuma perspectiva imediata de que seja preenchido. Porém, agora existe uma lei que exige um exame, provavelmente em astronomia e matemática e eu não pretendo ser nem astrônomo nem matemático, por isso duvido que pudesse passar satisfatoriamente tal exame, mesmo se eu obtivesse a indicação.
>
> Em resumo, abandonei o dito professorado e, portanto, cabe-me procurar por alguma outra coisa, e isso muito rapidamente![3]
>
> Como os experimentos de Newcomb estão em andamento, e progredindo satisfatoriamente, pode ser que em poucos meses eles sejam completados e isso levará à necessidade de minha partida para climas estrangeiros, a menos que eu seja capaz de entregar minha demissão.
>
> Indo então ao ponto central, se o senhor puder fazer qualquer coisa possível para me ajudar a obter uma boa posição em alguma instituição onde haja um laboratório de física respeitável e, se possível, também um salário respeitável, o senhor me concederia uma honra durável.

---

[3] Na sua carta, Michelson escreveu "p.d.q.", uma abreviação para *"pretty damn quick"*.

> Estou naturalmente ansioso sobre o assunto, assim, confiando que possa receber sua consideração sincera, [...] (Michelson, em Reingold, 1985, pp. 286-287)

Como solução temporária do problema, em meados de 1880 ele resolveu realizar uma viagem de estudos para a Europa – algo semelhante a uma pós-graduação informal (Jaffe, 1960, p. 57). Nessa época, nos Estados Unidos, havia uma única universidade (recente) que oferecia formação avançada para pesquisadores, a Johns Hopkins. Assim, praticamente todos os norte-americanos que queriam se aperfeiçoar iam para a Europa, onde assistiam a cursos em várias universidades, faziam estágios e interagiam com pesquisadores experientes.

Michelson solicitou então à Marinha uma autorização de afastamento para sua viagem de estudos, com um prazo inicial de seis meses, a partir de setembro de 1880. Seu destino inicial era a Alemanha, onde pretendia passar um tempo no grupo do professor Helmholtz, em Berlim. Porém, antes de viajar providenciou cartas de recomendação para vários outros pesquisadores da Alemanha e da França.

Além dos dois problemas mencionados acima, a viagem para a Europa talvez permitisse a Michelson desenvolver um aparelho para medir a velocidade da Terra através do éter. Como ele não tinha experiência no estudo de instrumentos de interferência, era vantajoso passar um tempo no exterior para estudar com os melhores especialistas e desenvolver seu aparelho.

Provavelmente, durante esse afastamento, Michelson manteve o pagamento de seu salário de instrutor – que não era alto. A viagem exigia muitas despesas a mais. Como ele conseguiu cobrir essas despesas? Segundo Shankland, em 1880 estava sendo criada a *Case School of Applied Science*, em Cleveland, e os organizadores dessa instituição prometeram contratá-lo como professor de Física, proporcionando-lhe alguns fundos e a incumbência de adquirir instrumentos para a escola (Shankland, 1949, p. 488). Porém, essa oferta da *Case School of Applied Science* só ocorreu em 1881, como veremos. Então, quando viajou,

Michelson não contava com esse apoio. Provavelmente sua longa viagem, com a esposa e os filhos, foi subvencionada pelo rico sogro.

Em setembro de 1880, Michelson tomou um navio para a Europa, onde permaneceu até 1882. Desembarcou na Inglaterra, passando rapidamente por Londres e, depois, por Paris, mas dirigindo-se para Berlim. Nesses dois anos, visitou diversos laboratórios e pesquisadores, assistindo cursos e complementando sua formação científica: em Berlim, com Hermann Ludwig Ferdinand von Helmholtz (1821-1894), em cujo laboratório trabalhou em 1880-1881; depois, em Heidelberg, com Georg Hermann Quincke (1834-1924); e em 1882, em Paris, no *Collège de France* e na *École Polytéchnique*, com Marie-Alfred Cornu (1841-1902), Éleuthère Élie Nicolas Mascart (1837-1908) e Gabriel Lippmann (1845-1921).

Foi no laboratório de Helmholtz que Michelson concluiu o planejamento e construiu seu primeiro interferômetro para tentar medir a velocidade da Terra em relação ao éter. Em uma carta que escreveu a Newcomb, em 22 de novembro de 1880, Michelson relatou suas primeiras atividades em Berlim:

> Atualmente, o trabalho no laboratório é muito elementar e estou tentando ultrapassar isso de forma um pouco apressada.
>
> Além desse trabalho, eu assisto as aulas sobre Física Teórica do Dr. Helmhotz e estou estudando matemática e mecânica em casa.
>
> Tive uma conversa bastante longa com o Dr. Helmholtz sobre o meu método proposto para encontrar o movimento da Terra em relação ao éter, e ele disse que não podia ver nenhuma objeção a ele, exceto a dificuldade de manter uma temperatura constante.
>
> Com todo o devido respeito, no entanto, eu penso de modo diferente, pois se o aparelho for circundado com gelo em fusão, a temperatura será tão aproximadamente constante quanto possível.
>
> Há uma outra dificuldade inesperada que eu receio exigirá o adiamento indefinido dos experimentos, a saber, que os

fundos necessários não parecem estar disponíveis. (Michelson, *apud* Reingold, 1985, pp. 287-288)

Pelo teor da carta, vemos que Michelson já tinha o plano de seu instrumento, antes de conversar com Helmholtz. A ideia de cercar todo o aparelho com gelo no ponto de fusão era totalmente inviável e ele nunca tentou fazer isso. A referência à falta de fundos para seu experimento parece indicar que ele esperava que a aparelhagem pudesse ser construída com recursos do laboratório de Helmholtz – mas sua expectativa não se concretizou.

Newcomb imediatamente procurou ajudar Michelson. Entrou em contato com Alexander Graham Bell (1847-1922), que havia enriquecido com a indústria do telefone. Estimulado por Newcomb, Bell resolveu fazer uma doação de 100 libras esterlinas para que o jovem Michelson pudesse construir na Alemanha o instrumento de que precisava. Esse era um valor enorme, naquela época, sendo equivalente em valor aquisitivo a 15.000 libras em 2023.[4]

Em dezembro de 1880, ele já dispunha dos recursos necessários. No início de 1881, Michelson encomendou a construção do seu primeiro interferômetro para medir a velocidade da Terra em relação ao éter. A parte principal do instrumento foi produzida pela firma Schmidt & Haensch de Berlim; mas as placas planas de vidro (que serão descritas mais adiante) foram encomendadas da Maison Breguet de Paris, que forneciam as placas de vidro com superfícies planas e paralelas para os interferômetros de Jamin (Shankland, 1964a, p. 19; Weinstein, 2015, p. 101).

Em fevereiro de 1881 Michelson escreveu ao Secretário da Marinha solicitando uma extensão de seis meses de sua licença e permissão para ficar no exterior. O pedido foi concedido (Jaffe, 1960, p. 58).

---

[4] Fonte de informação: "£1 in 1880 → 2023 | UK Inflation Calculator." Official Inflation Data, Alioth Finance, 21 Feb. 2023, https://www.officialdata.org/uk/inflation/1880?amount=1.

Em abril do mesmo ano, ele já havia concluído seus experimentos e escreveu cartas para Newcomb e Graham Bell relatando os resultados. Vamos transcrever, abaixo, a parte principal da carta que ele escreveu para o segundo (Reingold, 1985, pp. 288-290).

Heidelberg, Baden, Alemanha
17 de Abril de 1881.

Meu caro Sr. Bell,

Os experimentos com relação ao movimento da Terra em relação ao éter acabam de ser concluídos com sucesso. O resultado, no entanto, foi *negativo*.

O aparelho foi construído seguindo o plano que descrevi em minha última carta e foi instalado devidamente no Laboratório de Física de Helmholtz. Logo se descobriu, no entanto, que o instrumento era tão extremamente sensível a vibrações que, mesmo depois da meia-noite, não só era impossível fazer medidas, mas as franjas de interferência realmente não podiam ser vistas.

Se isso acontece com o instrumento construído expressamente para evitar a sensibilidade, o que não poderíamos esperar de um que fosse feito tão sensível quanto possível! Parece-me que um assim possivelmente poderia exceder o microfone.

Assim, descobriu-se que era impossível desenvolver a investigação em Berlim e, por isso, o aparelho foi removido para o "Astrophysicaliches Observatorium" [*sic*] em Potsdam, cujos recursos foram gentilmente colocados à minha disposição pelo diretor, Prof. Vogel.

Nesta estação do ano o suposto movimento do sistema solar coincide aproximadamente com o movimento da Terra em torno do Sol, de modo que o efeito a ser observado estava no seu máximo; assim, se o éter estivesse em repouso, o movimento da Terra através dele deveria produzir um deslocamento das franjas de interferência de, *pelo menos*, um décimo da distância entre as franjas; uma quantidade facilmente mensurável. O deslocamento efetivo foi de cerca de um centésimo, e isso pode ser atribuído a erros do experimento.

Assim, a questão é solucionada negativamente, mostrando que o éter na vizinhança da Terra está se movendo com ela;

um resultado em conflito direto com a teoria da aberração geralmente aceita.

Das 100 libras que o senhor gentilmente colocou à minha disposição, restam 60 libras e, como agora os experimentos foram completados, essa soma fica à sua disposição. Acabei de concluir o semestre de inverno com Helmholtz e, por causa da saúde da Sra. Michelson, e das crianças (que agora são três, a última a chegar sendo uma filha) eu resolvi passar o semestre de verão aqui e assistirei as palestras de Quincke e Bunsen.

Presumo que o senhor possa ter ouvido que eu fui designado para a cátedra de Física da "Case School of Applied Science" em Cleveland. No entanto, a designação é para a data de 1º de Setembro de 1882 e provavelmente passarei o tempo até lá no exterior.

É importante notar que, ao contrário do que as versões populares indicam, Michelson não concluiu a inexistência do éter: concluiu que ele se movia junto com a Terra. Como vimos, essa era a teoria de Stokes sobre o éter. No entanto, Michelson não devia estar muito familiarizado com ela, pois afirmou na carta que esse era "um resultado em conflito direto com a teoria da aberração geralmente aceita". O raciocínio utilizado (errôneo) era de que, se a Terra arrastasse o éter em sua proximidade, todos os fenômenos ópticos próximos à Terra (incluindo o funcionamento do telescópio) se comportariam como se não houvesse nenhum movimento e, portanto, não poderia ser observada a aberração da luz das estrelas. No entanto, Stokes mostrou que era possível explicar a aberração estelar, em sua teoria, mostrando que haveria uma gradual mudança de direção da luz à medida que ela atravessasse as sucessivas camadas de éter com diferentes velocidades. Assim, ele conseguiu mostrar que sua teoria era compatível com todos os fenômenos conhecidos (Stokes, 1845; Stokes, 1846b; Wilson, 1972; Swenson, 1972, pp. 23-24).

7. RELATO DO PRIMEIRO EXPERIMENTO DE MICHELSON (1881)

Vejamos, agora, como Michelson apresentou seu trabalho, no artigo que publicou em agosto de 1881. Logo no início, Michelson começou se referindo à teoria do éter de Fresnel:

> A teoria ondulatória da luz assume a existência de um meio chamado éter, cujas vibrações produzem os fenômenos de calor e luz e que se supõe preencher todo o espaço. De acordo com Fresnel, o éter que está dentro de meios ópticos, participa do movimento desses meios, em um grau que depende de seus índices de refração. Para o ar, esse movimento [do éter] seria apenas uma pequena parte daquele [movimento] do próprio ar e será desprezado.
>
> Assumindo, então, que o éter está em repouso e a Terra se move através dele, o tempo exigido para a luz se deslocar de um ponto para outro na superfície da Terra dependeria da direção na qual ela se desloca. (Michelson, 1881, p. 120)

Em seguida, Michelson calcula o tempo de ida e volta para a luz percorrer uma distância D, supondo que ela está orientada na direção do movimento da Terra em relação ao éter. Sendo v a velocidade da Terra em relação ao éter e V a velocidade da luz, o tempo T quando a luz se move no mesmo sentido que a Terra (ou contrariamente ao vento do éter) será

$$T = \frac{D}{V - v}$$

e o tempo T' quando a luz se move no sentido oposto ao da Terra (ou a favor do vento do éter) será

$$T' = \frac{D}{V + v}$$

Portanto, o tempo total de ida e volta será

$$T + T' = 2D\,\frac{V}{V^2 - v^2}$$

Logo em seguida, no entanto, Michelson afirmou: "Porém, se a luz tivesse se deslocado em uma direção perpendicular ao movimento da Terra, ela não seria afetada de modo nenhum e o tempo de ida e volta seria, portanto, $2D/V=2T_0$" (Michelson, 1881, p. 121). Esta é uma suposição equivocada e que levou Michelson a uma estimativa errada do efeito que seria observado.

Subtraindo o tempo de ida e volta perpendicular ao movimento ($2T_0$) do tempo de ida e volta paralelo ao movimento ($T+T'$), Michelson obteve:

$$\tau = \frac{2D}{V}\frac{v^2}{V^2-v^2}$$

que é aproximadamente igual a

$$\tau \cong 2T_0\frac{v^2}{V^2}$$

Nesse tempo τ a luz percorre uma distância $V\tau=2D(v^2/V^2)$. Essa seria a diferença entre os dois caminhos ópticos, no instrumento. Considerando apenas a velocidade orbital da Terra, $v/V=1/10.000$ e $v^2/V^2=1/100.000.000$. Considerando a distância D igual a 1200 mm (ou seja, 1,2 m) ou cerca de 2.000.000 de vezes o comprimento de onda da luz amarela, então essa diferença de caminho óptico seria de 4/100 do mesmo comprimento de onda (Michelson, 1881, p. 121).

> Se, portanto, for construído um aparelho que permita a interferência de dois feixes de luz, que se deslocaram em caminhos perpendiculares um ao outro, o feixe que caminhou na direção do movimento da Terra terá na realidade se deslocado 4/100 de comprimento de onda a mais do que teria percorrido se a Terra estivesse em repouso. O outro feixe, perpendicular ao movimento, não seria afetado.
>
> Se, agora, o aparelho for girado 90° de modo que o segundo feixe seja colocado na direção do movimento da Terra, seu caminho terá aumentado 4/100 de comprimento de onda. A mudança total da posição das franjas de interferência seria

8/100 da distância entre as franjas, uma quantidade facilmente mensurável. (Michelson, 1881, pp. 121-122)

Fig. 8. Fotografia do padrão de interferência observado pela luneta do interferômetro de Michelson (Shankland, 1964b, p. 110).

Vamos nos deter um pouco nesse comentário de que seria fácil de medir uma mudança na posição das franjas de 8/100 da distância entre elas – lembrando-nos que este foi o primeiro experimento interferométrico feito por Michelson, ou seja, ele não tinha experiência anterior em medidas desse tipo. O que, exatamente, era observado no aparelho de Michelson? Ele nunca publicou imagens do padrão de interferência observado, mas temos uma fotografia divulgada por Robert Shankland, mostrando as franjas produzidas no instrumento (Fig. 8). Na fotografia, a ponta de uma agulha servia como ponto de referência, para observar as mudanças de posição dessas franjas; a observação era puramente visual, tentando-se estimar as frações da distância entre as franjas. Nessas condições, seria realmente fácil medir um deslocamento de 8 centésimos da distância entre as franjas? Podemos duvidar dessa afirmação. Provavelmente era possível medir um deslocamento de alguns décimos, com certa segurança; mas não de alguns centésimos.

Vejamos a descrição que Michelson faz do seu aparelho (ver Fig. 8), que é um pouco diferente daquilo que encontramos em versões didáticas.

> A luz de uma lamparina *a*, fig. 1, passava através da placa de vidro plana paralela *b*, uma parte indo para o espelho *c*, e parte sendo refletida para o espelho *d*. Os espelhos *c* e *d* eram de vidro plano e prateados na superfície frontal. Deles, a luz era refletida para *b*, onde uma era refletida e a outra refratada, as duas coincidindo ao longo de *be*.
>
> A distância *bc* foi feita igual a *bd*, e uma placa de vidro *g* foi interposta no caminho do raio *bc*, para compensar a espessura do vidro *b*, que é atravessada pelo raio *bd*; os dois raios terão atravessado caminhos iguais e estão em condição de interferir. (Michelson, 1881, p. 122)

A placa de vidro compensadora *g* foi introduzida por Michelson porque, como será visto mais adiante, ele fazia suas medidas utilizando luz branca. Cada comprimento de onda da luz branca sofre um retardamento diferente em uma placa de vidro, por isso a interferência seria prejudicada se os caminhos dos dois feixes atravessassem espessuras diferentes de vidro. Quando se utiliza luz monocromática, essa placa compensadora é desnecessária.

Geralmente se afirma que o feixe luminoso incidente era dividido por um espelho semitransparente na posição *b*. Vemos que, na descrição de Michelson, ele se refere a uma placa de vidro plana com superfícies paralelas, não mencionando que era espelhada; pelo contrário, no caso dos espelhos *c* e *d*, ele se refere explicitamente ao espelhamento.

Uma placa de vidro sem espelhamento poderia ser suficiente, nesse dispositivo? Sim, poderia. Haveria uma perda da intensidade luminosa, mas esse não era um problema importante, no experimento que foi realizado.

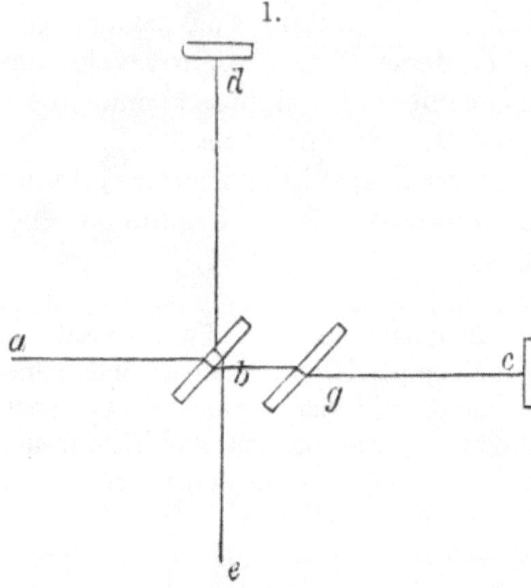

Fig. 9. Primeira figura do artigo de Michelson (1881, p. 122). Ver a descrição no texto.

No primeiro diagrama de Michelson, é um pouco estranha a representação dos raios luminosos que são refletidos ou refratados pela placa de vidro *b*, como se pode ver melhor ampliando e reconstruindo essa parte da imagem (Fig. 10). Onde é refletido o raio que vai para o espelho *d*? Na primeira superfície da placa de vidro *b*, ou na superfície de trás? O diagrama não permite esclarecer isso. Porém, a placa compensadora *g* nos dá uma importante pista. O raio que atravessa a primeira placa *b*, vai até o espelho *c* onde é refletido e retorna até *b* passando novamente por *g* atravessa três vezes a espessura do vidro. Se o objetivo da placa *g* é igualar os dois caminhos ópticos, então o raio que vai da fonte até *b*, é refletido em *b*, vai até o espelho *d* e depois retorna, também precisa atravessar três vezes a espessura do vidro. Isso só é possível se as reflexões ocorrerem na parte de trás de *b*, conforme mostrado na figura 10.

É provável que a placa de vidro fosse bastante espessa (como as de Jamin) para facilitar a separação entre os raios refletidos na primeira superfície do vidro e na segunda superfície. É possível que essa placa de vidro fosse semi-espelhada, com a superfície prateada na parte de trás, conforme descrito em quase todos os relatos didáticos. Porém, é mais plausível que não houvesse espelhamento nenhum, pois em um outro ponto do artigo, Michelson comentou: "*b* e *g* são os dois vidros planos, ambos sendo cortados da mesma peça" (Michelson, 1881, p. 122). Além disso, na imagem em perspectiva do aparelho (Fig. 11), o vidro *b* parece tão transparente quanto o vidro *g*, pois é possível ver o que está atrás deles.

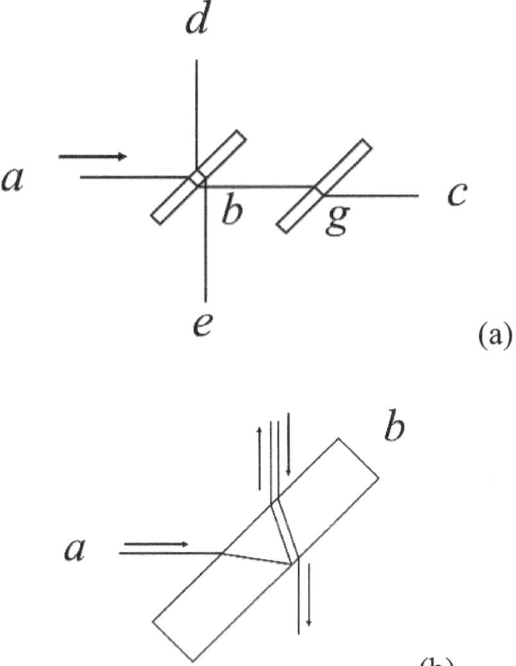

Fig. 10. (a) Detalhe ampliado e retocado da primeira figura do artigo de Michelson (1881, p. 122). (b) Caminho de um dos raios luminosos do interferômetro, passando três vezes pela placa *b*.

Embora o aparelho tenha sido construído para procurar medir efeitos do movimento da Terra através do éter, Michelson enfatizou que ele poderia ser utilizado para outras finalidades, como o dispositivo de Jamin: "Notar-se-á que este aparelho pode muito facilmente servir como um "refrator interferencial", e tem as duas vantagens importantes de pequeno custo, e ampla separação dos dois feixes" (Michelson, 1881, pp. 123-124). Talvez Michelson tivesse a esperança de que seu instrumento substituísse com vantagem o refrator interferencial de Jamin, mas o aparelho que construiu em 1881 era tão instável, como se verá a seguir, que não tinha muita utilidade. Além disso, seu custo era elevado. Não podia competir com o dispositivo já consagrado e que era fabricado e vendido em série, não apresentando problemas em seu uso.

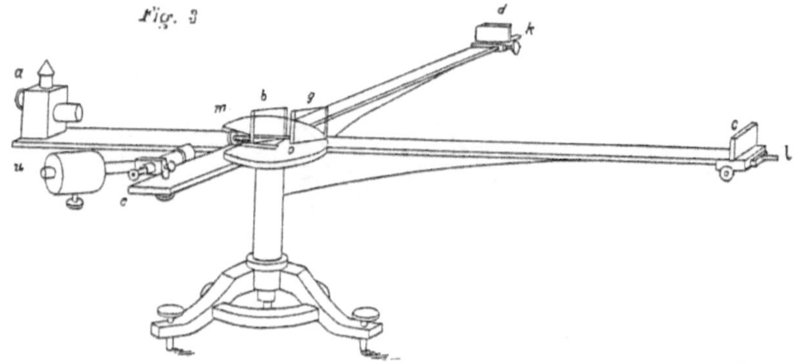

Fig. 11. Imagem em perspectiva do primeiro interferômetro de Michelson (1881, p. 124).

A estrutura do aparelho de Michelson era metálica, de latão. O cilindro *w* era um contrapeso. A distância do centro da placa de sustentação até as extremidades dos braços era de 1,2 m. Para reduzir as contrações e dilatações dos braços, Michelson os envolveu em caixas de papelão: "Nos experimentos, os braços *bd*, *bc* eram cobertos por longas caixas de papel, não representadas nas figuras, para proteger contra mudanças de temperatura. Elas eram suportadas nas extremidades externas pelos pinos *k*, *l* e na outra pela placa circular *o*" (Michelson, 1881, p. 122). É pouco provável que esse tipo de isolamento pudesse impedir pequenas variações de temperatura – e esse era um grave problema, como o próprio Michelson reconheceu:

A principal dificuldade que se temia para fazer esses experimentos era proveniente de mudanças de temperatura dos dois braços do instrumento. Sendo eles de latão, cujo coeficiente de expansão é 0,000019 e tendo um comprimento de cerca de 1.000 mm ou 1.700.000 comprimentos de onda, se um dos braços tiver uma temperatura de apenas um centésimo de grau maior do que o outro, as franjas sofreriam por isso um deslocamento três vezes maior do que aquele que resultaria da rotação. Por outro lado, como as mudanças de temperatura são independentes da direção dos braços, se essas mudanças não forem muito grandes, seus efeitos podem ser eliminados. (Michelson, 1881, p. 125)

Michelson deve ter percebido que uma das fontes de calor que poderia afetar o experimento estava no próprio aparelho: a fonte de luz (uma lamparina, provavelmente contendo uma vela) que estava mais próxima de um dos braços do aparelho do que do outro.

Embora reconhecesse a possibilidade de variações de temperatura como fonte de perturbação, Michelson não testou isso. Poderia ter testado sua existência mantendo o aparelho parado (sem girar) e observando se surgia alguma variação gradual da posição das franjas de interferência depois de alguns minutos. Como não foi feito esse tipo de teste, é impossível saber até que ponto as variações de temperatura afetaram as medidas.

Outro problema era a própria deformação dos braços do instrumento, que ocorria principalmente quando ele era girado:

> [...] o deslocamento por causa da flexão dos braços durante a rotação era tão considerável que o instrumento precisou ser devolvido ao fabricante com instruções para fazê-lo girar tão facilmente quanto possível. A partir das tabelas, ver-se-á que, apesar dessa precaução, era observado um grande deslocamento em uma direção particular. Foi provado que isso era devido totalmente ao suporte, girando o mesmo cm 90°, quando a direção em que o deslocamento aparecia também mudou 90°. (Michelson, 1881, p. 125)

O maior problema que foi observado no instrumento era que seus braços vibravam com facilidade, destruindo a interferência e impedindo as observações:

> O aparelho, conforme descrito acima, foi construído por Schmidt & Haensch, de Berlim. Foi colocado sobre um pilar de pedra no Instituto de Física, em Berlim. A primeira observação mostrou, no entanto, que pela extrema sensibilidade do instrumento a vibrações, o trabalho não poderia ser realizado durante o dia. O experimento foi depois tentado à noite. Quando os espelhos eram colocados a meia distância nos braços, as franjas eram visíveis, mas sua posição não podia ser medida até depois de meia-noite, e mesmo então apenas a intervalos. Quando os espelhos eram movidos até as extremidades das hastes, as franjas só eram visíveis ocasionalmente. (Michelson, 1881, p. 124)

Concluindo que era impossível fazer as observações em Berlim, Michelson conseguiu – com a ajuda de Helmholtz – autorização para levar seu instrumento até o Observatório Astrofísico de Potsdam. Lá, em uma sala no porão, sob o telescópio equatorial, havia estabilidade suficiente para fazer as medidas. Porém, o instrumento era tão sensível que as batidas dos cascos dos cavalos na rua, a 100 metros de distância, faziam as franjas desaparecerem totalmente (Michelson, 1881, p. 124).

Na construção do instrumento, Michelson havia incluído dentro da luneta um micrômetro, com o qual pretendia medir os deslocamentos das franjas de interferência. No entanto, quando tentou usar o micrômetro, viu que isso produzia um deslocamento das franjas e teve que alterar, então, o modo de fazer as medidas:

> Por causa da sensibilidade do instrumento a vibrações, o parafuso micrométrico do telescópio de observação não pôde ser utilizado, e uma escala marcada em vidro foi substituída em seu lugar. A distância entre as franjas cobria três divisões da escala e a posição do centro da franja escura podia ser estimada em quartos de uma divisão, de modo que as

estimativas individuais estavam corretas dentro de 1/12 [de franja]. (Michelson, 1881, p. 125)

Nesta parte da descrição fica muito claro que Michelson não era capaz de estimar deslocamentos de centésimos de franja e sim de aproximadamente um décimo de franja.

Michelson descreveu que, às vezes, a posição das franjas mudava bruscamente:

> Ocorria frequentemente que por alguma causa leve (entre outras, o salto da lamparina de estanho pelo seu aquecimento) as franjas bruscamente mudavam sua posição; nesse caso, a série de observações era rejeitada e era iniciada uma nova série. (Michelson, 1881, pp. 125-126)

Nas descrições didáticas do interferômetro de Michelson sempre se supõe a utilização de luz monocromática, que permite obter franjas de interferência nítidas em grande quantidade. Porém, Michelson privilegiou o uso de luz branca. Ele assim descreve o ajuste do aparelho:

> Os espelhos c e d eram movidos tão próximo quanto possível da placa b e, por meio do parafuso m as distâncias entre um ponto da superfície de b e os dois espelhos eram tornadas aproximadamente iguais, usando um compasso. Sendo a lamparina acesa, um pequeno orifício feito em um anteparo diante dela servia como um ponto de luz; e a placa b, que era ajustável segundo dois planos, era movida até que as duas imagens do ponto de luz, refletidas pelos espelhos, coincidissem. Então, uma chama de sódio colocada em a produzia imediatamente as faixas de interferência. Elas podiam então ser alteradas em largura, posição ou direção por um leve movimento da placa b e, quando eram de largura conveniente e nitidez máxima, a chama de sódio era removida e a lamparina colocada novamente em seu lugar. O parafuso era então lentamente girado até que as faixas reaparecessem. Elas então eram coloridas, é claro, exceto a faixa central, que era quase negra. O telescópio de observação precisava ser focalizado na

superfície do espelho *c*, para que as franjas fossem mais nítidas. (Michelson, 1881, pp. 122-123)

Se ele utilizava a luz de sódio (quase monocromática) para
fazer os ajustes, por que motivo depois usava a lamparina com
luz branca? Ele não explicou. Provavelmente era porque, com a
luz branca, podia encontrar a faixa central escura e assim confirmar o alinhamento do instrumento; com luz monocromática,
é praticamente impossível saber onde está o centro do padrão de
interferência.

No início do seu artigo, como já vimos, Michelson havia calculado que haveria uma mudança na posição das franjas de
8/100 da distância entre elas, levando em conta o movimento
orbital da Terra – e esse é o cálculo que é apresentado em quase
todas as descrições de seu trabalho. Porém, mais adiante, ele fez
um cálculo diferente do movimento da Terra, levando em conta
também o deslocamento do sistema solar pelo espaço e a inclinação do movimento de translação em relação ao plano equatorial da Terra:

> Nesta época do ano, início de Abril, o movimento da Terra
> em sua órbita coincide aproximadamente em longitude com a
> direção estimada do movimento do sistema solar – a saber,
> em direção à constelação de Hércules. A direção desse movi-
> mento está inclinada em um ângulo de cerca de +26° em rela-
> ção ao plano do equador e, nesta época do ano, a tangente do
> movimento da Terra em sua órbita faz um ângulo de –23½°
> com o plano do equador; portanto, podemos dizer que o [mo-
> vimento] resultante estaria dentro da faixa de 25° do equador.
> Quando mais próximas entre si forem as grandezas das
> duas componentes, mais sua resultante coincidirá com o plano
> do equador.
> Neste caso, se o aparelho for colocado de tal modo que os
> braços apontam para o norte e para leste ao meio-dia, o braço
> que aponta para leste coincidiria com o movimento resultante
> e o outro seria perpendicular. Portanto, se nesse momento o
> aparelho for girado 90°, o deslocamento das franjas deveria
> ser o dobro de 8/100, ou 0,16 da distância entre as franjas.

Se, por outro lado, o movimento próprio do Sol for pequeno comparado ao movimento da Terra, o deslocamento deveria ser 6/10 de 0,08, ou 0,048. Tomando a média desses dois números como mais provável, podemos dizer que o deslocamento a ser buscado não está longe de um décimo da distância entre as franjas. (Michelson, 1881, pp. 124-125)

Vamos procurar entender essas estimativas. Na época, aceitava-se que o sistema solar se movia na direção da constelação de Hércules, com base no estudo das variações de posição aparente das estrelas dessa constelação, ao longo do tempo. Para simplificar, podemos dizer que a constelação parecia "crescer" ao longo das décadas. Vários astrônomos estudaram o efeito, tentando determinar tanto a direção exata do movimento do sistema solar quanto sua velocidade. A melhor estimativa da época era a de que "[...] a velocidade do Sol em direção à [estrela] π de Hércules era de 154 milhões de milhas por ano, ou cerca de 400.000 milhas por dia. Isso não é mais do que um quarto da velocidade da Terra em seu movimento em torno do Sol" (Lynn, 1875, p. 16).

Assim, de acordo com as estimativas da época, a velocidade do sistema solar seria muito menor do que a velocidade orbital da Terra, ao contrário da suposição feita por Michelson para gerar sua previsão mais otimista sobre o que seria observado (um deslocamento de 0,16 da distância entre as franjas).

Por outro lado, a previsão mais pessimista de Michelson (um deslocamento de 0,048 da distância entre as franjas) levou em conta apenas a velocidade orbital da Terra e a inclinação entre o plano do equador e o plano orbital. Levando em conta que essa inclinação da eclíptica era de 23½°, ele introduziu um fator de correção de 6/10, que não consegui compreender. Talvez ele tenha calculado a componente da velocidade orbital da Terra no plano do equador, multiplicando pelo cosseno do ângulo; e elevando esse fator ao quadrado, já que o efeito é de segunda ordem. Porém, nesse caso, a correção seria um fator de 0,84 e não de 0,6.

Roberto de Andrade Martins

Por fim, Michelson fez uma média aproximada das previsões otimista e pessimista, obtendo uma previsão de deslocamento de cerca de um décimo de franja. Como, na época, a estimativa de velocidade do sistema solar era de apenas um quarto da velocidade orbital da Terra, como foi indicado acima, a estimativa otimista não estava de acordo com os conhecimentos existentes e não poderia ser levada em conta. Assim, Michelson deveria ter adotado a previsão pessimista de um deslocamento de 0,048 da distância entre as franjas, que era *aproximadamente a metade daquilo que ele poderia detectar*. Mas, se usasse essa previsão, ele deveria ter simplesmente concluído que não era possível medir nada e teria que desistir do experimento.

Vejamos, agora, as medidas obtidas por Michelson. Ele começava sempre as medidas com a luneta apontando na direção norte e, então, ia girando o instrumento em intervalos de 45° e fazendo novas observações. O artigo contém a descrição de quatro séries de observações, cada uma delas com cinco rotações do aparelho. Ou seja: ao todo, ele fez observações de 20 rotações. Cada medida indica, em frações de 1/12 da distância entre as franjas, qual o deslocamento observado para o centro da franja escura central. Vejamos a primeira série de medidas (Fig. 12).

	N.	N.E.	E.	S.E.	S.	S.W.	W.	NW.	Remarks.
1st revolution	0·0	0·0	0·0	−8·0	−1·0	−1·0	−2·0	−3·0	Series 1, footscrew
2d "	16·0	16·0	16·0	9·0	16·0	16·0	15·0	13·0	marked B, toward
3d "	17·0	17·0	17·0	10·0	17·0	16·0	16·0	17·0	East.
4th "	15·0	15·0	15·0	8·0	14·5	14·5	14·5	14·0	
5th "	13·5	13·5	13·5	5·0	12·0	13·0	13·0	13·0	
	61·5	61·5	61·5	*x*	58·5	58·5	56·5	54·0	
S.	58·5	W.	56·5		N.E	61·5	S.E.	60·0	
	120·0		118·0			120·0		114·0	
	118·0					114·0			
Excess,	+2·0					+6·0			

Fig. 12. Tabela de Michelson com a primeira das quatro séries de medidas que ele realizou (Michelson, 1881, p. 126). Cada uma das medidas deve ser interpretada como um múltiplo de 1/12 da distância entre as franjas de interferência.

184

Em primeiro lugar, devemos notar que, nessa primeira série, sempre que a direção de observação era sudoeste (S.E.), havia uma mudança brusca na posição da franja central, um fato que ele havia atribuído a problemas de construção da base do aparelho. Por isso, ele desprezou as medidas nessa posição, para esta série. Outro ponto que devemos notar é que, na quarta e na quinta voltas, Michelson fez estimativas de metade de 1/12 da distância entre as franjas – algo que estava além de sua possibilidade de observação. Deixando de lado esses dois problemas, observamos que há deslocamentos mais ou menos ao acaso de uma, duas e até três unidades de medida (1/12 da distância entre as franjas). Essas flutuações indicam que ele realmente não tinha condições de medir com segurança nenhum deslocamento menor do que 1/12 da distância entre as franjas e que mesmo a observação de um deslocamento de 1/12 de franja era insegura.

As franjas deveriam ter iguais deslocamentos quando a aparelhagem estava em posições com diferença de 180° – por exemplo, apontando para o norte ou para o sul. Porém, isso não acontecia. A soma de todos os deslocamentos na posição norte deu o valor de 61,5 e a soma de todos os deslocamentos na posição sul foi de 58,5. Para o leste, a soma deu 61,5 e, para oeste, 56,5. É evidente que essas diferenças são devidas a oscilações aleatórias da posição das franjas – ou erros das medidas. Podemos dizer que essas comparações de direções opostas proporcionam um teste da confiabilidade do aparelho e do processo de observação e que elas são suficientes para indicar que o instrumento não era capaz de medir nenhum efeito que fosse igual ou inferior a 1/12 da distância entre as franjas. Mesmo com a previsão "média" de Michelson (de um décimo de franja), os desvios são da mesma ordem daquilo que se quer medir e, portanto, o instrumento era inadequado. Usando a previsão "pessimista" (0,048 de franja), percebe-se que era impossível detectar qualquer efeito com esse aparelho. No entanto, Michelson não admitiu esse problema central de seu experimento.

Como os desvios medidos por Michelson parecem aleatórios, podemos esperar que as mudanças da posição das franjas quando o aparelho sofre uma rotação de 90° devem ser, em média, nulas. E isso é o que se pode observar. No entanto, Michelson procura fazer cálculos e correções detalhados, para tentar concluir algum valor numérico de seu experimento. Não vamos aqui descrever todos esses passos e sim, apenas, indicar os seus números finais. Quando o aparelho era girado da posição norte-sul para a posição leste-oeste, o deslocamento médio era de 0,022 franjas; e quando era girado da posição nordeste-sudoeste para a posição noroeste-sudeste, o deslocamento médio era de 0,034 franjas (Michelson, 1881, p. 127). Porém, tendo em vista os desvios observacionais, esses valores não são significativos e, como o próprio Michelson comentou: "O primeiro é pequeno demais para ser considerado como mostrando um deslocamento devido à simples mudanças de direção; e o último deveria ter sido zero" (*ibid.*).

Michelson apresenta também, no artigo, um gráfico comparando a previsão teórica (supondo que o deslocamento seria de um décimo de franja) com as observações (Fig. 13).

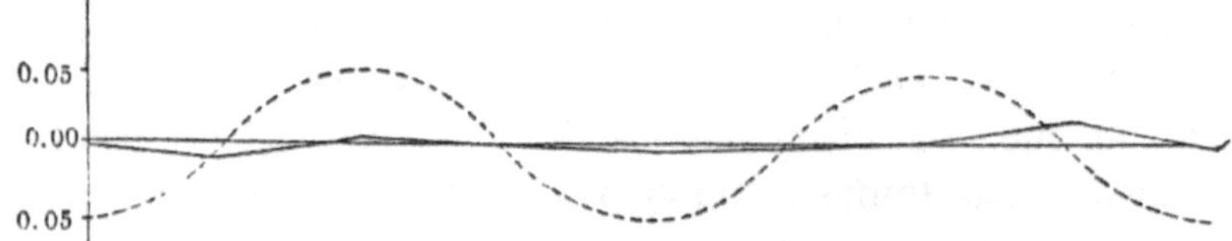

Fig. 13. Gráfico de Michelson comparando a previsão teórica (linha tracejada) com os dados experimentais (Michelson, 1881, p. 128).

A partir de sua análise, Michelson concluiu:

> A interpretação desses resultados é que não há deslocamento das faixas de interferência. Mostrou-se assim que está incorreto o resultado da hipótese de um éter estacionário e segue-se a conclusão necessária de que a hipótese é errônea. (Michelson, 1881, p. 128)

Bem, a conclusão de Michelson não é adequada. O que seria possível concluir é que o instrumento utilizado não era suficientemente sensível para detectar aquilo que se pretendia medir. Porém, vejamos a continuação da conclusão de Michelson:

> Esta conclusão contradiz diretamente a explicação que foi geralmente aceita para o fenômeno de aberração e que pressupõe que a Terra se move através do éter, enquanto este último permanece em repouso.
>
> Pode não ser inconveniente adicionar uma citação de um artigo publicado por Stokes no *Philosophical Magazine* em 1846.
>
> "Todos esses resultados seguiriam imediatamente da teoria de aberração que eu propus no número de Julho desta revista. E não fui capaz de obter nenhum resultado que permitisse a comparação com experimentos, que fosse diferente conforme a teoria adotada. Isso proporciona um curioso exemplo de duas teorias totalmente diferentes que correm em paralelo entre si na explicação dos fenômenos. Não suponho que muitos estariam dispostos a defender a teoria de Fresnel, quando se mostrou que ela pode ser dispensada, assim como nós não estaríamos dispostos a acreditar, sem boa evidência, que o éter se move bastante livremente através da massa sólida da Terra. No entanto, teria sido satisfatório se tivesse sido possível testar as duas teorias por algum experimento decisivo." (Michelson, 1881, pp. 128-129)

O primeiro parágrafo repete o que Michelson havia exposto a Graham Bell na sua carta de 17 de abril de 1881. Provavelmente ele foi alertado por Helmholtz a respeito da teoria de Stokes, que também permitia explicar o fenômeno de aberração e, por isso, adicionou o trecho seguinte. A conclusão implícita do artigo de Michelson é a de que a teoria de Fresnel está errada e que seu experimento permitiu decidir a favor da teoria de Stokes. De qualquer forma, deve ficar claro que, ao contrário do que aparece em versões populares do trabalho de Michelson, ele *não concluiu* que o éter não existe.

8. A FRAGILIDADE DO EXPERIMENTO DE MICHELSON

Como já foi mencionado, em fevereiro de 1881, quando já estava terminando o seu período de afastamento de seis meses, Michelson solicitou e conseguiu mais seis meses de licença. Em março, recebeu uma oferta da *Case School of Applied Science* para assumir a posição de professor de Física (Weinstein, 2015, p. 103; Staley, 2008, p. 53), como ele mencionou em sua carta para Graham Bell, em abril. No entanto, ele só iria assumir esse cargo em setembro de 1882, ou seja, ainda não precisava retornar aos Estados Unidos. A boa notícia foi que lhe ofereceram recursos para continuar seus estudos na Europa e também US$7,500.00 para comprar equipamentos para seu futuro laboratório (Jaffe, 1960, pp. 58-60; Staley, 2008, p. 54).[5] Com essa nova situação, ele resolveu renunciar à sua posição da Marinha.

Michelson concluiu a realização de seu experimento em abril e redigiu o artigo relatando seu trabalho, que enviou para o *American Journal of Science*. Considerou concluído seu estágio com Helmholtz em Berlim e passou o período de verão em Heidelberg, onde assistiu palestras de Robert Wilhelm Eberhard von Bunsen (1811-1899) sobre espectroscopia e de Georg Hermann Quincke (1834-1924) sobre óptica (Shankland, 1964a, p. 21). Quincke era um grande especialista em fenômenos de interferência com luz branca e tinha aperfeiçoado o interferômetro de Jamin aplicando prata em um dos lados das placas de vidro (*ibid.*). É bem possível que a interação de Michelson com Quincke tenha sido a inspiração para o uso de placas de vidro semiespelhadas no segundo tipo de interferômetro que construiu posteriormente, com Morley.

Enquanto estava em Heidelberg, Michelson escreveu um artigo teórico analisando a formação das franjas de interferência em seu aparelho (Michelson, 1882a). Wilhelm Feussner tinha acabado de escrever um artigo a respeito da geometria da

---

[5] O valor de 7.500 dólares em 1881 equivale, em poder aquisitivo, a cerca de 220 mil dólares de 2023.

interferência em películas finas, no qual indicava que as franjas produzidas eram retas (Feussner, 1881). Porém, no caso do aparelho de Michelson, as franjas eram em geral curvas, somente a franja central produzida pela luz branca era reta. Assim, ele procurou explicar essa peculiaridade observada em seu instrumento. Provavelmente esse artigo contou com a colaboração de Quincke, embora Michelson não indique isso no seu texto.

No outono de 1881, Michelson se mudou para Paris, para prosseguir seus estudos no *Collège de France* e na *École Polytechnique*. Foi lá que ele passou o maior período de sua viagem no exterior, permanecendo até o retorno à América do Norte, em junho de 1882 (Weinstein, 2015, p. 103). A França tinha o maior número de pesquisadores que haviam se dedicado à medida da velocidade da luz e aos testes de detecção do éter; por isso, Michelson encontrou pessoas interessadas em seu trabalho. Porém, encontrou três problemas. Em primeiro lugar, ao tentar mostrar o funcionamento do seu aparelho em Paris, a pedido de Alfred Cornu (1841-1902), não conseguia produzir as franjas de interferência. Provavelmente o alinhamento dos espelhos havia sido prejudicado nas viagens. Apenas depois de quatro dias de tentativas constantes o instrumento funcionou. Um segundo problema foi que os franceses estavam convencidos de que a teoria de Fresnel era correta, já que havia sido confirmada pelo experimento de Fizeau de arrastamento parcial do éter pela água em movimento. Como Michelson afirmava que havia provado que a teoria estava errada, encontrou uma grande resistência e descrédito. Em terceiro lugar – e este provavelmente foi o pior pesadelo dele – foi criticado por Alfred Potier (1840-1905), que assinalou o erro teórico da análise teórica do interferômetro: era preciso levar em conta a variação do tempo de ida e volta do feixe perpendicular ao vento de éter. Essa variação não é nula, como Michelson pensava. Não se sabe exatamente qual o cálculo que Potier apresentou, mas vamos analisar a seguir, de forma geométrica, o problema teórico de Michelson.

O modo mais simples de estimar os tempos de ida e volta dos dois feixes luminosos, tanto na direção do movimento do éter quanto perpendicularmente a esse movimento, é utilizar um referencial parado em relação ao éter, considerando então o interferômetro em movimento. Vamos desprezar as espessuras do divisor de feixe e da placa adicional compensadora, nessa análise (Fig. 14).

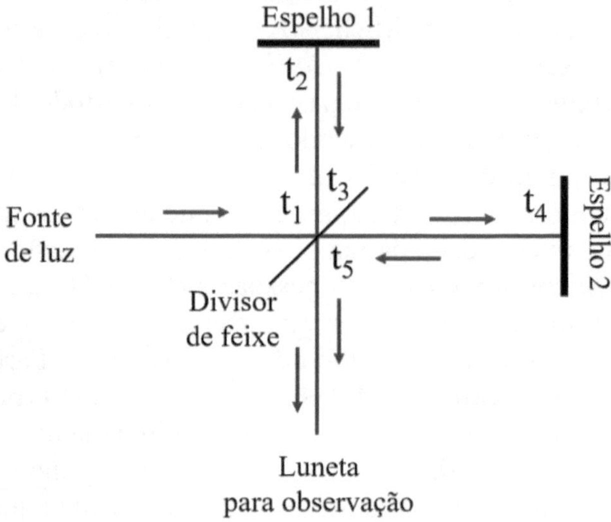

Fig. 14. Esquema do interferômetro de Michelson, para análise quantitativa. A luz emitida pela fonte atinge o divisor de feixe no instante t_1. O feixe desviado perpendicularmente atinge o espelho 1 no instante t_2 e retorna ao divisor de feixe no instante t_3. O feixe que passa em linha reta pelo divisor de feixe atinge o espelho 2 no instante t_4 e retorna ao divisor de feixe no instante t_5. O efeito que se quer observar depende da diferença entre t_3 e t_5.

8.1 O percurso longitudinal

Suponhamos que o interferômetro está se movendo em relação ao éter da direção do braço que liga a fonte de luz ao espelho 2; e que sua velocidade em relação ao éter é v. Vejamos, inicialmente, o cálculo do tempo utilizado pelo feixe que caminha paralelamente ao movimento do éter (Fig. 15). Enquanto a luz se desloca do divisor de feixe até o espelho 2, este espelho se move uma distância $v(t_4-t_1)$ e, nesse tempo, a luz se desloca uma distância $c(t_4-t_1) = D + v(t_4-t_1)$, portanto $(t_4-t_1) = D/(c-v)$. Depois, enquanto a luz volta do espelho 2 até o divisor de feixe, esse divisor se desloca uma distância $v(t_5-t_4)$ e, nesse tempo, a luz se desloca uma distância $c(t_5-t_4) = D - v(t_5-t_4)$. Portanto, $(t_5-t_4) = D/(c+v)$. Somando os dois intervalos de tempo, temos que o tempo de ida e volta da luz (t_5-t_1), na direção longitudinal, é dado por $(t_5-t_1) = (2Dc)/(c^2-v^2)$. Como v é muito menor do que c, podemos utilizar a aproximação:

$$t_5 - t_1 \cong \frac{2D}{c}(1 + v^2/c^2)$$

Este é o mesmo resultado obtido por Michelson, em 1881.

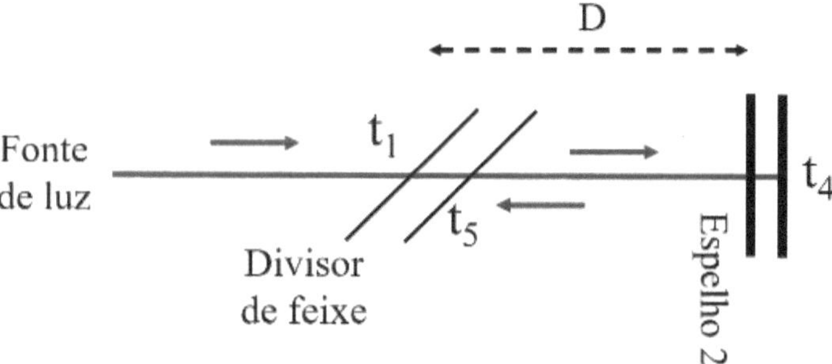

Fig. 15. Esquema do braço longitudinal do interferômetro de Michelson. A luz emitida pela fonte atinge o divisor de feixe no instante t_1. O feixe que passa em linha reta pelo divisor de feixe atinge o espelho 2 no instante t_4 e retorna ao divisor de feixe no instante t_5. Durante esse tempo, o aparelho está se deslocando para a direita, com velocidade v em relação ao éter.

O problema da dedução apresentada por Michelson em 1881 era que ele não havia levado em conta o deslocamento do aparelho enquanto a luz vai até o espelho 1 e volta (deslocamento transversal ao movimento). Vamos primeiramente mostrar a análise mais comum, que é apresentada nos livros didáticos sobre relatividade (Fig. 16).

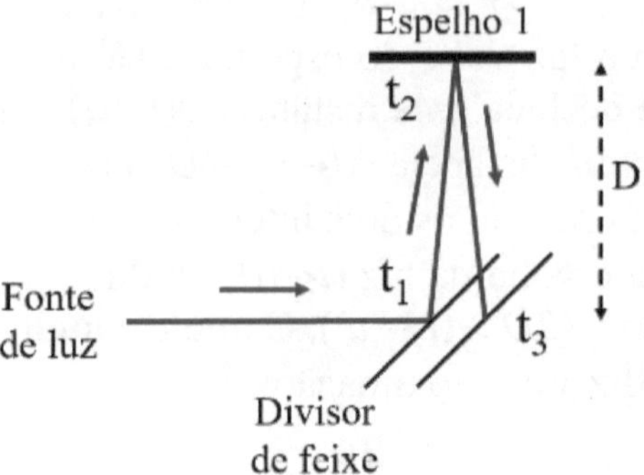

Fig. 16. Esquema do braço transversal do interferômetro de Michelson, caso A. A luz emitida pela fonte atinge o divisor de feixe no instante t_1. O feixe é desviado para o espelho 1, que ele atinge no instante t_2 e retorna ao divisor de feixe no instante t_3. Durante esse tempo, o aparelho está se deslocando para a direita, com velocidade v em relação ao éter. Portanto, o raio luminoso não atinge o vidro do divisor de feixe no local onde ele estava e sim em uma nova posição. A suposição geométrica usual é a de que o triângulo percorrido pela luz entre esses instantes é isósceles.

8.2 O percurso transversal – configuração A

Se o caminho percorrido no braço transversal do interferômetro for um triângulo isósceles (ver Fig. 16), ou seja, se houve uma simetria nos caminhos de ida e volta, então as distâncias percorridas pela luz entre o divisor de feixe e o espelho são iguais, na ida e na volta. A distância d percorrida nesse tempo pelo divisor de feixe é igual a $d= v(t_3-t_1)$. Os dois trechos percorridos pela luz, nesse mesmo tempo, são iguais entre si e cada um deles é igual a $D'=c(t_2-t_1)= c(t_3-t_1)/2$. Dividindo ao meio o triângulo isósceles temos dois triângulos retângulos, onde o quadrado da hipotenusa D' é igual à soma dos quadrados dos catetos D e $d/2$. Portanto,

$$\left[\frac{c(t_3 - t_1)}{2}\right]^2 = D^2 + \left[\frac{v(t_3 - t_1)}{2}\right]^2$$

Daí podemos deduzir o valor de (t_3-t_1), que será:

$$t_3 - t_1 = \frac{2D}{c\sqrt{1 - v^2/c^2}}$$

No artigo de Michelson de 1881 ele havia suposto que esse tempo era igual a $2D/c$. Como a velocidade v é muito menor do que c, podemos fazer a aproximação

$$t_3 - t_1 \cong \frac{2D}{c}(1 + v^2/2c^2)$$

O tempo de ida e volta no braço longitudinal é maior do que no braço transversal. A diferença entre os dois tempos será igual a t_5–t_3

$$t_5 - t_3 \cong \frac{2D}{c}(v^2/2c^2)$$

Esse valor é a *metade* do que havia sido estimado por Michelson em 1881 e é o valor usualmente aceito, hoje em dia.

8.3 O percurso transversal – configuração B

Porém, o cálculo do tempo gasto pela luz no movimento transversal depende, de modo crucial, do percurso geométrico do raio. A figura 16 mostra a configuração que se costuma assumir. Há, no entanto, outras possibilidades como, por exemplo, a mostrada na Fig. 17.

Suponhamos que o feixe luminoso é refletido, no divisor de feixe, formando um ângulo de exatamente 90° com a direção do feixe incidente. Nesse caso, os percursos de ida e volta da luz entre o divisor de feixe e o espelho 1 não serão idênticos. O percurso de ida terá um comprimento igual a D mas o de volta será D'' que será a hipotenusa do triângulo cujos catetos são D e d, portanto $D''^2 = D^2+d^2$. Nesta nova situação, temos $c(t_3$–$t_1) = D+D''$ e $v(t_3$–$t_1) = d$. Fazendo as substituições e fazendo simplificações, obtemos:

$$t_3 - t_1 = \frac{2Dc}{c^2 - v^2} \cong \frac{2D}{c}(1 + v^2/c^2)$$

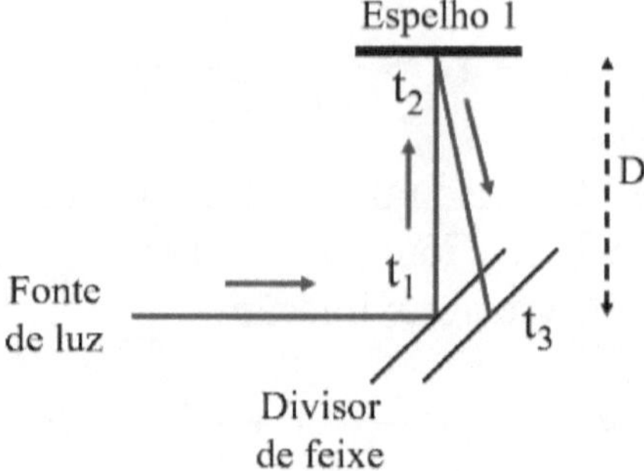

Fig. 17. Esquema do braço transversal do interferômetro de Michelson, caso B. A luz emitida pela fonte atinge o divisor de feixe no instante t_1. O feixe é desviado para o espelho 1, que ele atinge no instante t_2 e retorna ao divisor de feixe no instante t_3. Durante esse tempo, o aparelho está se deslocando para a direita, com velocidade v em relação ao éter. Portanto, o raio luminoso não atinge o vidro do divisor de feixe no local onde ele estava e sim em uma nova posição. A suposição geométrica, neste segundo caso, é a de que o triângulo percorrido pela luz entre esses instantes é retângulo, ou seja, que a luz é refletida em ângulo reto pelo divisor de feixe.

Esse novo cálculo leva a um resultado que é exatamente igual o valor do tempo de ida e volta no braço longitudinal, ou seja, $(t_3-t_1)= (t_5-t_1)$. Portanto, se for utilizada essa nova geometria do raio luminoso para fazer os cálculos, não aconteceria nada quando o interferômetro fosse girado 90°.

Como já foi mencionado, Potier criticou o cálculo de Michelson afirmando que se deveria esperar um efeito nulo, quando o aparelho fosse girado de 90°. Pode ser que ele tenha imaginado uma situação como o caso B, que acabamos de descrever. Mas isso é apenas uma conjetura. Não conhecemos, realmente, a análise que ele realizou.

8.4 Complexidade da análise detalhada

Indiquei acima apenas um aspecto muito simples envolvendo problemas de compreensão da trajetória dos raios luminosos no aparelho de Michelson. A situação é muito mais complicada, no entanto. Sob o ponto de vista da teoria do éter estacionário de Fresnel, é necessário levar em conta que a reflexão da luz por um espelho, quando esse espelho se desloca através do éter, *não obedece* à lei comum de reflexão. Além disso, os ângulos de posicionamento dos dois espelhos e do divisor de feixe não eram determinados experimentalmente de forma exata e, conforme ligeiras mudanças nesses ângulos, surgem efeitos diferentes. O alinhamento não era feito de forma mecânica e sim através de observação do padrão de interferência, utilizando inicialmente luz de sódio, como foi descrito; e, depois, com luz branca. Mas isso não garante que exista nem perpendicularidade entre os dois espelhos, nem que o divisor de feixe esteja em um ângulo de 45°. Desde o início do século XX, quando o experimento de Michelson (e, principalmente, sua repetição com Morley) se tornou de extrema importância, por causa da teoria da relatividade, houve um enorme número de artigos discutindo problemas técnicos detalhados, como os indicados acima. Para quem quiser se informar sobre esse tipo de questões, recomendamos alguns trabalhos mais recentes (Capria & Pambianco, 1994; Brown, 2001; De Miranda Filho, Andion & Da Costa, 2002).

9. O ARTIGO DE MICHELSON NA *ACADÉMIE DES SCIENCES*

No dia 20 de fevereiro de 1882, alguns meses depois da chegada de Michelson a Paris, Cornu apresentou à Academia de Ciências uma comunicação resumida da pesquisa que havia sido realizada na Alemanha (Weinstein, 2015, p. 104). Apenas os membros da Academia tinham o direito de apresentar comunicações; quando eles apresentavam pesquisas de outras pessoas, isso significava que estavam avalizando aquele trabalho.

Porém, a versão resumida apresentada e publicada na revista da Academia de Ciências tem três importantes pontos de diferença em relação ao artigo original de Michelson: (1) uma maior valorização do trabalho de Fresnel; (2) uma correção dos cálculos de 1881, mencionando Alfred Potier; e (3) considerações sobre as diversas formas da interferência observada no aparelho.

O primeiro parágrafo desse artigo afirma:

A teoria ondulatória exige a existência de um meio que é chamado de *éter*, cujas vibrações são a causa de todos os fenômenos da óptica e que preenche todo o espaço. Segundo a teoria de Fresnel e de acordo com as belas experiências do Sr. Fizeau, o éter no interior dos meios materiais é arrastado com uma velocidade que varia com a natureza do corpo. Em particular, para a atmosfera, esse movimento é muito pequeno; na discussão a seguir, ele será considera como desprezível. (Michelson, 1882b, p. 520)

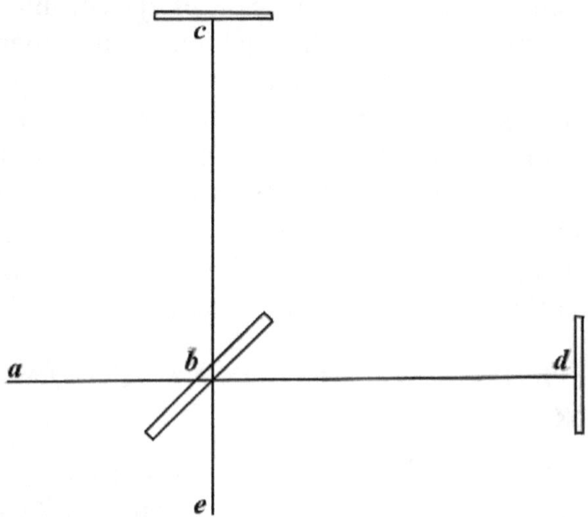

Fig. 18. Esquema do interferômetro de Michelson, no artigo publicado na Academia de Ciências de Paris (Michelson, 1882b, p. 521). Imagem retocada.

Vemos que, logo no início, aparece uma afirmação muito forte de que a existência do éter é *necessária*, na teoria ondulatória da luz. Em seguida, ele se refere à teoria de Fresnel e cita os experimentos de Fizeau que confirmaram o arrastamento parcial da luz pela água em movimento – e que não são mencionados no artigo de 1881. Ou seja: nos meses em que permaneceu na França, Michelson parece ter adquirido maior respeito pela teoria de Fresnel. Por outro lado, o comentário que aparecia no final do artigo de 1881, referindo-se ao trabalho de Stokes, simplesmente desapareceu na versão da revista da Academia de Ciência.

Ao descrever o aparelho, Michelson novamente se refere a uma placa de vidro e não a um espelho semi-transparente como divisor de feixe. No entanto, a placa compensadora não aparece no diagrama simplificado que aparece no artigo (Fig. 18), embora seja mencionada posteriormente.

Um segundo ponto novo muito importante, no artigo de Paris, é que Michelson leva em conta o efeito do movimento através do éter no braço transversal bc do aparelho.

> Se supomos bd paralelo à direção do movimento da Terra, o raio bc não será refletido numa direção bc perpendicular a bd, mas a nova direção fará com bd um pequeno ângulo θ, cuja tangente é v/V.
>
> Coloquemos $bc = bd = D$ e $v/V = r$; encontramos, desprezando os termos de r^3, que a distância percorrida pelo raio bc é igual a $2D(1+r^2/2)$ e a distância percorrida por bd é $2D(1+r^2)$. A diferença é $\Delta = Dr^2$. (Michelson, 1882b, p. 521)

O valor dessa diferença entre os dois caminhos ópticos, $\Delta = D(v/V)^2$, é a *metade* do valor que havia sido obtido por Michelson em 1881. Em uma nota de rodapé em que se refere ao seu artigo original, Michelson comentou: "Nessa Memória, eu esqueci do efeito do movimento sobre o raio bc. A correção me foi apontada pelo Sr. Potier" (Michelson, 1882b, p. 522, nota 1). Porém, como já foi indicado, Potier acreditava que o efeito seria nulo.

Depois de deduzir as equações, utilizando o valor aproximado da velocidade orbital da Terra, Michelson indica que a diferença de caminho óptico Δ é 2 centésimos do comprimento de onda da luz amarela e que, quando se gira o aparelho trocando as direções dos dois raios o deslocamento total será de 0,4 da distância entre as franjas, "quantidade fácil de medir" (Michelson, 1882b, p. 521). Evidentemente houve um equívoco, pois o valor correto seria 0,04 da distância entre as franjas e essa variação não é "fácil de medir" de modo algum. Logo em seguida, ele comentou: "Por um artifício que não indicarei aqui, pode-se ainda dobrar a quantidade a ser medida" (*ibid.*). O único modo de dobrar o efeito, sem aumenta o tamanho do aparelho, é fazer com que a luz seja refletida e passe duas vezes por cada braço. No experimento que realizou com Morley, em 1887, Michelson introduziu essa técnica de multiplicação do efeito. Porém, em 1882, não se sabe se ele já havia imaginado isso.

Como o artigo não descreve o modo pelo qual media o deslocamento das franjas, o leitor desse texto não pode ter ideia sobre a sensibilidade do aparelho. Michelson indica que o efeito esperado (levando em conta o movimento do Sol) seria um deslocamento de 0,050 franjas e que o efeito obtido em uma direção foi de 0,004, enquanto em uma direção formando 45° com esta, o efeito foi de -0,015 (Michelson, 1882b, p. 522). Não esclarece, no entanto, que o menor deslocamento das franjas que conseguia estimar era de 0,1 e que esse valor era o dobro do efeito esperado, levando em conta a correção realizada para o movimento do raio transversal. Ou seja: o aparelho não tinha uma sensibilidade suficiente para tentar detectar o efeito esperado. Mas Michelson nunca admitiu isso. Ele considerou que os desvio observados eram erros experimentais e que havia um efeito nulo, contrário à previsão. Assim, Michelson manteve nesse artigo a conclusão contrária à teoria de Fresnel que já havia apresentado antes:

> A interpretação desse resultado negativo é que não há nenhum deslocamento das franjas e a hipótese de um éter estacionário, que nos conduziu ao resultado contrário, seria falsa, portanto.
>
> Essa conclusão contraria diretamente, portanto, a explicação geralmente aceita até hoje do fenômeno de aberração, que supõe que o éter, na vizinhança da Terra, não é arrastado sensivelmente no seu movimento. (Michelson, 1882b, p. 522)

Nesta versão de seu trabalho, Michelson não se referiu à teoria de Stokes sobre aberração da luz das estrelas considerando um éter viscoso, arrastado pela Terra.

Na verdade, o experimento era inválido, pois não tinha sensibilidade suficiente para detectar o efeito buscado. Michelson deve ter se sentido extremamente frustrado. Seu experimento, que tinha tomado um longo tempo de preparo e utilizado os recursos concedidos por Graham Bell, era um fracasso, não permitindo concluir nada.

Depois de apresentar sua conclusão, ele se refere às possíveis variações das franjas de interferência, dependendo da inclinação dos espelhos e outros fatores (como no artigo que desenvolveu enquanto estava em Heidelberg) – e menciona um trabalho de Cornu.

10. DE VOLTA AOS ESTADOS UNIDOS

Em julho de 1882, Michelson estava de volta aos Estados Unidos, assumindo sua posição de professor na *Case School of Applied Science* em Cleveland, Ohio. Dois anos de estudos na Europa lhe deram uma maior segurança e prestígio; e ele retomou o trabalho que o tornara respeitado – medidas sobre a velocidade da luz. Durante todo o tempo em que permaneceu na Europa, ele havia mantido contato com Newcomb, que o consultava a respeito de uma importante discrepância entre suas medidas antigas e as que estavam sendo obtidas pela equipe do astrônomo. Em Cleveland, ele reiniciou experimentos de medida da velocidade da luz, produzindo resultados ainda melhores nos dois anos seguintes, obtendo para a velocidade da luz no vácuo o valor de 299.850 km/s – um resultado que foi adotado internacionalmente durante décadas (Shankland. 1964a, p. 24). Dedicou-se também a medidas de velocidade em meios refringentes (água e dissulfeto de carbono) – um tipo de estudo que não havia abordado antes (Shankland, 1982, p. 4).

Aparentemente, Michelson nunca mencionou o experimento de Potsdam aos seus alunos, nem descreveu seu interferômetro. No entanto, em seus cursos, apresentou detalhadamente os fenômenos de inteferência e descreveu o refratômetro de Jamin, assim como sua aplicação na medida do índice de refração dos gases (Shankland. 1964a, p. 23).

Em julho de 1883, Michelson visitou pessoalmente Graham Bell em Washington. O desapontamento do resultado negativo em Potsdam fez com que ele ficasse ansioso para explicar o experimento detalhadamente a Bell e enfatizar os muitos outros usos importantes que ele previa para seu interferômetro (Galina, 2015, p. 104). Porém, ele próprio não utilizou mais aquele aparelho e ninguém se interessou pelo mesmo. Durante os dois primeiros anos após seu retorno, Michelson não mostrou mais interesse pelo problema do movimento da Terra através do éter.

O trabalho publicado por Michelson em 1881 praticamente não teve repercussão. É relevante citar, no entanto, a reação de Lorentz, que fez uma análise de mesmo em um artigo publicado alguns anos depois, no qual fazia uma revisão dos estudos ópticos a respeito do movimento da Terra através do éter (Lorentz, 1887). O artigo de Lorentz é muito complexo, sob o ponto de vista matemático. Primeiramente ele expõe a teoria de Fresnel e, depois, analisa detalhadamente a teoria original de Stokes (com o éter parado em relação à superfície da Terra). Stokes havia mostrado que a teoria do éter viscoso poderia explicar a aberração da luz das estrelas desde que fosse obedecida a condição de que a velocidade do éter em qualquer ponto tivesse um potencial. Utilizando nossa notação (que é diferente da utilizada por Stokes), essa condição pode ser representada da seguinte forma:

$$v = \nabla\varphi$$

onde v é a velocidade do éter em um ponto, e φ é o potencial (escalar) dessa velocidade. Se essa condição for satisfeita, o rotacional dessa velocidade será nulo pois, para qualquer função escalar φ, o rotacional do gradiente é nulo. Porém, Lorentz provou que era impossível conciliar essa condição com a suposição de que a velocidade do éter é nula em todos os pontos da superfície terrestre. Portanto, a teoria original de Stokes não era aceitável. Lorentz analisou também algumas alternativas que permitissem explicar o fenômeno de aberração da luz das estrelas.

Ao longo de sua análise, Lorentz descreveu os muitos experimentos de primeira ordem realizados durante o século XIX para tentar encontrar efeitos do movimento da Terra através do éter. Depois, ele começa a descrever o experimento de Michelson de 1881 e o cálculo do deslocamento das franjas de interferência, seguindo a descrição original (Lorentz, 1887, pp. 164-168). Ele parece não conhecer o artigo publicado na revista da Academia de Ciências de Paris, que contém a correção do cálculo. Após apresentar o trabalho, Lorentz comentou:

> O Sr. Michelson conclui, portanto, que a rotação do aparelho não determina qualquer deslocamento das franjas de interferência, que a teoria de Fresnel deve ser abandonada, mas que a teoria original do Sr. Stokes é confirmada pela observação.
>
> Contrariamente a essas conclusões, creio poder notar que, de acordo com a teoria de Fresnel, o deslocamento das franjas não teria o valor calculado pelo Sr. Michelson, mas somente um valor metade menor. (Lorentz, 1887, p. 168)

Em seguida, Lorentz desenvolve uma demonstração extremamente complexa sobre interferência em corpos em movimento através do éter, da qual o experimento de Michelson é apenas um caso particular, provando que a diferença de tempo entre os dois raios é a metade do que era esperado por Michelson (Lorentz, 1887, p. 174). Em seguida, Lorentz proporciona uma demonstração geométrica simples (*ibid.*, pp. 174-175), que é equivalente à que apresentamos na seção 8 deste artigo. Depois de provar através desses dois modos que a diferença de tempo seria a metade do que Michelson havia calculado em 1881, Lorentz concluiu:

> Vemos, pelo que precede, que na experiência do Sr. Michelson, mesmo fazendo as hipóteses mais favoráveis ao efeito procurado, não se poderia esperar um deslocamento das franjas de interferência igual a 0,16, mas somente um deslocamento de 0,08. Portanto, esse deslocamento seria, no

máximo, igual à quantidade sobre a qual ainda se pode ter alguma certeza na determinação da posição da franja central. Se o movimento do sistema solar não contribuir ao efeito, ou não contribuir na medida suposta, o deslocamento das franjas cairá abaixo dessa quantidade.

Assim, é duvidoso, em minha opinião, que a hipótese de Fresnel seja refutada pela experiência do Sr. Michelson. Em todo caso, não se poderia concluir dessa experiência que o éter siga totalmente o movimento da Terra, conforme a teoria original do Sr. Stokes. Pois não se trata de decidir somente entre essa teoria e a de Fresnel. A velocidade relativa do éter com relação à [superfície da] Terra pode ter não apenas os valores 0 e g,[6] mas muitos outros valores. Ora, se essa velocidade fosse, por exemplo, $\frac{1}{2}g$, o que não poderia ser considerado impossível, o deslocamento proporcional ao quadrado da velocidade que as franjas sofreriam por uma rotação do aparelho do Sr. Michelson seria completamente insensível, com certeza. (Lorentz, 1887, pp. 175-176)

Assim, Lorentz não apenas colocou em dúvida a possibilidade de que Michelson medisse o efeito esperado, mas também indicou que a situação teórica era muito mais complexa e que rejeitar a teoria de Fresnel não implicava em aceitar a primeira teoria de Stokes.

Vamos, no entanto, retornar um pouco no tempo e prosseguir na descrição do trabalho de Michelson na *Case School of Applied Science*.

Desde a época em que Michelson estava na Europa, ele estabeleceu um contato com John William Strutt (1842-1919), mais conhecido como Lord Rayleigh, a respeito de questões associadas à velocidade da luz (Shankland, 1967). Em 1884, Rayleigh estava em visita aos Estados Unidos, depois de ter participado do encontro da *British Society for the Advancement of Science*

---

[6] Neste artigo, Lorentz usa a letra *g* para indicar a velocidade da Terra em relação ao éter e não a aceleração da gravidade.

no Canadá.[7] Na ocasião, convidou Michelson a acompanha-lo à Johns Hopkins University para assistir às palestras (*Baltimore Lectures*) que iam ser apresentadas por William Thomson, Lord Kelvin (1824-1907) (Weinstein, 2015, p. 104). O tema geral da série de 20 palestras era "dinâmica molecular e a teoria ondulatória da luz". O título poderia sugerir que um dos assuntos que ele iria abordar estava associado à química; porém, a "dinâmica molecular" se referia a modelos microscópicos do éter. Tenha sido iludido pelo título ou não, um colega de Michelson, o professor de química chamado Edward Williams Morley (1838-1923) que trabalhava na *Western Reserve University* de Cleveland, também assistiu às conferências.

Não se tratava de um curso para iniciantes, como o próprio Kelvin indicou no prefácio da edição dessas conferências, publicada muitos anos depois:

> Tendo sido convidado pelo reitor Gilman para oferecer um curso de conferências na *Johns Hopkins University* depois do encontro da *British Association* em Montreal, em 1884, sobre um tema da Ciência Física a ser escolhido por mim mesmo, aceitei alegremente o convite. Escolhi como assunto a Teoria Ondulatória da Luz com a intenção de acentuar suas falhas; em vez de apresentar para estudantes iniciantes o admirável sucesso com o qual essa bela teoria explicou tudo o que era conhecido sobre a luz antes da época de Fresnel e Thomas Young, tendo produzido uma avalanche de novos conhecimentos que enriqueceram de modo esplêndido todo o domínio da ciência física. Minha audiência deveria consistir em professores, meus colegas na ciência física; e desde o início eu senti que nossos encontros seriam conferências entre coeficientes [*coefficients*] procurando desenvolver a ciência, em fez de ensinamentos para meus colegas apresentados por mim. Falei com absoluta liberdade e nunca tive o mais leve medo de sabotar sua fé perfeita no éter e em suas ondas produtoras

---

[7] A 45ª reunião da *British Association for the Advancement of Science* foi realizada em Montreal em agosto e setembro de 1884, contando com grande participação de pesquisadores britânicos.

de luz, por qualquer coisa que eu possa ter lhes falado sobre a imperfeição de nossa matemática; da insuficiência ou falha de nossas visões relativas às qualidades dinâmicas do éter; e sobre a dificuldade esmagadoramente grande de encontrar um campo de ação para o éter entre os átomos da matéria ponderável. Todos nós sentimos que as dificuldades deviam ser encaradas e não evitadas; deveriam ser levadas a sério com a esperança de resolvê-las, se possível; mas em todo caso com a certeza de que há uma explicação para cada dificuldade, embora talvez nunca consigamos encontrá-la. (Thomson, 1904, p. v)

As conferências, para um público seleto, foram realizadas em um pequeno auditório com capacidade para aproximadamente 30 pessoas (Shankland, 1964a, p. 24). Kelvin conhecida alguns dos trabalhos de Michelson e se referiu ao seu estudo a respeito da velocidade de grupo de ondas luminosas na quinta palestra; e aos seus métodos de medida da velocidade da luz na oitava palestra (*ibid.*, p. 25).

Em um ponto da sua primeira conferência, Kelvin se referiu a um tema especialmente importante para Michelson:

> Mais tarde, se tivermos tempo, tentaremos pensar sobre algumas das grandezas associadas e analisar, em primeiro lugar, a grandeza da força de cisalhamento nas vibrações luminíferas de certa amplitude, por um lado e, por outro, lado a grandeza da força de cisalhamento associada, quando a Terra, digamos, se move através do éter luminífero. O assunto nunca foi estudado de forma completa; e neste momento não sabemos se a Terra se move arrastando o éter luminífero completamente com ela, ou se ela se move aproximadamente como se ele fosse um fluido não viscoso. (Thomson, 1904, p. 11)

Como o grupo de pessoas assistindo às conferências era pequeno, havia ampla oportunidade para conversas diretas entre eles e Kelvin – tanto nos intervalos entre as palestras quanto durante as refeições. Em algum momento, Michelson conversou com Kelvin e Rayleigh sobre seu experimento de 1881.

Acredita-se que Kelvin e Rayleigh tenham estimulado Michelson a tentar novamente seu experimento do interferômetro, pois ambos não estavam convencidos de que o aparelho utilizado em Potsdam tivesse a sensibilidade suficiente para um teste decisivo; e porque a opinião científica geral era de que a hipótese de Fresnel de um éter estacionário provavelmente estava correta (Shankland, 1964a, p. 25; Shankland, 1982, p. 4). Em algum momento, Morley também foi envolvido nessa conversa. Embora sua área principal de pesquisa fosse química, ele tinha um profundo conhecimento de física teórica e experimental (Shankland, 1964a, p. 25). Este foi o ponto de partida para o início da colaboração científica entre Michelson e Morley. Porém, a proposta inicial não era refazer o experimento do interferômetro e sim testar a teoria de Fresnel repetindo o experimento de Fizeau, de 1851, sobre o arrastamento do éter pela água em movimento.

Conforme relatado pelo próprio Michelson em uma carta a Josiah Willard Gibbs, em 15 de dezembro de 1884, "[...] parece que ambos pensaram que o primeiro passo deveria ser repetir o experimento de Fizeau. Assim, encomendei a aparelhagem necessária e espero ser capaz de dar uma resposta à questão dentro de poucos meses" (Michelson, *apud* Kargon, 1987, p. 4).

Michelson e Morley viajaram de trem juntos, de Baltimore para Cleveland. Não há dúvidas de que, durante a viagem, discutiram a sugestão dos físicos britânicos a respeito da repetição do trabalho de Fizeau (Kargon, 1987, p. 4). Assim, depois de quatro anos, Michelson estava novamente envolvido com as questões relativas ao éter.

Repetir esse experimento não foi tão fácil quanto Michelson imaginou. Foi necessário construir nova aparelhagem e ele não tinha recursos para isso. Em dezembro de 1885, Michelson recebeu permissão de Newcomb para usar nesse experimento parte dos fundos que havia recebido para realizar medidas de velocidade da luz. Os testes foram realizados entre dezembro de 1885 e março de 1886 (Weinstein, 2015, p. 105).

11. MICHELSON, MORLEY E A CONFIRMAÇÃO DA TEORIA DE FRESNEL

O resultado da pesquisa de Michelson e Morley foi publicado em maio de 1886, na revista *American Journal of Science* (Michelson & Morley, 1886). O artigo começa indicando a importância do tema estudado:

> O único trabalho relevante a respeito da influência na velocidade da luz sobre o movimento do meio através do qual ela passa é o experimento de Fizeau. Ele anunciou o resultado notável de que o aumento de velocidade que a luz sofre não era igual à velocidade do meio, mas era uma fração x dessa velocidade que dependia do índice de refração do meio. (Michelson & Morley, 1886, p. 377)

Em uma substância transparente como a água, a teoria de Fresnel previa que, se esse meio estiver em movimento com velocidade w em relação ao éter, a velocidade da luz u dentro dele não será c/n nem $c/n + v$, e sim

$$u = c/n + \lambda w$$

onde λ é o fator de arrastamento do éter pela substância transparente, dado por:

$$\lambda = (n^2-1)/n^2$$

Logo no início do artigo, os autores apresentam uma dedução simples a respeito da velocidade de arrastamento do éter por um corpo transparente (Michelson & Morley, 1886, pp. 377-378). Eles informam que essa dedução é devida a Eisenlohr (sem dar seu nome completo) e citam como fonte as *Conférences de physique* de Émile Verdet.[8] Consultando essa obra de Verdet (1872, parte 2, p. 687) foi possível observar que esse autor se

---

[8] Alfred Potier, que havia criticado a dedução do efeito do interferômetro de Michelson, mencionou a dedução de Einsenlohr como sendo a que era mais comum; porém, ele próprio não a considerava satisfatória (Potier, 1876, p. 105).

refere realmente a Eisenlohr, mas não apresenta nenhuma referência bibliográfica do mesmo (ver a bibliografia em Verdet, 1872, parte 2, pp. 713-715). Com um certo trabalho de investigação, foi possível identificar que o autor da dedução era Friedrich Eisenlohr (1799–1872) e encontrar o seu artigo relevante (Eisenlohr, 1858, pp. 343-346).

Em vez de traduzir a dedução publicada por Michelson e Morley, apresentarei abaixo uma versão que me parece mais didática.

Segundo a teoria ondulatória, dentro de uma substância transparente a velocidade da luz é menor do que no vácuo ($c'=c/n$). Por analogia com a teoria mecânica do som, aceitava-se que isso era devido a uma maior densidade do éter dentro dos corpos transparentes. Assim como a velocidade do som em um gás é inversamente proporcional à raiz quadrada de sua densidade (para uma pressão constante), do mesmo modo a velocidade da luz seria inversamente proporcional à raiz quadrada da densidade do éter em cada corpo. Portanto, o índice de refração n seria proporcional à raiz quadrada dessa densidade ρ. Se a densidade do éter no vácuo é ρ_0, então

$$\rho = n^2\rho_0$$

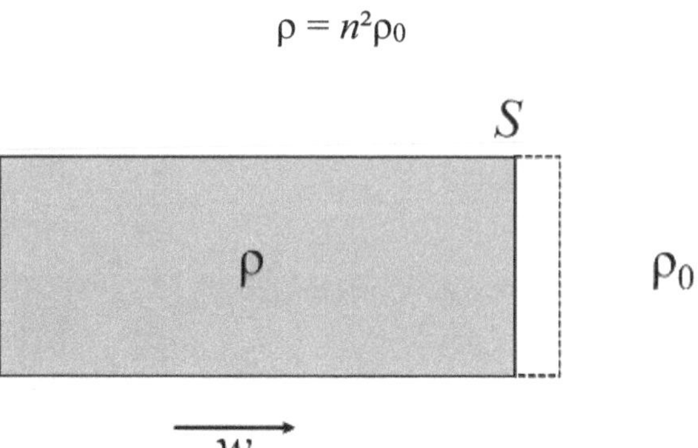

Fig. 19. Esquema da dedução de Eisenlohr para o coeficiente de arrastamento do éter de Fresnel.

Suponhamos um corpo transparente no vácuo (Fig. 19). Fora dele, a densidade do éter é ρ_0 e dentro dele a densidade é $\rho = \rho_0(1+\Delta)$. Se esse corpo estiver em movimento, com velocidade

w, então, em um intervalo de tempo dt ele se move uma distância $w.dt$ e esse espaço, que estava ocupado por éter com a densidade ρ_0 passa a ser ocupado por um éter mais denso, com densidade ρ. Supondo que o éter que estava no espaço vazio não foi empurrado pela superfície do objeto transparente, mas permaneceu no seu lugar, então o que teria acontecido seria um *acréscimo* de éter, acompanhando o movimento do corpo.

Seja S a seção reta do corpo. No tempo dt o objeto se desloca e passa a ocupar uma porção de espaço adicional com volume $Sw.dt$, que continha anteriormente uma quantidade de éter igual a $\rho_0 Sw.dt$. Porém, após esse tempo dt a quantidade de éter nesse espaço é $\rho Sw.dt = \rho_0(1+\Delta)Sw.dt$. Essa quantidade adicional de éter, igual a $\rho_0\Delta Sw.dt$, deve ter sido transportada pelo corpo transparente em movimento. Se todo o éter que está no corpo transparente tivesse sido transportado com ele, a quantidade de éter no novo espaço seria $\rho_0(2+\Delta)Sw.dt$ e iria aumentando além de qualquer limite.

É necessário assumir que o éter dentro do corpo transparente não se move com a mesma velocidade do corpo, mas sim com uma velocidade menor λw. Então, a quantidade de éter transportada pelo corpo que entrou no novo espaço não foi $\rho Sw.dt$ e sim $\rho S(\lambda w).dt$. Essa quantidade é responsável pelo aumento de densidade do éter no novo espaço, ou seja:

$$\rho S(\lambda w).dt = (\rho-\rho_0)Sw.dt$$

e, portanto,

$$\lambda = (\rho-\rho_0)/\rho = (n^2-1)/n^2$$

No caso da água, o índice de refração n é aproximadamente igual a 1,33, portanto $\lambda = 0,43$, que é o coeficiente de arrastamento do éter pela água em movimento.

Esta é a fórmula de Fresnel para o coeficiente de arrastamento do éter por um objeto transparente; porém, a dedução que ele havia apresentado dependia de hipóteses que podiam ser questionadas. A dedução de Eisenlohr era mais simples e aceitável.

Embora tenham reproduzido o raciocínio de Eisenlohr, Michelson e Morley acrescentaram em uma longa nota de rodapé uma outra dedução (Michelson & Morley, 1886, pp. 378-379), baseada em uma análise microscópica do fenômeno. A análise, provavelmente de autoria de Morley, supunha que dentro de um corpo transparente a luz tem duas velocidades diferentes – uma no espaço vazio entre as moléculas e outra dentro das moléculas. Analisando essa hipótese e supondo que as moléculas em movimento arrastam totalmente a luz em seu interior, a dedução chega a uma expressão semelhante (porém mais complexa) do que a de Fresnel. Mas não vamos descrever aqui essa proposta, que não teve consequências posteriores.

Após apresentar as duas deduções, os autores apresentam a teoria de Fresnel de um modo bastante peculiar que, depois, será novamente utilizado na conclusão do artigo:

> A afirmação de Fresnel equivale então a dizer que o éter dentro de um corpo em movimento permanece estacionário, com exceção das porções que estão condensadas em torno das partículas. Se insistirmos sobre essa atmosfera condensada, cada partícula com sua atmosfera pode ser considerada como um único corpo e então a afirmação é, simplesmente, que o éter não é afetado de modo nenhum pelo movimento da matéria que ele permeia. (Michelson & Morley, 1886, p. 379)

Fresnel não apresentava suas ideias dessa forma e não sugeria nenhum modelo microscópico como esse. A própria dedução alternativa acima mencionada também não se refere a partículas com uma atmosfera condensada de éter. Pode ser que a ideia tenha sido mencionada nas palestras de Lord Kelvin, mas não verifiquei isso.

A frase final da citação acima discorda bastante do modo como a teoria de Fresnel era apresentada e que afirmava que o éter era arrastado parcialmente pelos corpos transparentes em movimento.

Michelson e Morley justificam a importância de repetir o experimento de Fizeau por haver certo número de problemas experimentais no mesmo, que eles descrevem no artigo (Michelson & Morley, 1886, p. 380).

1. Os dois feixes luminosos deveriam atravessar caminhos idênticos, em sentidos opostos. Mas o arranjo experimental não garantia isso – especialmente porque os orifícios pelos quais a luz passava eram largos. Qualquer assimetria proveniente de deformação dos vidros que fechavam o tubo onde a água circulava, ou variações de densidade acidentais, atrapalhariam o resultado, embora não destruíssem o padrão de interferência – apenas deslocassem indevidamente a posição das franjas.

2. O fluxo de água era produzido, no aparelho de Fizeau, pela pressão do ar (de uma bomba pneumática manual) em pequenos reservatórios de água. A velocidade máxima (7 m/s) era mantida durante apenas alguns segundos, dificultando muito a medida.

3. A velocidade da água nos tubos não é uniforme, pois perto das paredes do tubo sua velocidade tende a zero e é máxima no centro do tubo. Assim, era necessário utilizar apenas a parte central do tubo, com feixes luminosos muito estreitos e, por isso, de baixa intensidade.

4. Fizeau media a velocidade *média* da água fluindo pelos tubos, mas não tentou medir a velocidade *no centro dos tubos*. Ele apenas estimou esse valor, a partir da velocidade média.

As críticas eram, efetivamente, válidas.

No aparelho utilizado por Michelson e Morley (Fig. 20), os dois tubos por onde a água circulava tinham diâmetro interno de 2,8 cm e comprimentos de cerca de 3 metros em uma série de experimentos e de 6 metros em outra série.

As extremidades dos tubos com água (não mostradas no diagrama) eram fechadas por placas de vidro planas, porém ligeiramente inclinadas, para que a luz refletida em suas superfícies não atrapalhasse o experimento. Os feixes luminosos passavam pelo centro dos tubos.

A água destilada utilizada no experimento era armazenada em um reservatório de grande capacidade (diâmetro de quatro pés e três pés de altura, capaz de conter 1.000 litros) colocado fora do laboratório, 23 metros acima da aparelhagem. Esse tanque era conectado ao sistema por um tubo com diâmetro de três polegadas. Esse tubo era dividido em dois e cada um deles tinha válvulas que permitiam mudar o sentido do movimento da água. O fluxo de água durava cerca de três minutos, permitindo assim um bom número de observações, antes de bombear a água de volta para o reservatório superior (Michelson & Morley, 1886, pp. 381-382).

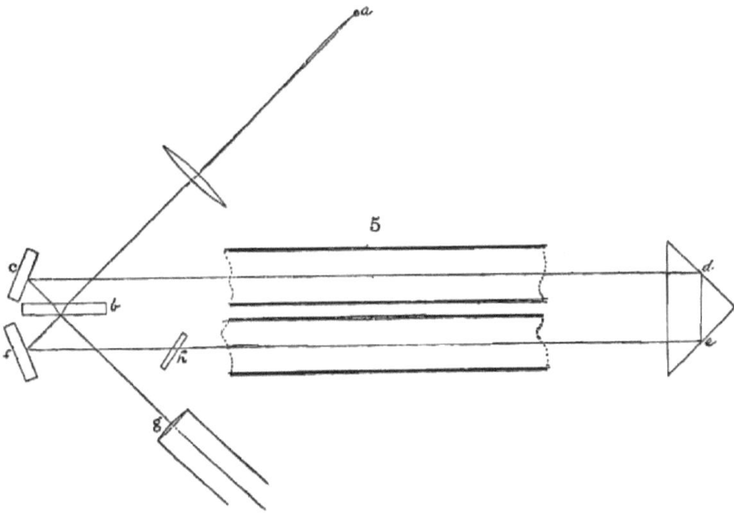

Fig. 20. Esquema do aparelho utilizado por Michelson e Morley para medir o efeito do movimento da água na velocidade da luz (Michelson & Morley, 1886, p. 381). A fonte luminosa é *a* e sua posição é o foco de uma lente convergente que produz um feixe cilíndrico. A luz é dividida em dois feixes que passam pelos dois tubos (que são apenas indicados, porque seus comprimentos são muito grandes), depois são refletidos por um prisma de 45° e retornam pelos caminhos inversos. As franjas de interferência são observadas através da luneta em *g*.

A luneta era provida de um micrômetro duplo; um dos fios do micrômetro era centralizado em uma franja e o outro fio na franja seguinte. A média das duas posições indicava o ponto central entre elas e a diferença entre elas dava a distância entre as duas franjas (Michelson & Morley, 1886, p. 382). Em uma amostra típica, a distância entre as franjas era da ordem de 20 unidades de medida do micrômetro, com oscilações de várias unidades entre medidas sucessivas. Ou seja: a precisão das medidas era da ordem de algumas unidades de medida do micrômetro, ou cerca de 1/10 da distância entre as franjas. Porém, os cálculos indicados no artigo indicam valores em centésimos de distância entre as franjas.

Os pesquisadores se preocuparam em obter, experimentalmente, a variação de velocidade da água em função da distância ao eixo do tubo. Não vou descrever aqui o procedimento, bastante trabalhoso. No eixo do tubo, a velocidade era máxima e, perto das paredes, caía a praticamente zero. A uma distância de 20% do eixo do tubo, a velocidade era de 99,3% da velocidade máxima (Michelson & Morley, 1886, p. 384), ou seja, se o feixe luminoso tivesse uma largura de aproximadamente 20% da largura do tubo e fosse bem centralizado, ele passaria por água que se desloca a uma velocidade quase uniforme. A partir das medidas, os autores conseguiram calcular a relação entre a velocidade média v_m da água (determinada de modo simples, enchendo um recipiente) e a velocidade máxima central v_0 que foi $v_0/v_m = 1,165$.

O equipamento elaborado por Michelson e Morley e os procedimentos utilizados resolviam os quatro problemas que eles haviam indicado no experimento de Fizeau, proporcionando assim um trabalho mais confiável.

Após apresentar as tabelas com as medidas realizadas e indicar os cálculos efetuados, os autores apresentaram o resultado experimental final: o coeficiente de arrastamento da luz pela água em movimento era igual a 0,434 com um possível erro de ±0,02. O cálculo teórico do coeficiente, utilizando a fórmula de Fresnel, a partir do índice de refração da água, dá o resultado 0,437 (Michelson & Morley, 1886, p. 385). Assim, as medidas confirmaram a previsão teórica.

A conclusão final do artigo é esta:

> Portanto, o resultado deste trabalho é que o resultado anunciado por Fizeau é essencialmente correto; e que *o éter*

luminífero não é afetado de forma alguma pelo movimento da matéria que ele permeia. (Michelson & Morley, 1886, p. 386; itálico do original)

A conclusão não menciona o nome de Fresnel, nem sua teoria. Porém, o trabalho foi interpretado por outras pessoas como uma confirmação da teoria de Fresnel:

Dois físicos americanos, os senhores Michelson e Morley, repetiram recentemente a experiência [de Fizeau] em uma maior escala. De acordo com suas medidas, o coeficiente de arrastamento possui, no caso da água, o valor de 0,434, com um erro possível de $\pm 0,02$. Como a quantidade $1-1/n^2$ para a água corresponde a 0,437, a concordância com a hipótese de Fresnel é muito satisfatória. (Lorentz, 1887, p. 161)

Por que Michelson e Morley não apresentaram sua conclusão como uma confirmação da teoria do éter de Fresnel? Provavelmente porque, no artigo de 1881, Michelson afirmou que seu experimento havia refutado essa teoria... e não queria se contradizer.

Mesmo em sua correspondência, as conclusões evitam mencionar a teoria do éter de Fresnel. No dia 27 de março de 1886, depois que terminaram suas medidas, Michelson e Morley escreveram para Lord Kelvin, relatando o resultado (Shankland, 1964a, p. 28):

Caro Sir William
Sem dúvida o senhor estará interessado em saber que nosso trabalho sobre o efeito do meio na velocidade da luz foi concluído com sucesso. O resultado confirma completamente o trabalho de Fizeau. Foi encontrado que o fator pelo qual a velocidade do meio deve ser multiplicada para dar a aceleração [*sic*] da luz é 0,434 no caso da água, com um possível erro de 0,02 ou 0,03. Isso concorda quase exatamente com a fórmula de Fresnel $1-1/n^2$. O experimento foi também tentado com o ar, com um resultado negativo. As precauções tomadas deixam pouco espaço para qualquer erro sério, pois o

resultado foi o mesmo para diferentes comprimentos do tubo, diferentes velocidades do líquido e diferentes métodos de observação. Esperamos publicar os detalhes dentro de poucas semanas. Muito respeitosamente, seus servidores obedientes,
Albert A. Michelson
Edward W. Morley

Note-se que eles mencionam *a fórmula* de Fresnel, mas não sua *teoria sobre o éter*.

Essa pesquisa de Michelson e Morley logo se tornou bem conhecida e aceita. Em Paris, no dia 31 de maio – pouco tempo após a publicação do trabalho – Alfred Cornu apresentou um comunicado à Academia de Ciências celebrando a confirmação do resultado do experimento de Fizeau pelos pesquisadores norte-americanos (Cornu, 1886).

12. O EXPERIMENTO DE MICHELSON E MORLEY DE 1887

A situação de Michelson era muito delicada. A sensibilidade do seu experimento de 1881, que parecia contrário à teoria de Fresnel e favorável à teoria de Stokes, tinha sido questionada. Agora, em 1886, um experimento muito cuidadoso confirmava a teoria de Fresnel e era contrário à teoria de Stokes. Tornava-se necessário repetir o experimento de 1881 – porém, agora, com maior sensibilidade. A retomada do experimento de 1881 foi também estimulada por Lord Rayleigh, que escreveu a Michelson comentando sobre o artigo em que Lorentz havia apresentado a correção da dedução teórica e indicado que o aparelho não tinha a sensibilidade necessária para permitir qualquer conclusão (Lorentz, 1887). Rayleigh sugeriu que ele tentasse repetir o experimento. No dia 6 de março de 1887, Michelson lhe respondeu (Shankland, 1964a, p. 29):

Meu caro Lord Rayleigh,
Eu nunca fiquei totalmente satisfeito com os resultados do meu experimento de Potsdam, mesmo levando em conta a correção que Lorentz aponta.

Tudo o que pode ser adequadamente concluído dele é que (supondo que o éter esteja realmente estacionário) o movimento da Terra através do espaço não pode ser muito maior do que sua velocidade na sua órbita.

A correção de Lorentz é verdadeira, sem dúvida. Eu tinha uma lembrança indistinta de mencioná-la ou ao senhor ou a Sir W. Thomson quando os senhores estavam em Baltimore.

Ela foi primeiramente apresentada de um modo geral pelo Sr. A. Potier de Paris que, no entanto, tinha a opinião de que a correção anularia totalmente qualquer diferença entre os dois caminhos; mas eu depois mostrei que o efeito seria produzir a metade do valor que eu havia indicado, e isso ele aceitou como correto. Ainda não vi o artigo de Lorentz e temo que dificilmente poderia fazê-lo quando ele aparecer.

Eu tentei repetidamente interessar meus amigos científicos nesse experimento, sem resultado; e a razão pela qual eu nunca publiquei a correção foi (tenho vergonha de confessá-lo) porque eu fiquei desencorajado pela baixa atenção que o trabalho recebeu e não pensei que valesse a pena.

Sua carta, no entanto, despertou mais uma vez meu entusiasmo e me decidiu a iniciar o trabalho imediatamente.

Esta parte inicial da correspondência parece indicar que foi o estímulo de Rayleigh que fez com que Michelson quisesse refazer o experimento de 1881. Porém, os trechos seguintes da mesma carta mostram que ele já havia pensado em vários aspectos do novo experimento: "Adotarei a sua sugestão de usar tubos para os braços e, para aperfeiçoar ainda mais o aparelho, ele todo flutuará sobre mercúrio; e o deslocamento teórico será aumentado tornando os braços mais longos e dobrando ou triplicando o número de reflexões, de modo que o deslocamento seria pelo menos meia franja" (Michelson, *apud* Shankland, 1964a, p. 29). Como veremos mais adiante, a multiplicação do número de reflexões e fazer o aparelho flutuar sobre mercúrio foram melhorias efetivamente utilizadas.

A mesma carta de Michelson para Lord Rayleigh tem também o aspecto interessante de mostrar que Michelson já estava pensando sobre possíveis interpretações, para o caso em que o novo experimento não mostrasse nenhum efeito do movimento em relação ao éter (Shankland, 1964a, p. 29):

> Suponha, por exemplo, que a irregularidade da superfície da Terra possa ser representada grosseiramente por uma figura como esta:

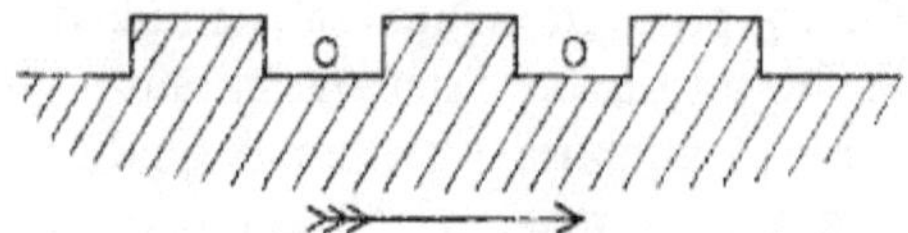

> Se a superfície da Terra estivesse em movimento na direção da flecha, o éter em O O não seria carregado com ela?
>
> É claro que isso supõe, contrariamente à hipótese de Fresnel, que o éter não penetra nas porções opacas ou, se penetra, ele é aprisionado lá. O experimento de Fizeau só se aplica a corpos transparentes e eu não penso que temos um direito de estender as conclusões para corpos opacos.
>
> Se for assim e se o éter, para movimentos tão lentos, puder ser considerado como um fluido sem fricção, ele deve ser transportado com a Terra na depressão. [...]
>
> Se isso tudo for correto, então me parece que a única alternativa seria fazer o experimento no topo de alguma altura considerável, onde a visão não seja obstruída pelo menos na direção do movimento da Terra.
>
> O experimento de Potsdam foi realizado em um porão, assim, se houver algum fundamento para o raciocínio acima, não poderia haver possibilidade de obter um resultado positivo.

Assim, Michelson não considerava que um possível resultado negativo do novo experimento fosse decisivo. Haveria novas hipóteses para explicar isso, bem como novos experimentos a serem tentados (como a realização do teste no topo de uma montanha).

Em 1887, Michelson e Morley montaram um interferômetro muito melhor do que o antigo (Michelson & Morley, 1887). Em vez de utilizar uma estrutura de aço como base, o aparelho foi montado sobre uma placa quadrada de pedra (descrita, em alguns trabalhos, como sendo de arenito). A base da pedra era quadrada, com 1,5 m de lado; sua espessura era de 30 cm. Essa placa flutuava sobre mercúrio líquido, podendo girar praticamente sem atrito (Fig. 21). Quando o aparelho era usado, ele era recoberto por uma cobertura de madeira, para evitar correntes de ar e variações rápidas de temperatura. O sistema ficava bem isolado contra vibrações e contra deformações.

O segundo mais importante aperfeiçoamento foi aumentar o caminho óptico (Fig. 22). Os feixes de luz iam e voltavam várias vezes, entre quatro conjuntos de espelhos colocados nos cantos da pedra, de modo a amplificar o efeito. O percurso de cada raio era de aproximadamente 11 metros. Assim como no caso do interferômetro de 1881, os ajustes eram feitos com luz de sódio, mas depois se utilizava luz branca para as observações e medidas.

As medidas eram realizadas enquanto o aparelho estava girando lentamente:

> As observações eram conduzidas da seguinte maneira. Em torno da cuba de ferro fundido [que continha o mercúrio] havia dezesseis marcas equidistantes. O aparelho era girado muito lentamente (uma rotação em seis minutos) e depois de alguns minutos o fio do micrômetro [da luneta] era colocado sobre a mais clara das franjas de interferência, no instante de passagem por uma das marcas. O movimento era tão lento que isso podia ser feito rapidamente e precisamente. Anotava-se a leitura da cabeça do parafuso do micrômetro e era dado um impulso muito leve e gradual para manter o movimento da pedra; ao passar pela segunda marca, o mesmo processo era repetido e isso era continuado até que o aparelho tivesse completado seis voltas. Descobriu-se que mantendo o aparelho em movimento uniforme lento, os resultados eram muito mais uniformes e consistentes do que quando a pedra era colocada em repouso para cada observação; pois os efeitos de tensões podiam ser notados durante pelo menos meio minuto depois que a pedra atingia o repouso; e, durante esse tempo,

entravam em ação efeitos de mudança de temperatura. (Michelson & Morley, 1887, p. 339).

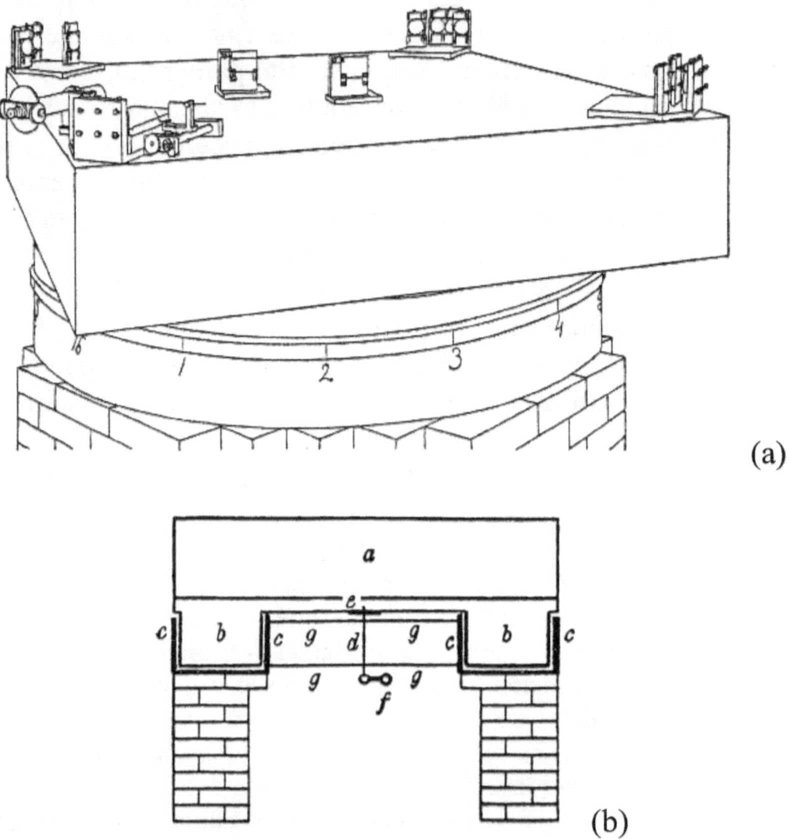

(a)

(b)

Fig. 21. (a) Desenho em perspectiva do aparelho utilizado em 1887 por Michelson e Morley para tentar observar efeitos do movimento da Terra através do éter; (b) Visão lateral da aparelhagem, mostrando sua base. A placa quadrada de pedra *a* tinha 1,5 m de lado e 30 cm de espessura. Era suportada por um anel de madeira *b*, com diâmetro externo de 1,5 m e diâmetro interno de 0,7 m, com altura de 25 cm. Esse anel flutuava sobre mercúrio líquido contido em uma canaleta *c* em forma de anel, de ferro fundido, onde o anel de madeira se encaixava com pequena folga (1 cm). No centro do flutuador de madeira havia um pequeno orifício onde era encaixado um pino *d*, preso por braços metálicos *gggg* e que podia ser erguido ou baixado pela alavanca *f*. Esse pino mantinha o flutuador centralizado na canaleta, mas não o sustentava. (Michelson & Morley, 1887, pp. 337 e 339)

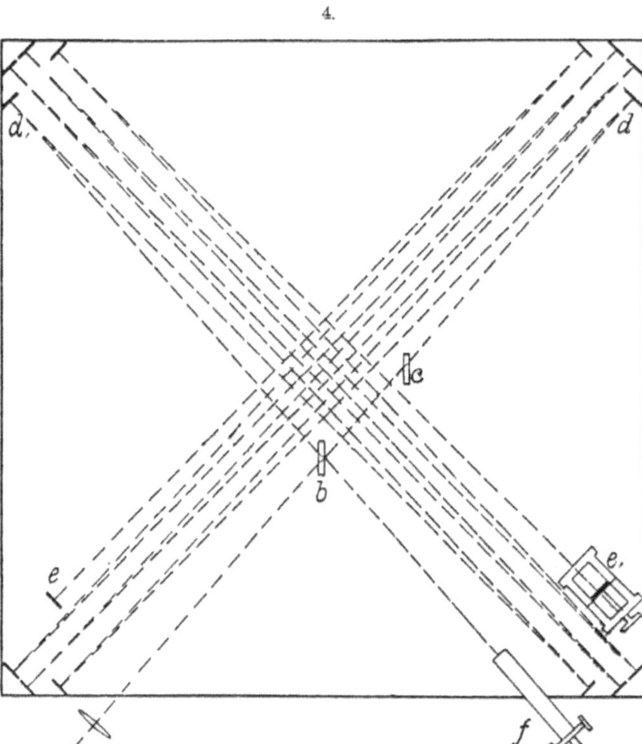

Fig. 22. Diagrama do percurso dos raios luminosos no aparelho utilizado por Michelson e Morley em 1887. A fonte luminosa estava na posição *a*. O feixe luminoso passava por uma lente convergente e incidia sobre uma placa de vidro *b*, onde era dividido em dois. Ao final do percurso, os raios eram reunidos e sua interferência era observada com a luneta *f*. O espelho e_1, no canto inferior direito da figura, podia ser ajustado para que as distâncias percorridas nos dois braços do aparelho fossem iguais (Michelson & Morley, 1887, p. 338).

As medidas foram realizadas nos dias 8, 9, 11 e 12 de julho. Em cada dia eram feitas observações tanto ao meio-dia quanto à noite e, em cada horário, eram observadas apenas seis voltas do dispositivo (Michelson & Morley, 1887, p. 340).

Com o novo aparelho, a previsão teórica era de que deveria haver um deslocamento igual a 40% da largura entre as franjas, quando o instrumento fosse girado, levando em conta apenas a velocidade orbital da Terra. Os deslocamentos observados foram irregulares e muito menores do que a previsão:

> O deslocamento efetivo foi certamente menos do que 1/20 disso e, provavelmente, menos do que 1/40. Mas como o deslocamento é proporcional ao quadrado da velocidade, a velocidade relativa da Terra e do éter é provavelmente menor do que 1/6 da velocidade orbital da Terra e certamente menos do que 1/4. (Michelson & Morley, 1887, p. 341)

Em 1881, Michelson havia levado em conta também a velocidade do sistema solar através do éter. Neste artigo, os autores comentaram:

> Naquilo que precede, foi considerado apenas o movimento orbital da Terra. Se isso for combinado com o movimento do sistema solar, em relação ao qual pouco se sabe com certeza, o resultado teria que ser modificado; e é até possível que a velocidade resultante no momento da observação fosse pequeno – embora as chances sejam bastante contrárias a isso. O experimento será, portanto, repetido em intervalos de três meses e assim toda incerteza será evitada. (Michelson & Morley, 1887, p. 341)

Porém, as medidas não foram refeitas nos meses seguintes – talvez porque sua atenção tenha se voltado imediatamente para outras questões, como o uso do comprimento de onda da luz como padrão de comprimento (ver Swenson, 1972, pp. 96-97).

A conclusão final do artigo, em relação às teorias de Fresnel e Stokes, é bastante desanimadora:

> De tudo o que precede, parece razoavelmente seguro que, se existe algum movimento relativo entre a Terra e o éter luminífero, ele deve ser pequeno; suficientemente pequeno para refutar totalmente a explicação de Fresnel para a aberração. Stokes proporcionou uma teoria da aberração que assume que o éter na superfície da Terra esteja em repouso em relação a

ela e apenas exige além disso que a velocidade relativa tenha um potencial; mas Lorentz mostrou que essas condições são incompatíveis. Lorentz então propõe uma modificação que combina algumas ideias de Stokes e Fresnel e assume a existência de um potencial, juntamente com o coeficiente de Fresnel [de arrastamento do éter]. Se agora fosse legítimo concluir do presente trabalho que o éter está em repouso em relação à superfície da Terra, então, de acordo com Lorentz, não pode haver um potencial de velocidade e sua própria teoria também falha. (Michelson & Morley, 1887, p. 341)

Deixando de lado o experimento de 1881 – que não era conclusivo – agora, em 1887, Michelson dispunha de dois excelentes resultados. Um confirmava a teoria de Fresnel para o arrastamento do éter por corpos transparentes; o outro refutava a teoria de Fresnel para o éter estacionário.

Seria possível explicar os dois experimentos com uma única teoria? Aparentemente, não. A teoria de Stokes explicava o resultado nulo do experimento com o interferômetro pois, segundo essa teoria, o éter era arrastado nas vizinhanças da Terra, não existindo o vento de éter. Mas essa teoria não previa o arrastamento parcial do éter pelos corpos transparentes. Seria preciso elaborar uma nova teoria do éter, ou descobrir algum modo (não muito evidente) de conciliar uma das teorias existentes com os resultados obtidos. No entanto, nem Michelson nem qualquer outra pessoa imaginou, na época, que fosse necessário abandonar a ideia do éter. Ela era uma das bases da óptica ondulatória e do eletromagnetismo, e não parecia possível rejeitá-la.

Michelson e Morley não consideraram que essas medidas de 1887 estivessem encerrando a questão. Após a conclusão reproduzida acima, eles acrescentaram um "Suplemento" ao artigo, onde discutem possíveis novos experimentos a serem feitos. Vimos que, na carta que escreveu a Lord Rayleigh antes da realização do teste, Michelson já havia discutido possíveis interpretações e também uma modificação do experimento, que agora eles sugeriram no artigo:

> A partir do que foi apresentado, é óbvio que não haveria esperança de tentar resolver a questão do movimento do sistema solar por observações de fenômenos ópticos *na superfície da Terra*. Mas não é impossível que mesmo a distâncias moderadas acima do nível do mar, no topo do pico de uma montanha isolada, por exemplo, o movimento relativo pudesse ser perceptível em um aparelho como o que foi usado nestes experimentos. Talvez, se o experimento jamais devesse ser testado nessas circunstâncias, a cobertura deveria ser de vidro, ou deveria ser removida. (Michelson & Morley, 1887, p. 341)

Veremos mais adiante que Morley e, depois, Miller, tentaram realizar experimentos nessas condições.

Além dessa possibilidade, o "Suplemento" do artigo explora outros tipos de medidas. Em uma delas seria utilizado o desvio de um feixe luminoso refletido por um espelho em movimento através do éter. Em outra delas, haveria a sincronização de dois espelhos giratórios distantes, para tentar medir um efeito de primeira ordem. Além disso, os autores mencionam observações astronômicas, incluindo o teste proposto por Maxwell, usando a observação dos eclipses dos satélites de Júpiter (Michelson & Morley, 1887, pp. 241-245).

13. O IMPASSE E A PROPOSTA DE CONTRAÇÃO DO INTERFERÔMETRO

Ao contrário do experimento de 1886, o trabalho de Michelson e Morley de 1887 não foi comemorado nem teve grande repercussão imediata. Talvez o motivo principal seja que, em vez de confirmar uma teoria ou de proporcionar resultados positivos, ele apenas criava um quebra-cabeças, já que era contrário à mais aceita teoria sobre o éter (a de Fresnel) e não parecia apoiar claramente a teoria de Stokes.

Uma das primeiras publicações que citou o experimento de 1887 foi um verbete escrito nesse mesmo ano por Lord Rayleigh para a *Encyclopaedia Britannica* e publicado no ano seguinte, a respeito da teoria ondulatória da luz (Strutt, 1888). No final do verbete ele comentou:

> Os limites deste artigo não permitem a consideração das partes mais especulativas do nosso tema. Concluiremos chamando a atenção para duas pesquisas experimentais por Michelson, cujos resultados não podem deixar de dar uma orientação valiosa para teóricos da luz. A primeira dessas [1886] foi uma repetição, em condições melhoradas, de um experimento notável de Fizeau, pelo qual é provado que quando a luz se propaga através da água, estando esta em movimento rápido na direção do raio, a velocidade é realmente influenciada, mas não com a extensão completa da velocidade da água. [...]
> Do resultado desses experimentos sobre a água seríamos tentados a inferir que, na superfície da Terra, movendo-se pelo espaço, o éter ainda mantém o que pode ser grosseiramente chamado de movimento relativo. No entanto, a segunda pesquisa mencionada acima [1887] parece negar essa conclusão e provar que, pelo menos dentro das paredes de um prédio, o éter deve ser considerado como participando totalmente do movimento dos corpos materiais. (Strutt, 1888, p. 459)

Lord Rayleigh deixou bem claro que as duas pesquisas entravam em conflito, apoiando ideias opostas a respeito do comportamento do éter – e não fez nenhum comentário adicional. De qualquer forma, a publicação deste comentário na *Encyclopaedia Britannica* certamente contribuiu para divulgar essa pesquisa.

Vejamos uma outra reação à pesquisa de 1887, na conferência realizada por Joseph Lovering por ocasião da entrega da Medalha Rumford a Michelson, em abril de 1889. Na longa palestra, o autor procurou situar as diversas pesquisas de Michelson no contexto das pesquisas sobre óptica da época. Ao descrever o trabalho de Michelson e Morley de 1887, ele comentou: "O Sr. Michelson conclui que esse resultado está em oposição à teoria de Fresnel da aberração" (Lovering, 1889, p. 398) e, mais adiante: "Alguns dos experimentos do Sr. Michelson podem exigir uma modificação da interpretação de Fresnel. Stokes e Challis trabalharam por muitos anos sobre isso e a estabeleceram sobre princípios matemáticos que diferente dos de Fresnel, e um do outro" (ibid., p. 400). Ou seja: embora não o afirmasse diretamente, Lovering sugeriu que seria necessário substituir a teoria de Fresnel pela de Stokes (ou de James Challis, um importante crítico de Stokes).

Vejamos um terceiro exemplo – a descrição que Thomas Preston apresentou na primeira edição de seu livro sobre a *Teoria da luz* (Preston, 1890)

> O tema do movimento relativo da Terra e do éter luminífero foi também examinado experimentalmente pelos Senhores Michelson e Morley. Sua conclusão é que se houver algum movimento relativo entre a Terra e o éter adjacente, ele deve ser pequeno. Assim, o éter na vizinhança da Terra não está em repouso no espaço, mas é transportado junto pela Terra, e isso é prejudicial à teoria ordinária da aberração. (Preston, 1890, p. 417)

Em todos esses comentários publicados poucos anos depois do trabalho de 1887, podemos ver que a ideia de um éter não tinha sido abalada, porém o experimento de Michelson e Morley havia criado um problema adicional, entrando em conflito com a teoria mais bem confirmada.

13.1 A hipótese de contração de FitzGerald

Além de publicações como essas, que simplesmente constatam o quebra-cabeças, surgiu também uma proposta de solução. Em 1889 – ou seja, dois anos depois da publicação dos resultados do experimento de Michelson e Morley – o irlandês George Francis FitzGerald (1851-1901) publicou uma curta nota em que apontava uma possível solução:

> Li com muito interesse o maravilhosamente delicado experimento dos senhores Michelson e Morley tentando decidir

a importante questão sobre até que ponto o éter é carregado junto com a Terra. Seu resultado parece oposto a outros experimentos que mostram que o éter no ar só pode ser arrastado em um grau inapreciável. Eu gostaria de sugerir que talvez a única hipótese que possa reconciliar essa oposição é que o comprimento dos corpos materiais muda, conforme estejam se movendo através do éter ou cruzando-o, por uma quantidade que depende do quadrado da razão entre sua velocidade e a da luz. Sabemos que as forças elétricas são afetadas pelo movimento dos corpos eletrificados através do éter e parece uma suposição que não é improvável que as forças moleculares sejam afetadas pelo movimento e que o tamanho do corpo se altere em consequência. Seria muito importante se fossem instituídos experimentos seculares sobre as atrações elétricas entre corpos permanentemente eletrificados, como em um eletrômetro de quadrante muito delicado, a serem realizados em alguma região equatorial da Terra, para observar se há qualquer variação diurna e anual da atração – diurna devida à rotação da Terra que é adicionada e subtraída de sua velocidade orbital; e anual, de modo semelhante, pela velocidade orbital e pelo movimento do sistema solar. Geo. Fras. FitzGerald.

Dublin, 2 de Maio. (FitzGerald, 1889, p. 390)

Esta é a famosa proposta da contração de FitzGerald-Lorentz,[9] mencionada em todos os livros. Ambos supuseram que o movimento de um objeto material através do éter pode alterar as forças entre suas partículas e, assim, mudar seu tamanho; e que uma pequena alteração das dimensões do interferômetro de Michelson e Morley era suficiente para anular o efeito que havia sido previsto. De fato, o efeito previsto era tão pequeno, que uma alteração de comprimento de apenas 75 Å no bloco de pedra de um metro e meio de lado seria suficiente para neutralizar o efeito calculado através da teoria de Fresnel. Como o efeito previsto era de segunda ordem em v/c, a variação de tamanho também precisaria ser proporcional ao quadrado de v/c.

---

[9] Mais adiante veremos o papel de Lorentz nessa proposta.

Assim, FitzGerald considerou que era possível manter a teoria do éter de Fresnel, desde que se supusesse que o movimento do interferômetro através do éter produzisse uma contração do seu comprimento. Se o braço do interferômetro que se move paralelamente ao vento de éter sofresse uma contração, passando do comprimento L para $L'=L(1-v^2/2c^2)$, os tempos de ida e volta da luz nos dois braços passariam a ser iguais (considerando-se termos até segunda ordem em v/c) e o movimento da Terra através do éter não produziria nenhum efeito mensurável pelo interferômetro.

Quando se lê a nota de FitzGerald (traduzida integralmente acima), a primeira impressão é a de que se trata de uma explicação *ad hoc* – ou seja, algo sem fundamento e inventado apenas para dar conta do efeito nulo do experimento de Michelson e Morley de 1887. Porém, não é o caso. Alguns historiadores da ciência já esclareceram que FitzGerald tinha bons motivos teóricos para propor esse efeito, como será mostrado a seguir (ver Bork, 1966; Brush, 1967; Hunt, 1988). Para explicar o que FitzGerald imaginou, é necessário sair um pouco das questões de óptica e abordar aspectos do eletromagnetismo da época.

Desde a descoberta do eletromagnetismo por Ørsted, em 1820, já se sabia que uma corrente elétrica produz um campo magnético. Porém, apenas no final do século XIX se começou a analisar o que ocorria quando uma carga elétrica esférica se move.[10] Em cada ponto do espaço, o campo elétrico em torno da carga em movimento vai mudando; e a variação do campo elétrico produz um campo magnético. Então, a carga em movimento é acompanhada também por um campo magnético. O primeiro trabalho a respeito desse tema foi publicado por Joseph John Thomson (1856-1940) em um importante artigo no qual introduziu, pela primeira vez, a ideia de uma massa eletromagnética (Thomson, 1881; ver Martins, 2005). Thomson analisou apenas o caso em que o corpúsculo carregado se movia com velocidade pequena; supôs que o campo elétrico não era afetado

---

[10] Os estudos aqui mencionados são *anteriores* à descoberta do elétron.

pelo movimento e que apenas ocorria o surgimento de um campo magnético adicional. Porém, o trabalho de Thomson continha um erro, que foi corrigido pouco depois por Fitzgerald (1881). Para baixas velocidades – que é o caso que eles estudaram, a força entre duas esferas carregadas seria alterada pelo campo magnético. Se elas estiverem se movendo perpendicularmente à reta que as une, surgirá uma força magnética entre elas que diminuirá a repulsão elétrica. Se o movimento for na direção da reta que as une, não existe essa força adicional.

O caso de altas velocidades foi estudado por Oliver Heaviside (1850-1925), primeiramente em um artigo curto (Heaviside, 1888) e, depois, em um bastante extenso e detalhado (Heaviside, 1889). Supondo que a carga elétrica q se move com velocidade u menor do que a da luz, ele obteve as equações exatas para o campo elétrico e para o campo magnético, em função da distância r ao centro da carga e do ângulo θ formado entre a reta que une o centro da carga ao ponto considerado, e a direção do movimento. Heaviside utilizou a seguinte notação: v é a velocidade da luz no vácuo, E é o campo elétrico, H é o campo magnético e c é a constante dielétrica do vácuo, que costumamos representar por ε_0. As equações que ele obteve (e que são corretas também de acordo com a teoria da relatividade) são:

$$cE = \frac{\dfrac{q}{r^2}\left(1 - \dfrac{u^2}{v^2}\right)}{\left(1 - \dfrac{u^2}{v^2}\sin^2\theta\right)^{3/2}}$$

$$H = cEu\sin\theta$$

onde o campo elétrico E é radial (ou seja, paralelo a r) e o campo magnético H é circular, em torno da reta na qual a carga se move. Embora a expressão para H pareça muito simples, deve-se notar que ela depende de E, ou seja, é também uma função mais complicada das velocidades, da distância e do ângulo.

Se houver uma segunda carga próxima à primeira (que está produzindo o campo), movimentando-se com a mesma velocidade u, ela sofrerá tanto uma força elétrica qE quanto uma força magnética $quH = qcEu^2 \sin \theta$. As duas expressões, se forem desenvolvidas em série, terão termos em $(u/v)^2$ e de ordem superior (mas não de primeira ordem). Portanto, se várias cargas elétricas se movem em conjunto através do éter, suas forças mútuas sofrem mudanças que, em primeira aproximação, são da ordem de $(u/v)^2$.

Retornemos, agora, à publicação de Fitzgerald, da qual quero destacar este trecho:

> Eu gostaria de sugerir que talvez a única hipótese que possa reconciliar essa oposição é que o comprimento dos corpos materiais muda, conforme estejam se movendo através do éter ou cruzando-o, por uma quantidade que depende do quadrado da razão entre sua velocidade e a da luz. Sabemos que as forças elétricas são afetadas pelo movimento dos corpos eletrificados através do éter e parece uma suposição que não é improvável que as forças moleculares sejam afetadas pelo movimento e que o tamanho do corpo se altere em consequência. (FitzGerald, 1889, p. 390)

Levando em conta os trabalhos de Thomson, do próprio FitzGerald e de Heaviside a respeito do campo eletromagnético de cargas em movimento, esse trecho faz todo sentido. Realmente, as forças elétricas são afetadas pelo movimento através do éter e, em primeira aproximação, essas variações são proporcionais a $(u/v)^2$. As forças moleculares são mais complexas, mas poderiam ser afetadas do mesmo modo. Como são essas forças que mantêm a coesão de um corpo sólido, não há nada de absurdo em supor que as dimensões de um sólido que se desloca através do éter podem sofrer alterações que, em primeira aproximação, dependerão de $(u/v)^2$.

É claro que se coloca agora a questão: teria FitzGerald conhecimento desse trabalho de Heaviside, de 1888, quando escreveu seu comunicado que foi publicado na revista *Science*? A pesquisa realizada por Bruce Hunt não deixa dúvidas a respeito disso. No final de 1888, Heaviside e FitzGerald estavam se correspondendo a respeito de um debate a respeito da primazia dos potenciais ou dos campos, na interpretação do eletromagnetismo de Maxwell (Hunt, 1888, p. 72). No fim de janeiro de 1889, Heaviside escreveu para FitzGerald chamando-lhe a atenção para a solução do campo eletromagnético de uma carga em movimento, que ele havia publicado na revista *The Electrician*. FitzGerald respondeu no dia 4 de fevereiro dizendo que estava "muito contente por ouvir que você resolveu completamente o problema da esfera em movimento" e também mencionou a possível aplicação do trabalho de Heaviside para uma teoria sobre as forças entre as moléculas (*ibid.*). Então, não há dúvidas de que o trabalho de Heaviside forneceu uma base teórica para a carta que FitzGerald escreveu à revista *Science* alguns meses depois.

Porém, mesmo tendo um argumento para sugerir que o tamanho dos corpos deveria sofrer uma variação quando eles se deslocassem através do éter, teria FitzGerald condições de dizer que essa variação de tamanho *anularia exatamente* o efeito previsto no experimento de Michelson e Morley? Bruce Hunt afirmou que sim:

> Um exame mais detalhado dos acontecimentos que levaram à formação de FitzGerald da hipótese de contração revela [...] que ela tinha um fundamento teórico consideravelmente mais forte do que se tem reconhecido. Em vez de ser apenas uma inspiração isolada, foi um desenvolvimento natural do trabalho sobre a teoria eletromagnética que FitzGerald e seus colegas Maxwellianos tinham estado desenvolvendo desde o início da década de 1880. Em particular, parece que FitzGerald se baseou na descoberta de Oliver Heaviside, em dezembro de 1888, de que o campo eletromagnético em torno de uma carga em movimento encolheria levemente ao longo de sua linha de movimento – exatamente pela quantidade, de fato, que depois foi exigida pela teoria da relatividade. Combinando a fórmula de Heaviside com aquilo que ele já acreditava sobre a natureza eletromagnética das forças intermoleculares, FitzGerald teria sido capaz de prever o efeito de

contração mesmo se nunca tivesse ouvido falar sobre o experimento de Michelson-Morley. (Hunt, 1988, p. 67)

Podemos colocar em dúvida a conclusão de Bruce Hunt. Em primeiro lugar, é necessário indicar que FitzGerald nunca apresentou uma previsão *quantitativa* do efeito de contração. Em segundo lugar, não é possível deduzir a partir das fórmulas de Heaviside um valor para a contração dos objetos. Assim, embora se possa afirmar com segurança que a proposta de contração de FitzGerald não era uma hipótese *ad hoc*, ela também não tinha uma base *quantitativa*.

Que impacto teve a sugestão de FitzGerald, na época? Absolutamente nenhum. O pequeno artigo na revista *Science* passou despercebido e não foi citado. FitzGerald tentou convencer seu ex-aluno Thomas Preston a mencionar sua hipótese no capítulo do seu livro a respeito da *Teoria da luz* em que tratava sobre o experimento de Michelson e Morley, mas Preston não a incluiu em seus comentários (Hunt, 1988, p. 75). O próprio FitzGerald não se empenhou muito em divulgar sua ideia; mas contou com o apoio de seu amigo Oliver Joseph Lodge (1851-1940). Este relatou que a hipótese de contração ocorreu a FitzGerald quando estavam conversando em sua casa a respeito do experimento de Michelson e Morley:

> Assim também ocorreu aquela brilhante sugestão de mudança de forma ou distorção devida ao movimento através do éter, agora conhecida como a hipótese de FitzGerald-Lorentz, que brilhou em sua mente no estúdio do autor em Liverpool, enquanto estava discutindo o significado do experimento de Michelson-Morley. (Lodge, 1904-1905, p. 154)

Oliver Lodge expôs em diversas ocasiões como teria ocorrido sua conversa com FitzGerald em 1889, porém os relatos mais detalhados são tardios e, provavelmente, não são confiáveis (Hunt, 1988, pp. 73-74).

No dia 27 de maio de 1892, Oliver Lodge apresentou à *Physical Society of London* uma comunicação intitulada "Sobre o estado presente de nosso conhecimento sobre a conexão entre éter e matéria: um sumário histórico". O trabalho não foi publicado nos *Proceedings* dessa Sociedade, mas uma versão resumida do mesmo apareceu no mês de Junho na revista *Nature* (Lodge, 1892). Essa foi a primeira menção publicada a respeito da hipótese de FitzGerald – exceto, é claro, a pequena nota publicada na revista *Science*. Nessa comunicação, depois de comentar sobre o experimento de Michelson e Morley e seu conflito com outros experimentos, comentou: "O prof. FitzGerald sugeriu um modo de escapar da dificuldade supondo que o tamanho dos corpos seja uma função de sua velocidade através do éter" (Lodge, 1892, p. 165). Não foi fornecida qualquer informação adicional. Pode ser que a versão completa do comunicado de Lodge contivesse mais detalhes; mas ela não é conhecida. No ano seguinte, Lodge mencionou novamente a hipótese de FitzGerald em um extenso artigo (Lodge, 1893) em que apresentou um experimento que realizou para testar a teoria de Stokes sobre o éter – um trabalho que será apresentado mais adiante. É bem possível que o comunicado apresentado à *Physical Society* tenha sido uma parte desse artigo mais extenso, que foi lido em uma sessão da *Royal Society* no dia 31 de março de 1892.

Nesse artigo, Lodge novamente comentou sobre o experimento de Michelson e Morley e indicou a hipótese de FitzGerald como uma possível solução:

> O experimento de Michelson levanta uma forte presunção a favor de tal viscosidade [do éter]; no entanto, seu resultado negativo é explicável de um modo concebível de outras formas. Uma delas foi sugerida engenhosamente pelo Professor Fitzgerald, a saber, que a força de coesão entre as moléculas e, portanto, o tamanho dos corpos, pode ser uma função da direção de seu movimento através do éter; e que dessa forma o comprimento e a largura da pedra que serviu de suporte para Michelson foram afetados de modos diferentes, ocorrendo aquilo que foi, seja acidentalmente ou por alguma razão

desconhecida, um modo compensatório. (Lodge, 1893, pp. 749-750)

É interessante que, nesse comentário, Lodge indica que o comprimento e a largura do bloco de pedra teriam sido influenciados "de modos diferentes" – ou seja, de acordo com essa versão, não teria sido apenas o comprimento que seria afetado.

13.2 A hipótese de contração de Lorentz

Independentemente da sugestão de FitzGerald, o físico holandês Hendrik Antoon Lorentz (1853-1928) desenvolveu uma proposta semelhante, a respeito da mudança das dimensões dos corpos que se movem através do éter. Já vimos que Lorentz estava muito envolvido com as questões de óptica dos corpos que se movem através do éter e havia analisado o experimento de Michelson de 1881. Em um trabalho intitulado "Aberration" publicado em 1892,[11] Lord Rayleigh se referiu a esse trabalho de Lorentz, mencionando a versão em holandês (Strutt, 1892, p. 502). O autor esclareceu, em uma nota de rodapé (*ibid.*, p. 499), que esse artigo havia sido escrito em 1887, quando estava envolvido com a redação do seu artigo a respeito da teoria ondulatória da luz que apareceu na *Encyclopaedia Britannica*; porém, acabou não publicando o texto na ocasião. A versão publicada na revista *Nature* em 1892 é idêntica ao original de 1887, segundo o autor.

Quando escreveu esse artigo, Lord Rayleigh ainda não tinha conhecimento do experimento de Michelson e Morley de 1887; por isso, nele há apenas uma referência ao experimento de

---

[11] O termo "aberração" já apareceu muitas vezes neste artigo referindo-se à mudança de posição aparente das estrelas causada pelo movimento orbital da Terra. No entanto, na década de 1880, havia se tornado comum usar o nome em um sentido mais amplo, para indicar o estudo de *qualquer fenômeno* produzido pelo movimento *em relação ao éter*. Assim, o artigo de Lord Rayleigh não tratava apenas sobre aberração estelar mas sim sobre todos os fenômenos ópticos estudados no século XIX que poderiam ser influenciados pelo movimento através do éter.

Michelson de 1881 e à correção teórica introduzida por Lorentz, comentando:

> Sob essas circunstâncias, os resultados de Michelson dificilmente podem ser considerados como tendo um grande peso na balança. É muito desejável que o experimento seja repetido com os melhoramentos sugeridos pela experiência. [...] De um modo geral, a hipótese de Fresnel de um éter estacionário parece atualmente a mais provável; mas a questão deve ser considerada como estando em aberto. Seria muito importante dispor de evidência adicional; mas é difícil ver de onde pode ser esperada qualquer coisa essencialmente nova. (Strutt, 1892, p. 502)

No dia 18 de agosto de 1892, Lorentz escreveu uma carta a Rayleigh mencionando algumas publicações e se referindo, especificamente, a esse trabalho de Rayleigh publicado na revista *Nature*:

> Eu adicionei [junto à carta] uma tradução em francês do meu artigo sobre aberração, pois encontrei apenas o original (em holandês) mencionado em sua nota na *Nature*.
>
> Li essa nota com muito interesse e a partir dela vejo que você concorda totalmente quanto à posição do caso. A hipótese de Fresnel, tomada em conjunto com seu coeficiente $1-1/n^2$, serve de modo admirável para explicar todos os fenômenos observados, a não ser pelo experimento interferencial do Sr. Michelson que, como você sabe, foi repetido depois que publiquei alguns comentários sobre sua forma original e que parece decididamente contradizer as opiniões de Fresnel.
>
> Estou realmente perdido sobre como esclarecer essa contradição e, no entanto, acredito que se fôssemos abandonar a teoria de Fresnel não teríamos nenhuma teoria de aberração adequada, já que as condições que o Sr. Stokes impôs ao movimento do éter são irreconciliáveis entre si.
>
> Poderia haver algum ponto na teoria do experimento do Sr. Michelson que até agora não foi notado?
>
> Enquanto isso, tenho tentado aplicar a teoria eletromagnética a um corpo que se move através do éter sem arrastar o

meio com ele; meu artigo está agora no prelo e eu espero, em algumas semanas, ser capaz de enviar-lhe uma cópia. (Lorentz, *apud* Kox, 2009, p. 43)

Dois dias depois, Rayleigh respondeu a Lorentz, mencionando: "Eu concordo que a questão da aberração é uma muito obstinada. O prof. Lodge está publicando um artigo sobre o assunto (nas *Philosophical Transactions*) que pode interessar-lhe, embora provavelmente você não concordará com tudo nele" (Rayleigh, *apud* Kox, 2009, p. 45). O trabalho de Lodge indicado por Lord Rayleigh, embora seja de março de 1892, só foi publicado no ano seguinte (Lodge, 1893) e já foi mencionado anteriormente, pois nele o autor se refere à hipótese de contração de Fitzgerald.

Vemos que Lorentz estava envolvido com as questões de óptica e, ao mesmo tempo, estudando a teoria eletromagnética aplicada a corpos em movimento através do éter – ou seja, seguindo um caminho semelhante ao de FitzGerald, mas sem conhecer sua hipótese.

No último parágrafo da citação acima, Lorentz informou Lord Rayleigh a respeito de um artigo que estava publicando na época – um estudo que ele havia sido concluído no mês de junho de 1892. A tradução do título do trabalho é "A teoria eletromagnética de Maxwell e sua aplicação aos corpos em movimento" (Lorentz, 1892b). É relevante esclarecer o contexto desse trabalho. Atualmente, estamos acostumados com a hegemonia da teoria eletromagnética de Maxwell; porém, em torno de 1880, havia muitas teorias diferentes do eletromagnetismo, disputando a primazia. Os físicos "continentais" (especialmente da Alemanha) davam preferência à ideia de forças à distância e rejeitavam a ideia do éter eletromagnético. Um fator que contribuiu muito para o sucesso da teoria de Maxwell foi a produção de ondas eletromagnéticas por Heinrich Rudolf Hertz (1857-1894). Sua pesquisa, realizada em 1886-1888, mostrou que era possível produzir ondas que conduziam energia em um espaço "vazio" (na verdade, no ar), o que era muito difícil de conciliar com as teorias de ação à distância (Simpson, 1966; D'Agostino, 1975). O próprio Hertz, que fora aluno de Helmholtz e aceitava a versão do eletromagnetismo proposta por ele, aderiu à teoria de Maxwell e à ideia do éter. Em 1890 ele publicou dois trabalhos em que procurou "purificar" essa teoria de qualquer vestígio de conceitos relacionados à ação à distância. No segundo desses artigos ele aplicou o eletromagnetismo de Maxwell ao caso de corpos em movimento, adotando a interpretação de que o éter era arrastado pelos corpos (Darrigol, 1993).

No ano seguinte à publicação do trabalho de Hertz, Lorentz declarou sua conversão à teoria eletromagnética de Maxwell e à ideia de ação através do éter. No entanto, por causa de seus estudos sobre óptica, ele rejeitou a ideia do éter arrastado pelos corpos em movimento que Hertz havia utilizado e resolveu, por isso, desenvolver uma nova versão da teoria, supondo que o éter estava parado no espaço e era atravessado pelos corpos em movimento – ou seja, adotando no eletromagnetismo o mesmo éter de Fresnel. Essa foi a motivação do seu trabalho de 1892 (McCormmach, 1970; McCormmach, 1973).

No dia 26 de novembro de 1892, alguns meses depois de concluir seu artigo sobre a teoria de Maxwell aplicada aos corpos em movimento, Lorentz submeteu para publicação um artigo "Sobre o movimento relativo da Terra e do éter", no qual propôs a mudança de dimensões dos corpos que se movem através do éter. É um artigo curto, que foi publicado inicialmente apenas em holandês (Lorentz, 1892a), embora existam traduções para o alemão e para o inglês publicadas posteriormente. O início do artigo apresenta a posição de Lorentz em relação às teorias sobre o éter e indica o conflito introduzido pelo experimento de Michelson e Morley:

> Para explicar a aberração da luz, FRESNEL admitiu que o éter não compartilha o movimento anual da Terra – o que exige, é claro, que nosso planeta seja completamente permeável por aquele meio. Posteriormente, STOKES procurou uma explicação assumindo que o éter é arrastado pela Terra e

assim, em cada ponto da superfície da Terra, a velocidade do éter é a mesma que a da Terra.

Pesquisei intensamente essas teorias alguns anos atrás.[12] Parece-me que outros tipos de explicação ficam mais ou menos entre as mencionadas acima e, portanto, como não são tão simples, merecem menos atenção. Das duas opiniões extremas, julguei que era necessário rejeitar a de STOKES, porque nela o movimento do éter exige a existência de um potencial de velocidade, que é incompatível com a igualdade entre as velocidades da Terra e do éter adjacente.

Por outro lado, era possível explicar praticamente todos os fenômenos considerados através da teoria de FRESNEL, se admitirmos o "coeficiente de arrastamento" para substâncias materiais transparentes dado por FRESNEL e cujo valor deduzi recentemente da teoria eletromagnética da luz.[13]

Uma grande dificuldade foi colocada por um experimento de interferência, executado por MICHELSON para decidir entre as duas teorias.

MAXWELL notou que, se o éter permanece em repouso, então o movimento da Terra deve ter uma influência sobre o tempo exigido pela luz para se mover para a frente e para trás entre dois pontos fixos em relação à Terra. Se l é a distância entre os pontos, V a velocidade da Luz e p a da Terra, então o tempo relevante (se a linha que une os pontos for paralela à direção do movimento) é dado por:

$$2\frac{l}{V}\left(1 + \frac{p^2}{V^2}\right) \tag{1}$$

e se for perpendicular a ele

[12] Neste ponto, Lorentz citou seu artigo: Over den invloed, dien de beweging der aarde op de lichtverschijnselen uitoefent. *Verslagen en Mededeelingen der Koninklijke Akademie van Wetenschappen* (série 3), **2**: 297-372, 1886. Ele também indicou a tradução em francês: De l'influence du mouvement de la terre sur les phénomènes lumineux. *Archives Néerlandaises des Sciences Exactes et Naturelles*, **21**: 103-176, 1887.

[13] Neste ponto, Lorentz citou seu artigo: La théorie électromagnétique de Maxwell et son application aux corps mouvants. *Archives Néerlandaises des Sciences Exactes et Naturelles*, **25**: 363-552, 1892.

$$2\frac{l}{V}\left(1 + \frac{p^2}{2V^2}\right) \qquad (2)$$

produzindo uma diferença de

$$\frac{lp^2}{V^3} \qquad (3)$$

(Lorentz, 1892a, pp. 74-75)

Note-se que Lorentz está utilizando apenas uma aproximação de segunda ordem, para o tempo na direção perpendicular ao movimento em relação ao éter (2). Depois de descrever o experimento de Michelson e seu resultado, Lorentz comentou:

> Durante um longo tempo procurei explicar esse experimento sem sucesso e, eventualmente, encontrei apenas um modo de reconciliar seu resultado com a teoria de FRESNEL. Ele consiste em supor que a linha que une dois pontos de um corpo sólido não conserva seu comprimento, quando está inicialmente em movimento paralelo à direção do movimento da Terra e, depois, é colocado perpendicularmente a ele.
>
> Se, por exemplo, a distância no último caso [perpendicular] é l e no primeiro caso [longitudinal] $l(1-\alpha)$, então a primeira das expressões (1) deve ser multiplicada por $(1-\alpha)$. Desprezando $\alpha p^2/V^2$, obtemos [para o tempo de ida e volta longitudinal]:

$$2\frac{l}{V}\left(1 + \frac{p^2}{V^2} - \alpha\right)$$

> A diferença em relação a (2) – e, assim, toda a objeção – seria removida se

$$\alpha = \frac{p^2}{2V^2}$$

> Realmente, não me parece inconcebível tal mudança de comprimento dos braços no primeiro experimento de MICHELSON e do tamanho da placa de pedra no segundo.

Realmente, o que determina a forma e o tamanho de um corpo sólido? Aparentemente, a intensidade das forças moleculares; qualquer causa que possa modifica-las poderia mudar a forma e o tamanho também. Ora, atualmente podemos assumir que as forças elétrica e magnética atuam por intervenção do éter; é natural assumir o mesmo para as forças moleculares; mas, então, pode fazer uma diferença se a linha que conecta duas partículas que se movem através do éter está se movendo paralelamente à direção do movimento ou perpendicularmente a ele. Pode-se ver facilmente que não se deve esperar um efeito da ordem de p/V, mas um efeito da ordem de p^2/V^2 não pode ser excluído e isso é exatamente o que necessitamos. (Lorentz, 1892a, pp. 76-77)

Até este ponto, há uma grande semelhança entre a introdução da hipótese de contração por Lorentz e o modo como FitzGerald havia apresentado sua sugestão. Porém, em seguida Lorentz proporciona uma argumentação que leva à estimativa quantitativa da contração, levando em conta as mudanças das forças eletromagnéticas em um corpo que se move através do éter. Ele utilizou os resultados da teoria que acabara de publicar – e na qual apenas eram considerados efeitos até a segunda ordem de p/V.

Como não sabemos nada a respeito da natureza das forças moleculares, é impossível verificar essa hipótese. Podemos apenas – introduzindo, é claro, suposições mais ou menos plausíveis – calcular a influência do movimento da matéria ponderável nas forças elétrica e magnética. É relevante mencionar que, quando o resultado obtido para as forças elétricas é transferido às forças moleculares, ele proporciona exatamente o valor de α indicado acima.

Seja A um sistema de pontos materiais que contêm certas cargas elétricas e que estão em repouso em relação ao éter; e seja B o sistema formado pelos mesmos pontos, quando eles estão se movendo na direção do eixo x com uma velocidade coletiva p através do éter. A partir das equações desenvolvidas por mim,[14] pode-se deduzir as forças com as quais as partículas no sistema atuam uma sobre as outras. O modo mais simples de expressar o resultado é introduzindo um terceiro sistema C que está em repouso, como A, mas difere dele pelas posições mútuas dos pontos. O sistema C pode ser obtido de A por uma expansão coletiva pela qual todas as dimensões na direção do eixo x são $1+p^2/2V^2$ maiores, enquanto as dimensões perpendiculares permanecem imutáveis.

Quanto à relação entre as forças em B e C, segue-se que as componentes na direção do eixo x são as mesmas que em C, enquanto as componentes perpendiculares ao eixo x são $1-p^2/2V^2$ vezes as de C. (Lorentz, 1892a, pp. 77-78)

Lorentz admitiu que não dispunha de uma teoria a respeito das forças moleculares, porém apresentou o que havia deduzido para forças elétricas nos corpos em movimento, mostrando que, para manter o equilíbrio das forças em um corpo, ele deveria sofrer um encolhimento na direção do eixo do movimento:

Queremos transferir isso para as forças moleculares e imaginar um corpo sólido como um sistema de pontos materiais em equilíbrio pela influência de suas atrações e repulsões mútuas. O sistema B será um corpo se movendo através do éter. As forças que agem sobre seus pontos materiais se eliminam. Isso não pode ocorrer se ele for como o caso A. Porém, no sistema C todas as componentes perpendiculares ao eixo x das forças são alteradas; e se passarmos de B para C, o equilíbrio não será alterado se as forças forem mudadas na mesma razão. Desse modo, pode-se ver que quando B está em um estado de equilíbrio durante o deslocamento no éter, C está em um estado de equilíbrio quando o deslocamento não ocorre. Chega-se então exatamente à influência do movimento sobre as dimensões, que acima foi mostrada ser necessária para explicar o experimento de MICHELSON.

É claro que não se pode exagerar a importância desse resultado; transferir para as forças moleculares aquilo que encontramos para as forças elétricas pode ser considerado muito

---

[14] Neste ponto, Lorentz indica a página 498 de seu artigo (Lorentz, 1892b).

arriscado, para alguns. Além disso, se quisermos fazê-lo, não seria possível decidir se o movimento da Terra encurta as dimensões em uma direção – como foi suposto antes – ou se aumenta o comprimento perpendicular a ele, uma suposição pela qual poderíamos chegar ao mesmo resultado.

De qualquer forma, parece impossível negar que são possíveis mudanças das forças moleculares e, consequentemente, do tamanho do corpo, da ordem de $1-p^2/2V^2$. Assim, o experimento de MICHELSON perde seu poder de decidir a questão que era seu objetivo. Se assumirmos a teoria de FRESNEL, então o seu significado [do experimento de Michelson] reside no fato de que podemos aprender algo sobre a mudança de dimensões.

Como $p/V = 1/10.000$, então $p^2/2V^2$ é uma parte em duzentos milhões. Uma contração do diâmetro da Terra nessa proporção corresponderia a 6 cm. Não podemos esperar a observação de uma mudança de comprimento de uma parte em duzentos milhões quando comparamos réguas; e mesmo se um método de observação permitisse fazê-lo, então esse método seria a justaposição de duas barras, mas nunca poderíamos detectar as mudanças indicadas, se ocorrem do mesmo modo em ambas. A única saída é compara o comprimento de duas barras perpendiculares entre si; e que quisermos fazer isso pela observação de um fenômeno de interferência (com um raio de luz que vai e volta no primeiro e no segundo braços), então caímos de volta no experimento de MICHELSON. No entanto, a influência da mudança de comprimento seria compensada pela mudança de fase que é determinada pela expressão (3). (Lorentz, 1892a, pp. 78-79)

Vemos, então, que a proposta de Lorentz é, por um lado, muito mais bem fundamentada do que a de FitzGerald, pois se baseia em uma dedução quantitativa dos efeitos sofridos pelas forças nos corpos em movimento no éter; e que é mais ampla, pois ele indica que seria possível também supor que, em vez de uma contração de comprimento, ocorresse um aumento das dimensões perpendiculares ao movimento. Na verdade, infinitas combinações de mudanças de comprimento longitudinal (paralela ao vento do éter) e transversal poderiam explicar o efeito nulo do experimento de Michelson e Morley, desde que *a razão* entre o comprimento longitudinal e o comprimento transversal sofresse uma variação de $1-p^2/2V^2$.

Algum tempo depois da publicação desse trabalho, Lorentz tomou conhecimento do trabalho de Oliver Lodge que havia sido mencionado por Lord Rayleigh. Nesse artigo, como já foi mencionado anteriormente, o autor citou a hipótese de contração de FitzGerald (Lodge, 1893, pp. 749-750). Tendo tomado conhecimento desse precedente, Lorentz escreveu uma carta ao próprio FitzGerald (ver Brush, 1967):

> Leiden, 10 de novembro de 1894.
>
> Meu caro senhor,
> O professor Oliver Lodge, em seu "Aberration problems", menciona uma hipótese que o senhor imaginou para explicar o resultado negativo do experimento de Michelson. Algum tempo atrás eu cheguei à mesma ideia, como o senhor pode ver no número das *Atas* da *Academia Holandesa de Ciências* que eu tenho a honra de lhe encaminhar juntamente com esta carta.
>
> Está agora sendo publicada uma memória na qual eu considero todo o tema da Aberração em conexão com a teoria eletromagnética da luz – de fato, aparecerá dentro de uma semana – e eu ficaria muito grato se o senhor pudesse me dizer se sua hipótese já foi publicada. Eu fui incapaz de encontrá-la, mas gostaria de me referir a ela.
> Muito respeitosamente seu
>
> H. A. Lorentz (Kox, 2009, p. 45)

FitzGerald respondou poucos dias depois:

> 14.11.94.
>
> Meu caro senhor,
> Há anos tenho pregado e ensinado a doutrina de que o experimento de Michelson prova – e é um dos únicos modos de provar – que o comprimento de um corpo depende de como ele está se movendo através do éter. Pelo que me lembro, uns dois anos depois que os resultados de Michelson foram

publicados, escrevi uma carta para "Science", a revista americana que recentemente foi extinta, explicando minha opinião, mas não se se eles jamais a publicaram, pois não vi a revista posteriormente durante algum tempo. Tenho bastante certeza de que sua publicação, então, antecede qualquer de minhas publicações impressas, pois procurei em vários lugares onde pensei que pudesse havê-lo mencionado, mas não consegui encontrar que o tivesse feito. Certamente nunca escrevi um artigo especial sobre ele, como deveria ter feito para a informação de outros, além dos meus estudantes daqui.

Fico particularmente deliciado em ouvir que o senhor concorda comigo, pois aqui fui bastante ridicularizado por minha opinião. Nem mesmo consegui persuadir meu próprio estudante W. Preston a introduzir essa crítica em seu livro sobre a Luz publicado em 1890, embora eu tenha insistido muito com ele para fazê-lo; e foi apenas depois de pressões reiteradas que induzi o Dr. Lodge a mencioná-la no seu artigo; mas agora que tenho o senhor como um defensor e autoridade, começarei a zombar dos outros por defenderem qualquer outra opinião.

Muito obrigado por seus artigos. Posso captar seu andamento geral e gostaria de ser capaz de retribuir respondendo-lhe em holandês.

Seu, muito sinceramente,

Geo. Fras. Fitzgerald (Kox, 2009, p. 46)

A resposta de FitzGerald tem aspectos muito curiosos. Por exemplo, ele nunca soube que seu curto artigo havia sido publicado na revista *Science*. Os historiadores da ciência também ignoravam essa publicação, até que Stephen Brush localizou tanto o artigo quanto essa correspondência entre Lorentz e Fitzgerald (Brush, 1967). Outro aspecto interessante é o tom de gentileza das cartas trocadas entre eles. O trabalho que Lorentz mencionou, que estava sendo publicado, é seu importante trabalho sobre a teoria dos fenômenos elétricos e ópticos nos corpos em movimento (Lorentz, 1895). Aparentemente, Lorentz adiou a publicação, para inserir um comentário no qual mencionou que FitzGerald havia desenvolvido a hipótese de contração, de forma independente, para explicar o experimento de Michelson e Morley:

> De fato, isso [a explicação do efeito nulo do experimento] pode ser explicado por meio de uma hipótese que apresentei algum tempo atrás e que, como descobri depois, também foi obtida pelo Sr. Fitzgerald. (Lorentz, 1895, pp. 121-122)

E em uma nota de rodapé, Lorentz acrescentou:

> Como o sr. Fitzgerald me informou gentilmente, ele tem discutido sua hipótese em suas palestras há algum tempo. Na literatura [publicações], apenas a encontrei mencionada pelo senhor Lodge no seu trabalho "Aberration problems" [...]. (Lorentz, 1895, p. 122)

Graças à menção feita por Lorentz, a autoria independente da hipótese de contração foi reconhecida e passou a ser citada e valorizada. O próprio ex-aluno de FitzGerald, Thomas Preston, que havia deixado de se referir à explicação do seu professor em 1890, introduziu uma menção a essa ideia na segunda edição de seu livro, citando também que a hipótese havia sido proposta por Lorentz (Preston, 1895, pp. 520-521).

14. O DISCO GIRANTE DE LODGE

Independentemente da hipótese de contração de FitzGerald e Lorentz, era necessário explorar outros modos de explicar o resultado negativo do experimento de Michelson e Morley. Ele seria compreensível se o éter fosse arrastado pelo movimento da Terra, como na teoria de Stokes; mas seria importante buscar alguma evidência independente de que a matéria em movimento pode arrastar o éter em sua proximidade.

Um pouco antes da conclusão do experimento de Michelson e Morley de 1887, como já foi mencionado, Lord Rayleigh e Michelson se corresponderam sobre o assunto, procurando possíveis explicações para o caso em que o resultado fosse negativo. Rayleigh sugeriu a relevância de fazer experimentos para verificar se um objeto material em movimento rápido influenciaria a velocidade da luz em sua proximidade – ou seja, um teste da teoria de Stokes sobre o éter. Na sua resposta, do dia 6 de Março de 1887, Michelson comentou:

> Se ele [o experimento] der um resultado negativo definido, então penso que a sua sugestão muito valiosa sobre uma possível influência na vizinhança de um corpo se movendo rapidamente deveria ser submetida ao testo do experimento; mas eu também penso que o resultado dele seria negativo. (Michelson, *apud* Strutt, 1968, pp. 343-344)

Nessa época, Lord Rayleigh estava redigindo seu artigo sobre "Aberração", que acabou não publicando na época e no qual encontramos esse comentário: "Outra questão que, talvez, pudesse ser submetida com vantagem a um exame experimental é se a propagação da luz no ar é afetada pelo rápido movimento de corpos pesados, paralelamente e na vizinhança imediata do raio" (Strutt, 1892, p. 502).

Em 1890, Oliver Lodge estava planejando escrever um trabalho sobre aberração e consultou Lord Rayleigh pedindo sugestões (Hunt, 1986, p. 113). No dia 3 de dezembro, Rayleigh lhe escreveu uma carta e enviou uma cópia do manuscrito de 1887, informando: "Escrevi minhas opiniões sobre Aberração, mas no fim decidi omitir tudo que fosse especulativo [...] Há algumas referências que podem lhe ser úteis. De qualquer forma, é melhor do que qualquer coisa que eu pudesse dizer agora" (Strutt, 1968, p. 342).

Até essa época, Oliver Lodge nunca havia publicado um artigo na prestigiosa revista da *Royal Society* (*Philosophical Transactions*), embora fosse membro da Sociedade desde 1887. Como Lord Rayleigh era o Secretário da *Royal Society*, Lodge o consultou sobre a viabilidade de publicar o estudo que estava realizando sobre aberração na revista. Rayleigh lhe respondeu: "Teoria, a menos que seja desenvolvida de forma rigorosa e livre de conteúdo especulativo, talvez seja pouco adequada" (Hunt, 1986, p. 114). Mas Lodge não desanimou, tendo resolvido incluir no seu artigo um estudo experimental, inspirado pela sugestão de Rayleigh sobre o modo de testar a teoria de Stokes. Assim, no dia 8 de fevereiro de 1891, Lodge lhe escreveu indicando seu projeto de realizar um experimento com discos metálicos girando a alta velocidade e comentando que, mesmo se o resultado fosse negativo, um trabalho experimental bem feito poderia servir para facilitar a aceitação do artigo. Porém, Lodge estava receoso de que Michelson pudesse completar o mesmo tipo de estudo antes dele: "Eu não ficaria surpreso se Michelson sair na minha frente, já que você o sugeriu [o experimento] a ele" (Lodge, *apud* Strutt, 1986, p. 345). Mas Lodge teve sorte: Michelson não tentou realizar esse tipo de estudo.

A ideia do experimento era simples. Lodge imaginou montar um aparelho com grandes dois discos metálicos paralelos entre si, separados por uma pequena distância, girando rapidamente; e passar feixes luminosos entre os discos, tanto no mesmo sentido do movimento de rotação quanto no sentido oposto. Depois, esses feixes luminosos eram reunidos e sua interferência era observada, para tentar detectar qualquer variação de velocidade da luz produzida pelo suposto arrastamento do éter. Em alguns aspectos, o projeto era semelhante ao estudo realizado por Fizeau a respeito do arrastamento do éter pela água em movimento (Fig. 23).

A instituição onde Lodge trabalhava, *Liverpool University College*, tinha poucos recursos. Para poder realizar o seu experimento ele obteve ajuda da *Royal Society*, que pagou o salário de seu técnico Benjamin Davies (1863-1957), no valor de 150 libras esterlinas por ano. No entanto, a maior parte dos gastos foi coberta pela doação de um rico amigo de Lodge, George Holt (1825-1896), comerciante e proprietário de uma frota de navios. Holt tinha um grande interesse por atividades científicas e durante sua vida chegou a doar ao *Liverpool University College* mais de 40.000 libras esterlinas (equivalentes, em poder aquisitivo, a 6,5 milhões de libras em 2023), fornecendo recursos para laboratórios, bolsas e cátedras (Rowlands, 1990, p. 142). Toda a aparelhagem necessária para o experimento de Lodge e parte do pagamento de seu auxiliar foram proporcionadas por George Holt, que acompanhou o andamento da pesquisa realizada (Fig. 24).

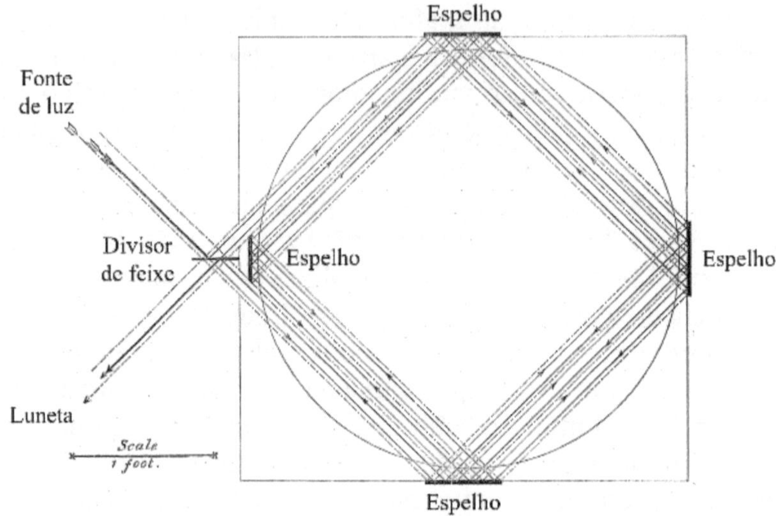

Fig. 23. Esquema da parte óptica da aparelhagem de Lodge. A luz produzida por uma fonte é dividida por uma placa de vidro semi-espelhada. Metade do feixe atravessa a placa e percorre o circuito no sentido anti-horário, entre duas placas metálicas circulares paralelas; a outra metade é refletida pela placa e caminha no sentido horário. Esses feixes são refletidos três vezes em cada espelho, para aumentar o possível efeito. Depois, eles retornam à placa semi-espelhada, são reunidos e captados por uma luneta, onde a interferência é observada (Lodge, 1893, p. 757, fig. 8).

No volumoso artigo que Lodge publicou em 1893, a maior parte do texto era dedicada à descrição da teoria da aberração e aos relatos de experimentos já realizados anteriormente por outros pesquisadores. A parte relativa à sua tentativa de detecção do arrastamento do éter pelos discos em rotação corresponde a aproximadamente um terço do artigo (Lodge, 1893, pp. 754-778).

O equipamento elaborado por Lodge tinha duas partes distintas. Uma era o era o sistema óptico constituído por fonte luminosa, espelhos e luneta, para observação da interferência entre os raios luminosos; a outra era um dispositivo mecânico, com um motor elétrico, que produzia a rotação muito rápida dos discos metálicos (Fig. 25). Essas duas partes eram montadas de modo independente. O piso do laboratório foi perfurado até ser encontrada uma base de rocha; sobre ela foi colocada uma base de pedra que sustentava a máquina giratória, cujo movimento não afetava o piso. O sistema óptico, por sua vez, era fixado em uma estrutura de madeira apoiada no chão do laboratório (Fig. 26).

Fig. 24. Fotografia tirada em março de 1892 no *Liverpool University College*, mostrando Oliver Lodge (à esquerda), Benjamin Davies (ao centro, sem paletó) e George Holt (à direita) junto ao equipamento montado para o estudo do arrastamento do éter pela rotação de discos metálicos (Lodge, 1931, p. 200).

Se a rotação dos discos causasse um arrastamento do éter perto dele (e, principalmente, no espaço entre eles), a velocidade da luz aumentaria em um dos feixes e diminuiria no outro. Lodge procurou, por isso, detectar algum deslocamento das franjas de interferência quando o disco era colocado em rotação em um sentido ou no outro, com grande velocidade. Para medir os deslocamentos das franjas, a luneta utilizada dispunha de dois sistemas de micrômetros: um movia um fio vertical e o outro movia um fio duplo, em forma de X (Fig. 27).

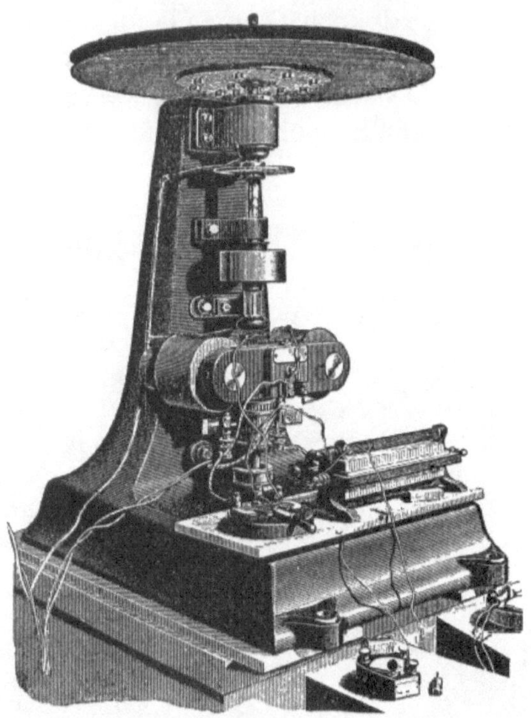

Fig. 25. Desenho em perspectiva da máquina giratória, com os dois discos de aço na sua parte superior. O diâmetro dos discos era de aproximadamente um metro e a distância entre eles era cerca de uma polegada (Lodge, 1909, p. 76, fig. 12).

O motor elétrico tinha 9 cavalos de potência (quase 7 kw), um valor enorme para um equipamento elétrico, nessa época. Foi planejado para girar com velocidade máxima de 4.000 rotações por minuto – os discos de aço poderiam se romper, se atingissem o dobro dessa velocidade. Dependendo da velocidade de rotação, surgiam vibrações que destruíam as franjas de interferência. Em meados de 1891 foram feitos os primeiros testes, com velocidade moderada (1.000 rpm). À medida que a velocidade de rotação ia aumentando, Lodge observou um deslocamento da franja central. A previsão teórica, para um arrastamento total do éter pelos discos, com essa velocidade, era de um deslocamento igual a 3 vezes a distância entre as franjas. O efeito observado foi a metade. Porém, invertendo o movimento de rotação dos discos, o deslocamento deveria ocorrer para o outro lado, mas as franjas de moveram para o mesmo lado. Isso indicou que o efeito era espúrio (Lodge, 1893, p. 764). A rotação dos discos produzia um movimento do ar à sua volta que empurrava os espelhos e produzia um deslocamento das franjas. Aos poucos, foram sendo localizados problemas do equipamento, que foram corrigidos.

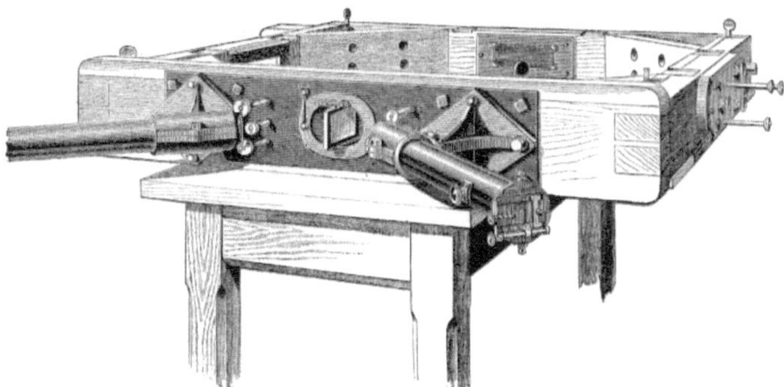

Fig. 26. Estrutura de madeira que sustentava o sistema óptico da aparelhagem. Os discos metálicos giravam dentro dessa estrutura, sem tocá-la (Lodge, 1893, p. 761, fig. 10).

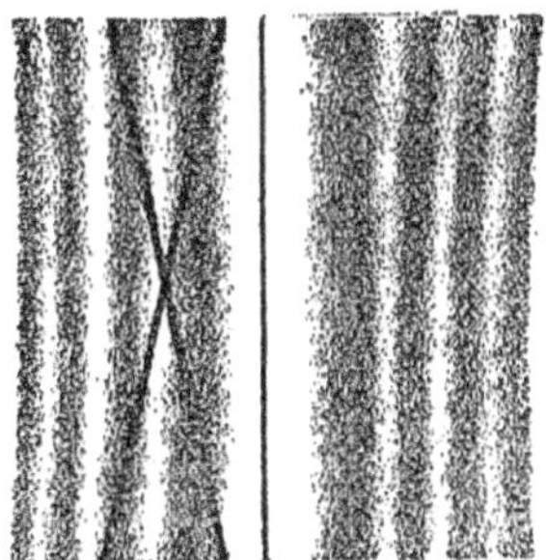

Fig. 27. Franjas de interferência observadas no aparelho de Lodge e fios vertical e em forma de X que podiam ser deslocados por micrômetros independentes (Lodge, 1893, p. 768, fig. 12).

Em março de 1892 foi possível realizar experimentos estáveis com uma velocidade de 1.260 rpm. Houve pequenos deslocamentos das franjas de interferência, porém muito menores do que seria de se esperar se houvesse arrastamento do éter entre os discos de aço. A mudança de velocidade da luz, se existiu, foi de no máximo 1/800 da velocidade dos discos (Lodge, 1893, p. 770). Após indicar outras medidas, Lodge concluiu:

> A completa ausência de deslocamento perceptível até aproximadamente 800 rotações [por minuto], antes que ocorresse qualquer tremor importante, é realmente para mim o fato mais conclusivo; e tenho confiança de que ou o éter entre os discos não é de modo algum afetado por seu movimento ou, se for afetado, é por algo menos do que a milésima parte [da velocidade dos discos]. Ao mesmo tempo, no que diz respeito a uma prova rigorosa, prefiro afirmar que A VELOCIDADE DA LUZ ENTRE DUAS PLACAS DE AÇO SE MOVENDO JUNTAS EM SEU PRÓPRIO PLANO, SEPARADAS POR UMA POLEGADA, NÃO FOI AUMENTADA NEM DIMINUÍDA POR 1/200 DE SUA VELOCIDADE. (Lodge, 1893, p. 777)

Após essa conclusão, Lodge comentou possíveis críticas ao experimento: talvez alegassem que os discos estavam muito distantes um do outro, ou que a rotação deveria ter sido mantida durante um tempo longo para que a viscosidade do éter fosse sentida, ou que os discos tinham massas muito pequenas. Essa última objeção lhe pareceu relevante e ele se propôs a modificar seu equipamento para superar essa limitação.

Lodge, de fato, continuou a modificar seu experimento, utilizando uma grande massa de ferro que pesava cerca de uma tonelada e que tinha uma ranhura fina (cerca de 1 cm) por onde passava a luz; testou se a magnetização ou eletrificação dos discos metálicos produzia algum efeito; e utilizou velocidades mais elevadas. Os resultados, que só foram publicados alguns anos depois, continuaram sendo negativos (Lodge, 1897). Assim, os experimentos com os discos girantes não proporcionaram qualquer efeito mensurável que pudesse apoiar a teoria do éter de Stokes.

O experimento não era conclusivo, é claro. A aparelhagem estava próxima à superfície da Terra; pela teoria de Stokes, um corpo de grande massa como a Terra arrasta o éter próximo à sua superfície. O disco também poderia arrastar o éter em sua volta, mas o efeito do disco poderia ser desprezível, comparado com o efeito da Terra. Assim, era difícil concluir qualquer coisa desse experimento. Apenas se ele tivesse dado um resultado *positivo* ele seria significativo.

15. MICHELSON TESTA A TEORIA DE STOKES

Michelson também procurou evidências de que a hipótese do éter viscoso de Stokes pudesse ser correta, porém utilizando outra abordagem. De acordo com essa teoria, o éter só seria totalmente arrastado a pequenas distâncias da superfície da Terra; a grandes distâncias, o arrastamento seria pequeno. Assim, à medida que fossem consideradas alturas cada vez maiores em relação à superfície terrestre, deveríamos ter um vento de éter que iria aumentando com a altitude. Como testar isso?

Michelson pensou em comparar a velocidade da luz próxima ao solo com sua velocidade a uma certa altura do solo. Se a hipótese de Stokes estivesse correta, essas duas velocidades seriam diferentes – e haveria um efeito de primeira ordem em v/c, que era mais fácil de detectar.

A colaboração com Morley havia sido interrompida quando, em 1889, Michelson se tornou professor da Clark University em Worcester, Massachusetts; e em 1892 ele se transferiu para a Universidade de Chicago, onde se tornou o primeiro chefe do Departamento de Física. Quando ele assumiu o cargo, estava sendo construído o prédio do grandioso *Ryerson Laboratory*, inaugurado em 1894, para abrigar o laboratório de Física da Universidade.

Para testar a existência desse efeito, Michelson construiu um grande dispositivo vertical, constituído por tubos metálicos formando um retângulo com lados horizontais de aproximadamente 60 metros de comprimento e lados verticais com cerca de 15 metros de altura (Fig. 28). Esses tubos, com diâmetro de seis polegadas, foram instalados na face norte do *Ryerson Physical Laboratory*, do chão até o seu telhado (Swenson, 1972, p. 117). Os lados horizontais tinham a direção leste-oeste. Um feixe luminoso incidente era dividido em dois e percorria o retângulo em dois sentidos diferentes, sendo refletido por sistemas de espelhos ajustáveis, posicionados nos vértices; os dois feixes eram depois reunidos e sua interferência era observada por meio de uma luneta (Fig. 28).

Fig. 28. Interferômetro vertical de Michelson, para procurar variações da velocidade da luz em função da distância à superfície da Terra (Michelson, 1897, p. 475).

Suponhamos que há um vento de éter próximo à superfície da Terra, por causa de seu movimento orbital; então, a velocidade da luz V_1 na tubo horizontal inferior *co* será diferente da velocidade da luz V_2 no tubo superior *ab*. À meia-noite e ao meio-dia, esses tubos horizontais estão aproximadamente na direção do movimento orbital da Terra, porém em um desses horários o vento de éter terá o sentido leste-oeste e, no outro horário, o sentido oposto oeste-leste. Assim, a cada 12 horas haveria uma inversão do efeito do vento de éter nos tubos. Era essa possível mudança que Michelson pretendia testar, pela observação do deslocamento das franjas de interferência produzidas pelos dois feixes luminosos, que deveria ter uma oscilação com período de 24 horas.

Nunca havia sido tentado um experimento de interferência com percursos luminosos tão longos e logo surgiram problemas:

> Encontrou-se que, sob condições ordinárias, as perturbações de temperatura nesse comprimento de ar tornavam impossível medir a posição das franjas; e a dificuldade só foi levemente remediada envolvendo todo o percurso da luz em uma caixa de madeira. Fazendo esse envoltório e evacuando o ar dentro dos tubos de ferro até a pressão de um centésimo de atmosfera, foi possível medir a posição da franja brilhante central com a precisão de algo em torno de um vigésimo da largura entre as franjas. (Michelson, 1897, p. 476)

Foram feitas medidas durante cinco dias, em quatro momentos diferentes (6 horas da manhã, meio-dia, 18 horas, 23 horas), sem preocupação de respeitar rigorosamente esses horários. Fazendo as médias das posições observadas para as franjas em cada um desses horários, observou-se uma variação máxima de 1/20 de franja, correspondente ao erro estimado das medidas.

Qual seria o resultado teórico esperado?

Se a diferença entre as velocidades da luz no tubo superior e no tubo inferior for ΔV e se o comprimento dos tubos horizontais for s, então a variação de tempo entre os percursos da luz, ao meio-dia e à meia-noite, seria igual a $4s\,\Delta V/V^2$, onde V é a velocidade da luz no vácuo. Se o comprimento de onda médio da luz utilizada é λ, isso produziria um deslocamento $\Delta = (4s/\lambda)(\Delta V/V)$ da distância entre as franjas (Michelson, 1897, p. 478). Deve-se notar que esse é um efeito de primeira ordem; e que o comprimento dos tubos é muito grande; portanto, o efeito esperado é significativo.

No caso desse experimento de Michelson, como as medidas eram feitas com luz branca, considerando um comprimento de onda λ igual ao da luz amarela, o valor de s/λ era igual a $1,2 \times 10^8$. Então, se o deslocamento fosse de 1/20 de franja, teríamos: $\Delta V/V = (1/20)/(4,8 \times 10^8)$ ou seja, aproximadamente 10^{-10}.

Assim, bastaria uma diferença de vento do éter no tubo superior igual a 10^{-10} da velocidade da luz para produzir um deslocamento observável das franjas. Como a velocidade da luz no vácuo é 3×10^8 m/s, seria observável o efeito de um vento de éter de apenas 3 cm/s. Essa velocidade é um milhão de vezes menor do que a velocidade orbital da Terra. Michelson não apresentou este cálculo, mas ele é importante para percebermos a sensibilidade de seu experimento.

A estimativa que Michelson apresentou no seu artigo é bem mais complexa. Ele supôs que a velocidade v do vento do éter, em relação à superfície da Terra, obedeceria a uma lei exponencial:

$$v = v_0(1 - e^{-kh})$$

onde v_0 é a velocidade da Terra e h a altura acima da superfície (Michelson, 1897, p. 478). Quando h é zero, o vento de éter se anula. Michelson fez, então, a seguinte estimativa. Suponha que $(v_0-v)/v$ caia a $1/e$ do seu valor na superfície para $h = 100$ km (ou seja, $k = 10^{-5}$/m). Então, em quinze metros, que é a diferença de nível dos dois tubos horizontais, $v_0-v_1 = 0{,}00015\ v_0$. Substituindo esse valor no lugar da diferença de velocidade na equação de Δ, temos

$$\Delta = 0{,}0006 \frac{s}{\lambda} \frac{v_0}{V}$$

Substituindo os valores $s/\lambda = 1{,}2 \times 10^8$ e $v_0/v = 10^{-4}$, obtém-se $\Delta = 7{,}2$ franjas. Michelson concluiu o seu artigo comentando:

> Como o deslocamento efetivo foi certamente menor do que um vigésimo de uma franja, segue-se que a influência da Terra sobre o éter se estende a distâncias da ordem do diâmetro da Terra.[15]

---

[15] Nota de rodapé de Michelson: "É claro que isso dependerá da lei assumida para a taxa de diminuição da velocidade relativa com a distância à superfície da Terra; e possivelmente uma lei exponencial esteja longe da verdade. Pode

Tal conclusão parece tão improvável que sugere retornar à hipótese de Fresnel e tentar de algum outro modo reconciliar os resultados negativos obtidos no experimento citado no primeiro parágrafo [Michelson e Morley 1887].

A única tentativa com essa característica é devida a H. A. Lorentz.[16] Ela envolve a hipótese de que o comprimento dos corpos é alterado por seu movimento através do éter.

Em qualquer caso, somos levados a conclusões extraordinárias e a escolha cai entre essas três:

1. A Terra passa através do éter (ou melhor, permite que o éter passe através de toda sua massa) sem influência apreciável.

2. O comprimento de todos os corpos é alterado (igualmente?) por seu movimento através do éter.

3. A Terra, em seu movimento, arrasta consigo o éter mesmo a distâncias de muitos milhares de quilômetros de sua superfície. (Michelson, 1897, p. 478)

Havia, no entanto, uma quarta possibilidade que Michelson não mencionou: talvez o vento de éter não pudesse ser detectado dentro de um tubo metálico – uma suspeita que ele próprio tinha, quando realizou o experimento de 1887.

16. A CONTRAÇÃO DE FITZGERALD-LORENTZ E DUPLA REFRAÇÃO

Em torno de 1900, alguns autores interpretavam a contração proposta por FitzGerald e Lorentz como se fosse uma compressão mecânica dos corpos em movimento através do éter – o que não correspondia à ideia dos autores da hipótese. Lord Rayleigh adotou esse tipo de interpretação e sugeriu em 1902 uma possível consequência da contração:

Ocorreu-me que tal deformação da matéria, quando se move através do éter, poderia ser acompanhada por uma dupla

---

ser desejável repetir o experimento com uma diferença de nível muito maior e, talvez, enterrar o tubo inferior a alguma distância sob o solo."

[16] Neste ponto, Michelson introduziu uma menção a Lorentz, 1895.

refração perceptível; e como o início da dupla refração pode ser testada de modo extremamente delicado, pensei que mesmo uma pequena chance de obter um resultado positivo justificava um experimento cuidadoso. Fosse o resultado positivo ou negativo, ele pelo menos proporcionaria uma orientação adicional para especulação sobre esse assunto importante e delicado. (Strutt, 1902, p. 679)

Um sólido – como vidro, por exemplo – submetido a tensões manifesta efeitos de dupla refração. Porém, Rayleigh resolveu fazer experimentos com líquidos, por questões de facilidade experimental. Haveria sentido em procurar uma dupla refração produzida pela contração de FitzGerald-Lorentz em líquidos?

Em relação a líquidos, o experimento não tem grande dificuldade e pode ser apresentada a conclusão de que não há dupla refração da ordem a ser esperada, ou seja, dentro de 10^{-8} da refração simples. Mas surge a questão sobre se experimentos com líquidos realmente resolvem a questão. Provavelmente não pode ser dada nenhuma resposta completa a não ser sob a luz de alguma teoria particular a respeito dessas relações. Mas pode-se notar que a condição líquida não é um obstáculo para o surgimento de dupla refração sobre tensão elétrica, como é mostrado pelos experimentos do Dr. Kerr. (Strutt, 1902, p. 679)

No experimento realizado por Rayleigh, o líquido estudado era colocado dentro de um tubo, com extremidades fechadas por finas placas de vidro; esse tubo era colocado entre dois prismas polarizadores (nicol) cruzados e atravessado por um feixe luminoso. O sistema era montado sobre uma base rotatória e posicionado inicialmente na direção norte-sul.

Quando, ao meio-dia, a base está norte e sul, o movimento da Terra é transversal e a situação é tal que exibiria qualquer dupla refração que possa surgir. Poder-se-ia supor, por exemplo, que as vibrações luminosas paralelas ao movimento da Terra – isto é, leste e oeste – se propagam de um modo um pouco diferente do que aquelas cuja direção é transversal em relação ao movimento da Terra – isto é, vertical. Mas se a base for girada por um ângulo reto de modo a apontar leste e oeste, ambas as direções de vibração para a luz que passa pelo tubo são perpendiculares ao movimento da Terra e, portanto, não poderia se manifestar nenhuma dupla refração. A questão é se girar a base da posição norte-sul para a leste-oeste faz alguma diferença. Não se deve esperar qualquer efeito de uma rotação de 180º, e um efeito que possa ser acarretado por uma rotação de 90º deve ser de segunda ordem da razão que exprime a velocidade da Terra em relação à da luz. (Strutt, 1902, pp. 679-680)

Para detectar o minúsculo efeito de dupla refração que era esperado, Rayleigh utilizou um recurso técnico: posicionou entre o primeiro polarizador e o tubo com líquido uma pequena lâmina de vidro perpendicular ao tubo, sustentada no seu meio e tensionada nas extremidades. A tensão produz dupla refração no vidro, fazendo causando rotação do plano da luz polarizada pelo primeiro nicol e permitindo sua passagem parcial pelo segundo. Porém, a região central (que tem tensão zero) bloqueia a passagem de luz, produzindo uma faixa escura horizontal. Se o líquido dentro do tubo adquirir uma pequena dupla refração, a posição dessa faixa escura será deslocada. O sistema era suficientemente sensível para detectar o efeito de segunda ordem.

Foram feitas observações com bissulfeto de carbono em um tubo de 76 cm de comprimento e com água em um tubo de 73 cm de comprimento. Em nenhum dos casos foi visto o mais leve deslocamento da faixa, quando a base era girada da posição norte-sul para a posição leste-oeste, seja ao meio-dia ou às 6 da tarde. O tempo necessário para passar de uma observação para outra não excedia 15 segundos e as observações alternadas eram repetidas até ter certeza de que nada podia ser detectado. (Strutt, 1902, p. 681)

Lord Rayleigh estimou que o sistema era suficientemente sensível para detectar efeitos de variação de índice de refração de $1,2 \times 10^{-10}$, ou seja, até cem vezes menores do que o efeito buscado (Strutt, 1902, p. 683).

Foi também realizado um experimento com vidro, em vez de líquidos, porém surgiram dificuldades práticas muito grandes. Não foi observado nenhum efeito, mas a sensibilidade era apenas três vezes menor do que o efeito esperado.

Os experimentos de Lord Rayleigh foram criticados por De-Witt Bristol Brace (1859-1905). Um primeiro ponto era que o efeito de contração, segundo a hipótese de FitzGerald e Lorentz, não seria de 10^{-8} e sim a metade desse valor. O segundo ponto é que Lord Rayleigh estimou que o efeito de dupla refração, que surgiria por uma mudança do índice de refração do material transparente, seria proporcional à contração ou mudança de densidade; porém, essa proporcionalidade não é correta. Levando em conta os dois fatores, Brace concluiu que o experimento com vidro não dispunha de sensibilidade suficiente para observar o efeito esperado; e que, no caso dos líquidos, a sensibilidade não era tão grande quanto ele havia estimado. Assim, ele realizou um novo experimento para procurar o efeito de dupla refração (Brace, 1904).

Os pontos principais modificados por Brace foram o uso de um tubo de maior comprimento para o líquido; a utilização de espelhos para multiplicar o caminho óptico do feixe luminoso dentro do líquido; o uso de duas lâminas de mica para aumentar a sensibilidade do sistema; e o uso do Sol como fonte luminosa. A luz solar era captada e direcionada para dentro do laboratório por um heliostato, mantendo assim uma direção constante (independente do movimento do Sol).

No equipamento montado por Brace (Fig. 29), uma cuba que podia ser preenchida com água tinha um comprimento de 4,13 m e a luz era refletida dentro dela 7 vezes, proporcionando um caminho óptico de 28,5 metros dentro da água. Quando o sistema era girado, não foi observado nenhum efeito. A análise realizada pelo autor mostrou que seria possível detectar mudanças no índice de refração de $7,8 \times 10^{-13}$. O maior efeito que poderia ser esperado, no caso da água, era de 5×10^{-9}, ou seja, 1.600 vezes maior do que o menor efeito que poderia ser observado (Brace, 1904, pp. 324-325).

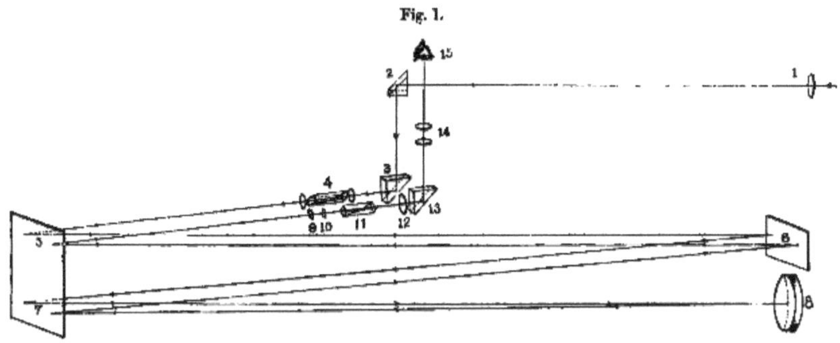

Fig. 29. Esquema da aparelhagem utilizada por Brace para testar se a contração de FitzGerald-Lorentz produzia dupla refração em líquidos (Brace, 1904, p. 319). Apenas a parte superior do arranjo óptico ficava fora do líquido; a parte inferior estava montada em uma cuba que podia ser preenchida com água. A luz solar proveniente de um heliostato passava por uma lente (1) e era desviada por dois prismas (2 e 3), atravessando então o primeiro polarizador (4). A luz era então refletida por espelhos, dentro da água (5, 6, 7) e atingia um espelho côncavo (8) de onde retornava pelos mesmos espelhos, atravessando depois duas lâminas de mica (9, 10), passando pelo segundo polarizador (11), por uma lente (12), por um prisma (13) e por uma luneta (14), sendo então observada visualmente (15).

Após tentativas que não tiveram sucesso, Brace conseguiu realizou um experimento utilizando dois cilindros de vidro, com 22,3 cm cada um. Esse teste seria capaz de detectar variações de aproximadamente 10^{-10}, mas nenhum efeito foi observado quando o aparelho era girado. O efeito esperado era 50 vezes maior do que esse limite (Brace, 1904, p. 328). Assim, o autor concluiu:

> Portanto, se esse é um teste válido, a hipótese de "contração" não pode explicar os resultados negativos dos experimentos de interferência; e pelo mesmo raciocínio concluímos ou que o éter se move com a matéria que está imersa nele, ou que o efeito do movimento relativo sobre as forças

intermoleculares e a possível mudança causada por ele na mudança de dimensões, são muito pequenos. (Brace, 1904, p. 328)

Porém, essa conclusão de Brace só é válida se aceitarmos que a contração de FitzGerald e Lorentz é um tipo de *compressão*; o que não é uma interpretação adequada, como já foi indicado. Por isso, o trabalho de Brace foi imediatamente criticado por Joseph Larmor:

> O argumento do Prof. Brace toma como base que o efeito *total* do transporte através do éter é introduzir novas forças entre as moléculas, causando o encurtamento mencionado acima na direção do transporte; e pode-se aceitar facilmente que, se isso fosse tudo, deveria resultar a dupla refração. Mas tanto a linha argumentativa sugerida como provável por Lorentz quando a análise molecular oferecida por mim alguns anos depois se baseiam na comparação de um sistema encolhido de acordo com a proposta de FitzGerald-Lorentz e transportado através do éter, com *o mesmo sistema* não encolhido e em repouso, e encontrando uma correspondência completa entre eles com relação aos estados e atividades das moléculas individuais. (Larmor, 1904, p. 621)

Assim, tanto a tentativa de Lord Rayleigh quanto a de Brace estavam fundamentadas em um equívoco de interpretação.

17. OS EXPERIMENTOS DE MORLEY E MILLER

Retornemos, agora, aos experimentos interferométricos. Michelson não voltou a realizar experimentos com o interferômetro de 1887.[17] O aparelho original havia permanecido em Cleveland e foi utilizado por Morley e por Dayton Clarence Miller (1866-1941), que havia se tornado professor do departamento de Física da *Case School of Applied Science*, no lugar de

---

[17] Na década de 1920, Michelson realizou experimentos interferométricos que mostraram a possibilidade de detectar efeitos do movimento de *rotação* da Terra; mas não vamos abordar esses experimentos no presente artigo.

Michelson, desde 1893. A primeira pesquisa interferométrica que eles realizaram foi um estudo sobre possível variação da velocidade da luz em um campo magnético (Eddy, Morley & Miller, 1898). O experimento foi um teste de uma previsão teórica a respeito da variação da velocidade da luz em um meio material submetido a um campo magnético que causava rotação do plano de polarização da luz – ou seja, não tinha relação com os efeitos do movimento da Terra através do éter.

A retomada de experimentos a respeito desse tema foi motivada por dois trabalhos apresentados em 1900 por Lord Kelvin a respeito do experimento de 1887. Um deles é muito famoso: a conferência intitulada "Nuvens do século XIX sobre a teoria dinâmica do calor e da luz", apresentada no dia 27 de abril de 1900 na *Royal Institution of Great Britain* e amplamente divulgada depois (Thomson, 1901). O segundo, pouco conhecido atualmente, é um estudo a respeito do movimento de átomos através do éter, que foi lido no dia 16 de julho de 1900 na *Royal Society of Edinburgh* (Thomson, 1900). Nos textos das duas conferências, Lord Kelvin se referiu ao experimento de Michelson e Morley de 1887.

As "duas nuvens" são apresentadas de modo sucinto logo no início da primeira conferência:

> A beleza e clareza da teoria dinâmica, que afirma serem o calor e a luz modos de movimento, está presentemente obscurecida por duas nuvens. I. A primeira surgiu com a teoria ondulatória da luz e foi tratada por Fresnel e pelo Dr. Thomas Young; ela envolve a questão: Como pode a Terra se mover através de um sólido elástico tal como é, essencialmente, o éter luminífero? II. A segunda é a doutrina de Maxwell-Boltzmann relativa à partição de energia. (Thomson, 1901, pp. 1-2)

Ao longo de sua discussão sobre a primeira questão – a interação entre matéria e éter – Lord Kelvin indicou tanto aspectos teóricos quanto experimentos de aberração. Em uma das seções do texto ele sugere que os átomos condensam éter ao seu redor e indica que essa hipótese permite explicar muitos dos fenômenos conhecidos.

> Podemos então supor que a hipótese que sugeri limpa e envia para longe a primeira de nossas duas nuvens? Ela certamente explicaria a "aberração da luz" conectada ao movimento da Terra através do éter de maneira completamente satisfatória. Ela permite que a Terra se mova com liberdade perfeita através do espaço ocupado pelo éter, sem deslocá-lo. [...] Não há nada inconsistente com isso em tudo o que sabemos a respeito dos fenômenos comuns da óptica terrestre; porém, que pena! Há uma inconsistência com a conclusão de que o éter na atmosfera terrestre é imóvel em relação à Terra, o que parece ter sido provado por um experimento admirável planejado por Michelson e executado, com o máximo cuidado para assegurar um resultado confiável, por ele próprio e Morley. Não consigo ver nenhuma falha nem na ideia nem na execução desse experimento. Porém, uma possibilidade de escapar da conclusão que ele pareceu provar, pode ser encontrada em uma brilhante sugestão feita independentemente por FitzGerald e por Lorentz de Leyden – a de que o movimento do éter através da matéria pode alterar ligeiramente suas dimensões lineares; e de acordo com isso, se a placa de pedra que constituía o único apoio da aparelhagem de Michelson e Morley tiver, por causa do seu movimento através do espaço ocupado pelo éter, suas dimensões lineares encurtadas um centésimo de milionésimo na direção do movimento, o resultado do experimento não refutaria o movimento livre do éter através do espaço ocupado pela Terra.
>
> Temo que ainda devemos considerar a Nuvem nº. 1 como muito densa. (Thomson, 1901, pp. 6-7)

Embora cite a hipótese de contração de FitzGerald e Lorentz, Lord Kelvin evidentemente não acreditava que essa fosse uma boa solução – caso contrário, afirmaria que ela teria dissolvido a primeira nuvem.

Na segunda conferência de 1900, Kelvin desenvolveu de forma quantitativa sua ideia sobre a condensação do éter em torno e dentro dos átomos da matéria. Porém, ao final do texto, apontou novamente o conflito criado pelo experimento de Michelson e Morley, com trechos idênticos aos da conferência das "nuvens":

> Existe, no entanto, uma dificuldade séria, talvez insuperável, à qual devo me referir na conclusão: a reconciliação de nossa hipótese com o resultado de que o éter na atmosfera terrestre é imóvel em relação à Terra, o que parece ter sido provado por um experimento admirável planejado por Michelson e executado com o máximo de cuidado para assegurar um resultado confiável, por ele próprio e Morley. Não consigo ver nenhuma falha nem na ideia nem na execução desse experimento. Porém, uma possibilidade de escapar da conclusão que ele pareceu provar, pode ser encontrada em uma brilhante sugestão feita independentemente por FitzGerald e por Lorentz de Leyden – a de que o movimento do éter através da matéria pode alterar ligeiramente suas dimensões lineares; e de acordo com isso, se a placa de pedra que constituía o único apoio da aparelhagem de Michelson e Morley tiver, por causa do seu movimento através do espaço ocupado pelo éter, suas dimensões lineares encurtadas um centésimo de milionésimo na direção do movimento, o resultado do experimento não refutaria o movimento livre do éter através do espaço ocupado pela Terra. (Thomson, 1900, pp. 197-198)

É importante assinalar que Lord Kelvin não aderiu à teoria eletromagnética de Lorentz – pelo contrário, todo seu trabalho dessa época sobre a interação entre átomos e éter se baseia apenas em suposições mecânicas. Assim sendo, ele não parece ter levado muito em conta a *dedução* apresentada por Lorentz a respeito da contração dos objetos em movimento através do éter. Por isso, a hipótese de FitzGerald e Lorentz não era uma boa solução, para ele.

A segunda conferência mencionada acima foi apresentada no dia 16 de julho de 1900 na *Royal Society of Edinburgh*; e foi repetida por Lord Kelvin dia 8 de agosto, por ocasião do Congresso Internacional de Física realizado em Paris. Entre os participantes desse evento estavam Morley e Miller (Michelson não compareceu). Como o próprio Miller relatou, muitos anos depois:

> No Congresso Internacional de Física realizado em Paris junto à Exposição Internacional de 1900, Lord Kelvin deu uma conferência na qual expôs certas teorias do éter e explicou a relevância dos resultados dos experimentos de Michelson-Morley em relação a essas teorias. O professor Morley e o autor [Miller] estavam presentes e, em uma conversa posterior com Lord Kelvin, ele insistiu fortemente sobre a repetição do experimento de vento do éter com um aparelho mais poderoso. (Miller, 1933, p. 208)

Assim como o encontro com Kelvin e Rayleigh em Baltimore estimulou Michelson e Morley a repetirem o experimento de Potsdam de 1881, o encontro com Lord Kelvin em Paris instigou a retomada dos estudos a respeito do movimento do éter por Morley e Miller. Nos anos seguintes, eles se dedicaram a três variações importantes do experimento: (1) aumentar a sensibilidade do interferômetro, utilizando braços mais longos; (2) utilizar substâncias diferentes nos braços, para testar se o efeito mudaria; (3) realizar o experimento no topo de uma colina, onde talvez o vento do éter fosse mais forte.

Mais adiante veremos esses três aspectos do trabalho de Morley e Miller. Porém, antes que eles conseguissem produzir qualquer resultado experimental novo, precisaram se voltar para questões teóricas relativas ao interferômetro. William Mitchinson Hicks (1850-1934), matemático e físico, professor do *University College of Sheffield* e respeitado membro da *Royal Society* (Milner, 1935), publicou em 1902 um estudo teórico a respeito do interferômetro de Michelson e Morley, alegando que os cálculos realizados em 1887 estavam incorretos e que a hipótese de contração de FitzGerald e Lorentz não explicava o resultado negativo que havia sido obtido (Hicks, 1902a).

> Nas páginas seguintes, propõe-se considerar em detalhe a teoria geral do experimento pelo qual os senhores Michelson

e Morley tentaram decidir a questão do repouso ou movimento do éter quando um corpo material se move através dele. A teoria não é tão simples quanto pode parecer à primeira vista devido às mudanças produzidas pela reflexão em uma superfície em movimento. A correção devida à alteração do ângulo de reflexão foi introduzida primeiramente por Lorentz, e foi levada em conta no artigo conjunto de Michelson e Morley em 1887. Mas a reflexão também produz uma mudança do comprimento de onda da luz refletida. Além disso, quando a fonte de luz se move com o aparelho, a luz incidente em qualquer instante em uma placa não vem da posição ocupada pela fonte naquele instante, mas de um ponto que ela ocupava algum intervalo de tempo antes; consequentemente, o ângulo de incidência se altera por uma pequena quantidade de primeira ordem, quando a direção de deslocamento do aparelho muda.

A presente investigação foi empreendida com o objetivo de fazer essas correções. Como em uma teoria desse tipo não parece legítimo assumir como ponto de partida que a razão entre a velocidade da Terra através do éter e a da luz é extremamente pequena, a teoria geral é desenvolvida sem aproximação. É interessante ver como essa teoria completa é comparativamente simples. O principal resultado da correção é que no experimento de Michelson e Morley o efeito a ser esperado é o oposto do que tem sido suposto até agora. (Hicks, 1902a, pp. 9-10)

O estudo teórico realizado por Hicks é detalhado e complexo. Ao contrário de todos os autores anteriores, ele fez deduções exatas e não aproximações de primeira ou segunda ordem em v/c. O trabalho é muito interessante, mas não é possível descrever seus detalhes aqui, nem apresentar as deduções. É relevante, no entanto, indicar uma das suas conclusões mais importantes:

Dentre as várias explicações propostas para explicar o suposto resultado nulo do experimento de Michelson e Morley, o mais bem conhecido e aceito é o que foi primeiramente proposto, acredito, por G. F. FitzGerald, a saber, que o próprio movimento de um sólido através do éter produz uma pequena extensão perpendicular à direção do deslocamento, ou contração na direção, sendo o valor proporcional a ξ^2 $[v^2/c^2]$. Isso recebeu alguma justificação do fato de que deveria ser esperada uma contração como a que foi indicada, de acordo com as teorias de Larmor e de Lorentz sobre a conexão entre matéria e éter. À primeira vista – especialmente na teoria do experimento como foi dada por Michelson e Morley – um efeito deste tipo, com o valor adequado, poderia parecer capaz de anular qualquer deslocamento observado. Se, no entanto, o efeito de tal contração sobre o deslocamento das franjas for desenvolvido de acordo com a linha da teoria rigorosa desenvolvida no presente artigo, será encontrado que não apenas ela é incapaz de explicar o resultado nulo, mas que de fato deveria aumentar o deslocamento a ser observado. Para anular [o deslocamento] exige-se um aumento de comprimento ao longo da linha de deslocamento. O objetivo da presente seção é provar isto e mostrar como, por uma modificação adequada do experimento de Michelson e Morley, temos à nossa disposição testar a verdade ou não do resultado de Larmor e Lorentz e, se tal contração existe, medir seu valor. (Hicks, 1902a, pp. 38-39)

O artigo de Hicks punha em dúvida tudo o que se havia concluído anteriormente a respeito do experimento de Michelson e Morley. Seria inútil, para Morley e Miller, realizar novos experimentos sem esclarecer antes a gravíssima questão teórica que havia sido levantada. Porém, essa ameaça durou pouco tempo. O artigo de Hicks foi publicado no número de Janeiro de 1902 da revista *Philosophical Magazine*. No dia 10 de fevereiro, o autor enviou uma carta para a revista *Nature* com uma correção de seu trabalho. Essa nota foi publicada no número de 13 de fevereiro do periódico (Hicks, 1902b). Nesse intervalo de poucas semanas, Hicks havia sido corrigido (de forma privada) por outro membro da *Royal Society*, o matemático Hector Munro MacDonald (1865-1935), do *Clare College*, Cambridge:

No número de Janeiro do *Philosophical Magazine* publiquei uma discussão sobre a teoria geral subjacente ao experimentos dos senhores Michelson e Morley sobre o vento do éter. Como um dos resultados, pareceu que o efeito a ser esperado em seu caso específico era exatamente o oposto do que se supõe usualmente e que, consequentemente, a explicação de FitzGerald-Lorentz para o efeito nulo observado não se sustentaria. O Sr. H. M. Macdonald apontou a fonte dessa discrepância em um erro algébrico em meu artigo; quando isso é corrigido, o resultado concorda com o caso especial tratado por Michelson e Morley. [...] Conforme a questão se coloca no presente, o resultado corrigido mostra que o encolhimento de FitzGerald-Lorentz anularia completamente o desvio, quando o movimento é tangencial. (Hicks, 1902b, p. 343)

Com a retratação de Hicks, pode-se dizer que o questionamento do experimento de 1887 desapareceu; porém, Morley e Miller parecem ter sentido a necessidade de aprofundar a análise teórica do funcionamento do interferômetro. Assim, no resumo de uma comunicação apresentada no ano seguinte, vemos que eles estavam trabalhando paralelamente com a teoria e com o aperfeiçoamento do aparelho (Morley & Miller, 1903).

No ano seguinte eles publicaram uma notícia preliminar sobre os experimentos que estavam realizando (Morley & Miller, 1904).

> Para explicar esse resultado [do experimento de 1887], FitzGerald e Lorentz sugeriram que a placa de pedra sobre a qual o aparelho foi construído poderia ter suas dimensões alteradas por seu movimento através do éter.
>
> Havia uma chance remota de detectar tal efeito repetindo o experimento de 1887, mas com diferentes materiais. Se o efeito de FitzGerald-Lorentz existe, ele pode afetar todos os materiais na mesma quantidade. Mas é também possível que o efeito dependa das propriedades físicas do material, de modo que a madeira de pinho seja mais afetada do que o arenito. Nesse caso, se o arenito não dá um deslocamento em um experimento como aquele de 1887, um aparelho sustentado por pinho, que seria mais comprimido do que o arenito, daria

um efeito de sinal oposto ao sugerido pela teoria inicial simples. (Morley & Miller, 1904, p. 753)

A dedução que Lorentz havia apresentado para o efeito de contração não dependia de nenhuma propriedade específica do material; baseava-se apenas nas leis do eletromagnetismo e na suposição de que as forças moleculares obedecem às mesmas leis. Assim, não havia grande probabilidade de que um material diferente tivesse uma contração maior ou menor. De qualquer forma, os pesquisadores acreditaram que valia a pena fazer o teste.

Este artigo preliminar não dá todos os detalhes do experimento, porém descreve que foram utilizadas inicialmente pranchas de pinho formando uma cruz, que era apoiada na mesma base utilizada em 1887 (porém sem a pedra), flutuando sobre mercúrio. No entanto, as mudanças de dimensões da madeira por questões ambientais (calor, vapor, etc.) não permitiam fazer observações estáveis por mais de 5 minutos. Desistindo desse arranjo, os autores montaram então uma estrutura rígida de aço em forma de cruz, apoiada sobre a base flutuante sobre mercúrio. Em cada uma das quatro extremidades dessa estrutura havia conjuntos de 4 espelhos para refletir os feixes luminosos. Dois pares opostos de espelhos eram fixados à base de aço; e os outros dois pares podiam se movimentar, ficando sua distância determinada pelas extremidades de barras de pinho.

As observações foram feitas em Julho de 1904, sendo feitas medidas durante mais de 250 voltas do interferômetro. O efeito previsto, pela teoria de Fresnel do éter estacionário, levando em conta o movimento orbital da Terra, era de 1,4 comprimentos de onda. Porém, não foram encontrados desvios regulares significativos e os autores concluíram: "Estabelecemos que, se existe algum efeito, ele não é superior a 0,015 comprimentos de onda" (Morley & Miller, 1904, p. 754). Ou seja: os efeitos observados foram de, no máximo, um centésimo do efeito teórico. Portanto, não foi notada nenhuma diferença devida aos materiais utilizados nas duas direções do interferômetro – aço e madeira. Assim, se o resultado negativo for explicado pelo efeito de FitzGerald e Lorentz, é necessário admitir que a contração não depende do material utilizado.

Como esse relato preliminar foi produzido sob a forma de uma carta a Lord Kelvin, é bem provável que na conversa ocorrida com os autores, em Paris, em 1900, tivesse sido discutida justamente a questão da possível dependência da contração de FitzGerald-Lorentz em relação ao material do interferômetro.

A descrição mais detalhada dos experimentos foi publicada no ano seguinte, precedida de um artigo a respeito da teoria do interferômetro. Neste primeiro trabalho de 1905, os autores comentam:

> Quando Michelson e Morley obtiveram um resultado nulo em 1887, pensou-se que era suficiente fornecer apenas a teoria para o máximo e mínimo esperados nos quatro principais azimutes, sem mencionar os fenômenos nos azimutes intermediários. A teoria também desprezou potências superiores à segunda da razão entre as velocidades. Recentemente, Dr. Hicks publicou uma discussão profunda e elaborada da teoria, obtida por métodos que não são aproximados. Ele desenvolve expressões para os ângulos de reflexão, para comprimentos de onda após reflexão, e para as condições que determinam a rede de paralelogramos formada pelos dois sistemas de frentes de onda. As diagonais desses paralelogramos são, alternadamente, linhas de máxima e mínima perturbação do éter, de modo que definem os fenômenos de interferência. Essas expressões são não apenas rigorosas, mas também gerais, aplicando-se a qualquer ajuste que seja das partes ópticas do aparelho e continuem uma contribuição bem-vinda para a compreensão completa da teoria do experimento de Michelson e Morley.
>
> Em uma passagem, ele diz que um termo adicionado por ele "pode modificar completamente a natureza das mudanças produzidas quando a direção do movimento se altera"; e alguns parecem pensar que a inferência do experimento anterior fica envolta em dúvida, por essa discussão. É conveniente,

portanto, examinar novamente a teoria. (Morley & Miller, 1905a, pp. 669-670)

Na verdade, como vimos, Hicks já havia esclarecido que ele cometera um equívoco no seu artigo de 1902 e que sua teoria concordava com a versão teórica simplificada de 1887, para todos os fins práticos. Assim, em princípio, Morley e Miller poderiam simplesmente citar as duas publicações de Hicks e dispensar qualquer estudo teórico mais profundo da questão. Então, por que eles se deram ao trabalho de publicar um artigo teórico? Vejo duas possíveis explicações. A primeira seria uma preocupação autêntica com algum possível problema de interpretação do interferômetro. Poderia ocorrer que houvesse alguma questão adicional, não levantada por Hicks, que pudesse invalidar qualquer experimento. Então, um novo estudo teórico poderia ser relevante. Porém, talvez houvesse uma outra intenção: simplesmente mostrar que os autores estavam cientes da existência de uma análise teórica e exibir sua capacidade de debater esse tema técnico.

Depois de dez páginas de cálculos, que não vamos analisar aqui, os autores concluem:

> Afirmamos, então, que a teoria de 1887 é correta até os termos da ordem retida, que eram suficientes; que a teoria do Dr. Hicks concorda com ela exatamente quanto ao valor numérico e sinal do efeito;[18] e que uma terceira análise da teoria proporciona resultados que só diferem das duas outras por termos desprezíveis de terceira ordem. (Morley & Miller, 1905a, p. 680)

Este artigo teórico foi publicado na revista *Philosophical Magazine* e logo após seu término temos o artigo em que os autores descrevem detalhadamente o trabalho experimental (Morley & Miller, 1905b), cujos resultados haviam sido relatados, de

---

[18] Neste ponto, os autores indicam em uma nota de rodapé a necessidade de levar em conta a nota publicada por Hicks na revista *Nature* (Hicks, 1902b).

forma sumária, no ano anterior. Existe também uma outra versão desse artigo, publicada nos *Proceedings of the American Academy of Arts and Sciences*, que é quase idêntica, mas possui algumas diferenças na descrição experimental (Morley & Miller, 1905c).

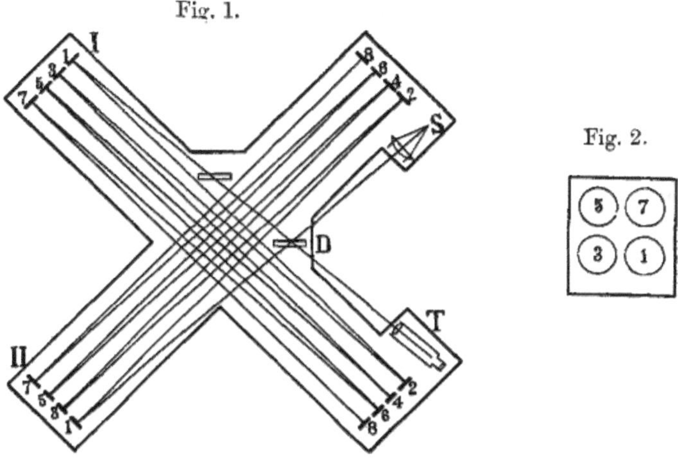

Fig. 30. Esquema do interferômetro de madeira. A luz produzida por uma fonte *S* (uma chama de acetileno) era dividida por uma placa de vidro semi-espelhada *D* e passava por dois percursos perpendiculares entre si. Em cada um deles, sofria 16 reflexões (ida e volta) e, depois de passar novamente pela placa de vidro semi-espelhada *D*, a luz chegava à luneta *T*, onde era observado o padrão de interferência. O detalhe indicado como "Fig. 2" mostra a disposição dos quatro espelhos em cada extremidade dos braços (Morley & Miller, 1905b, p. 681).

Ao contrário do curto relato de 1904, o novo trabalho descreve detalhadamente o aparelho e as medidas, além de conter ilustrações. O primeiro dispositivo que foi tentado, sem a estrutura de aço, era constituído por um conjunto de tábuas de pinho, cada uma delas com aproximadamente 4,3 m de comprimento, 35 cm de largura e 2,4 cm de espessura. Elas eram empilhadas formando uma cruz e o espaço entre elas era preenchido (Fig. 30). Abaixo do lugar onde as tábuas se cruzavam havia uma base de ferro fundido, que repousava sobre o sistema de rotação do interferômetro de Michelson e Miller, do qual havia sido retirada a pedra. É importante recordar que, no experimento de 1887, a base de pedra quadrada tinha 1,5 m de lado e, portanto, cerca de 2,1 m de diagonal (onde eram colocados os espelhos). O comprimento das tábuas era aproximadamente o dobro, em relação a essas diagonais; e em cada uma de suas extremidades havia um conjunto de quatro espelhos, cada um deles com 10 cm de diâmetro (Fig. 30). O caminho óptico total de cada feixe era de aproximadamente 64 metros. Durante as observações, o sistema era recoberto por uma caixa de madeira, para diminuir variações de temperatura e correntes de ar.

Como no experimento de 1887, as observações eram feitas enquanto o aparelho girava, sem parar, dando cada volta em um tempo um pouco superior a um minuto.

Um observador andava em volta com o aparelho, com o olho no telescópio, enquanto mantinha a rotação por um leve puxão em uma corda que era fixada de modo a não produzir qualquer tensão nos braços em cruz do aparelho. A sala era escurecida. O outro observador também andava em volta com o aparelho; quando uma marca mostrava que o azimute do aparelho era o indicado por uma de 16 marcas equidistantes, ele falava o número ou dava algum outro sinal. O primeiro observador respondia com a leitura para o dado azimute, que o segundo observador registrava. O azimute seguinte era falado no instante próprio e a leitura era dada, e assim por diante. Na metade das vezes, talvez, as observações eram interrompidas antes de se tornarem suficientemente numerosas para serem úteis, sendo interrompidas pelo deslocamento excessivo das franjas, devido a mudanças de temperatura e outros efeitos semelhantes. Mas a paciência é uma característica sem a qual ninguém poderia começar observações deste tipo. Não eram incomuns rodadas de vinte e trinta voltas, com 320 a 480 leituras. Uma rodada de trinta voltas significava que o observador, que algumas vezes completava a volta de dezesseis medidas em 65 ou 75 segundos, andava meia milha enquanto fazia o grande esforço envolvido de manter seu olho na ocular móvel, sem a menor interrupção, durante meia hora.

O trabalho é, claro, um pouco exaustivo. (Morley & Miller, 1905b, pp. 682-683)

Sabe-se que a pessoa que rodava em torno do aparelho mantendo o olho na luneta era Miller; e Morley era quem anotava as medidas que ele ia lendo.

Fig. 31. Fotografia do interferômetro com base de aço (Morley & Miller, 1905b, plate X, fig. 3).

As observações foram iniciadas em Agosto de 1902, mas não puderam avançar muito. Durante o período letivo, a pesquisa foi interrompida. No entanto, em Junho de 1903, ao tentar utilizar o interferômetro, notaram que a madeira havia sofrido deformações e era impossível manter o ajuste das franjas (Morley & Miller, 1905b, p. 683). Tendo desistido de utilizar um aparelho construído com madeira, por causa de suas mudanças devidas a variações de temperatura e umidade, os pesquisadores resolveram utilizar uma base com uma estrutura de aço. O projeto dessa base foi desenvolvido por Frank H. Neff, professor de

Engenharia Civil da *Case School of Applied Science*, com o objetivo de proporcionar rigidez e simetria. A estrutura era constituída por duas vigas cruzadas, cada uma com o comprimento de 4,3 m (como no interferômetro de madeira). O sistema óptico era montado sobre essa cruz de aço (Fig. 31). Dois dos suportes dos espelhos, diametralmente opostos, eram fixados à base; os outros dois eram móveis e sua distância era determinada por oito bastões finos de pinho, que eram mantidos dentro de tubos de latão (exceto suas extremidades). Para construir a aparelhagem, os autores contaram com um auxílio concedido pelo *Rumford Committee* da *American Academy of Arts and Sciences*.

Em 1904 o aparelho estava completo e sua estabilidade foi testada: "Com este aparelho, ajustamos nossas franjas em certa segunda-feira e encontramos que elas permaneceram ajustadas durante toda a semana durante a qual nos dedicamos a observá-las" (Morley & Miller, 1905b, p. 684).

Utilizando esse aparelho, foram feitas observações durante 260 voltas completas. A previsão teórica do deslocamento produzido quando o aparelho girasse, sem levar em conta o efeito de contração de FitzGerald e Lorentz, era de 1,5 comprimentos de onda. Depois de realizar as medidas e fazer o tratamento dos dados experimentais, os maiores deslocamentos observados foram de aproximadamente um centésimo de franja.

> Podemos declarar, portanto, que o experimento mostra que se existe qualquer efeito do tipo esperado, ele é menor do que um centésimo do valor calculado. Se a madeira de pinho é afetada de algum modo, como foi sugerido, ela é afetada pelo mesmo valor que o arenito. Se o éter perto do aparelho não se move com ele, a diferença de velocidade era inferior a 3,5 quilômetros por segundo, a menos que o efeito sobre os materiais anule o efeito buscado.
>
> Alguns pensaram que o experimento anterior apenas provou que o éter *em certa sala do porão*, era transportado com ele. Desejamos colocar o aparelho sobre uma colina, protegido apenas com uma cobertura transparente, para ver se poderia ser detectado um efeito. Como o *Rumford Committee*

nos permitiu utilizar um saldo não utilizado, esperamos fazer o experimento dessa forma, se for possível fazer observações nessas condições difíceis. (Morley & Miller, 1905b, p. 685)

A tentativa de detectar um vento de éter no alto de uma colina foi o último experimento realizado em conjunto por Morley e Miller. Eles nunca publicaram esse trabalho sob forma detalhada. O "relatório final" divulgado em 1907 ocupa apenas um terço de uma página da revista *Science* (Morley & Miller, 1907).

Para a realização desse novo teste, foi construído um pequeno galpão no alto de Cleveland Heights, a uma altitude de 185 metros, sem nenhuma obstrução em volta. Havia janelas de vidro por toda a volta do galpão, na altura do interferômetro – ou seja, não existia nenhum obstáculo opaco que pudesse atrapalhar o vento do éter. O aparelho também era protegido por uma cobertura de vidro (e não de madeira, como no experimento anterior). Se a hipótese de Stokes sobre o arrastamento do éter pelo movimento da Terra estivesse correta, podia-se esperar que a essa altitude o vento de éter não fosse nulo. No seu relato, os autores afirmaram:

> Foi muito mais difícil fazer observações nesse local do que no prédio; só puderam ser feitas observações satisfatórias em uma noite nublada após um dia nublado, quando a temperatura mudou muito lentamente. Os efeitos de temperatura nunca puderam ser completamente eliminados. A conclusão de muitas observações é que não há indicação de um vento de éter através do interferômetro. O movimento esperado teria produzido um deslocamento das franjas de interferência de 1,53 comprimentos de onda. O resultado acima é provavelmente correto em relação a 1/80 do total. (Morley & Miller, 1907, p. 525)

Muitos anos depois, Miller publicou uma descrição bastante diferente sobre esse teste:

> As observações feitas aqui [na colina] em julho, outubro e novembro de 1905, consistindo em 230 voltas em três conjuntos, mostraram um efeito positivo muito definido, ligeiramente maior do que o obtido anteriormente, mas ainda pequeno demais para ser reconciliado com a expectativa. A velocidade do movimento relativo da Terra e do éter obtida das observações feitas em outubro é de 8,7 quilômetros por segundo [...]. (Miller, 1933, p. 217)

Morley se aposentou em 1906. Uma parte da aparelhagem foi desmontada; outra parte permaneceu com Miller, que a utilizou novamente muitos anos depois.

Muitos anos depois (na década de 1920), quando a teoria da relatividade já era aceita por quase todos os físicos, Miller (que se tornou um importante cientista, tendo sido presidente da *American Physical Society* e membro da *National Academy of Science*) publicou o resultado de novas pesquisas realizadas no Monte Wilson (1.800 metros de altitude), baseadas em milhares de observações, que pareciam indicar um vento de éter de aproximadamente 9 km/s. Mas essa é uma outra história, que não vamos analisar aqui.

18. COMENTÁRIO FINAL: A SITUAÇÃO NO INÍCIO DO SÉCULO XX

No período estudado neste artigo, abordamos principalmente os aspectos da óptica dos corpos em movimento. Porém, ao tratar sobre a contração de FitzGerald e Lorentz, foi necessário mencionar o desenvolvimento do eletromagnetismo de corpos em movimento, da época. Nos últimos anos do século XIX e primeiros de século XX esse segundo campo de estudos se desenvolveu de forma extraordinariamente rápida, culminando com a formulação daquilo que atualmente chamamos de teoria da relatividade especial, por Lorentz, Larmor, Poincaré, Einstein e outros (Darrigol, 1996). No caso específico de Lorentz, houve uma interação entre seus estudos a respeito de óptica e de eletromagnetismo; e o experimento de Michelson – e, depois, o de Michelson e Morley – teve grande influência na formulação de um eletromagnetismo dos corpos em movimento que fosse *exato*, ou seja, que não fosse correto apenas em termos de primeira ou segunda ordem em v/c – um resultado que ele atingiu em 1904. Da mesma forma, esses experimentos tiveram grande importância na formulação do princípio da relatividade por Poincaré (Katzir, 2005; Messager, Gilmore & Letellier, 2012), desde sua primeira formulação em 1895 até a de 1905, para citar apenas dois exemplos:

> A experiência revelou um grande número de fenômenos que podem ser resumidos sob a seguinte fórmula: é impossível tornar manifesto o movimento absoluto da matéria, ou melhor, o movimento relativo da matéria ponderável em relação ao éter; tudo o que se pode colocar em evidência é o movimento da matéria ponderável em relação à matéria ponderável. (Poincaré, 1895, p. 14)

> O princípio da relatividade, de acordo com o qual as leis dos fenômenos físicos devem ser as mesmas, seja para um observador fixo, ou para um observador transportado em um movimento uniforme de translação; de modo que não temos e não poderíamos ter qualquer meio de perceber se somos ou não transportados em tal movimento. (Poincaré, 1905, p. 5)

Quando analisamos as pesquisas experimentais expostas no presente artigo, nosso contexto era quase exclusivamente óptico, levando em conta as principais teorias do éter luminífero – as de Fresnel e de Stokes. No entanto, o contexto teórico mudou nesse período, pela confirmação das ondas eletromagnéticas previstas pela teoria de Maxwell e consequente necessidade de proporcionar uma teoria integrada da óptica e do eletromagnetismo para corpos em movimento.

Durante a primeira década do século XX, ocorreu essa rápida transformação da base teórica utilizada para analisar os resultados experimentais. O período posterior a esse não será abordado aqui e não pode ser descrito sem levar em conta essas alterações teóricas.

Como se pode ver pela descrição aqui apresentada, a situação era bastante complexa, em torno de 1900. As duas mais importantes teorias do éter luminífero – a de Fresnel e a de Stokes – permitiam explicar uma parte dos resultados experimentais, mas ambas tinham problemas. A teoria de Stokes do éter viscoso não parecia compatível com os experimentos de arrastamento da luz pela água em movimento – um efeito previsto quantitativamente pela teoria de Fresnel – e apresentava também problemas teóricos, apontados por Lorentz. Por outro lado, a teoria de Fresnel não conseguia explicar, sozinha, o experimento de Michelson e Morley de 1887; porém, se fosse admitida a contração dos objetos, ela se tornaria compatível com aquele experimento. Essa parecia, por isso, ser a melhor alternativa naquele momento.

É importante perceber que, até 1900, *nenhum* experimento havia levado os físicos a duvidarem da existência do éter; as versões populares que afirmam que o experimento de Michelson e Morley "provou" que o éter não existe são totalmente falsas. O que podemos observar nesse período é uma árdua pesquisa experimental tentando determinar *qual teoria de éter* deve ser considerada correta.

AGRADECIMENTO

O autor é grato ao Conselho Nacional de Desenvolvimento Científico e Tecnológico (CNPq), que apoiou o desenvolvimento da presente pesquisa durante a maior parte de sua realização.

REFERÊNCIAS BIBLIOGRÁFICAS

BORK, Alfred M. The 'FitzGerald' contraction. *Isis*, **57**: 199-207, 1966.

BRACE, DeWitt Bristol. On double refraction in matter moving through the aether. *The London, Edinburgh, and Dublin*

Philosophical Magazine and Journal of Science (série 6), **7** (40): 317-329, 1904.

BROWN, Harvey R. The origins of length contraction: I. The FitzGerald–Lorentz deformation hypothesis. *American Journal of Physics*, **69** (10): 1044-1054, 2001.

BRUSH, Stephen G. Note on the history of the FitzGerald-Lorentz contraction. *Isis*, **58**: 230-232, 1967.

CAPRIA, Marco Mamone; PAMBIANCO, Fernanda. On the Michelson-Morley experiment. *Foundations of Physics*, **24** (6): 885-899, 1994.

CORNU, Alfred. Sur des expériences récentes faites par MM. Albert-A. Michelson et Edward-W. Morley pour reconnaître l'influence du mouvement du milieu sur la vitesse de la lumière. *Comptes Rendus Hebdomadaires des Séances de l'Académie des Sciences de Paris*, **102**: 1207-1209, 1886.

D'AGOSTINO, Salvo. Hertz's researches on electromagnetic waves. *Historical Studies in the Physical Sciences*, **6**: 261-323, 1975.

DARRIGOL, Olivier. The electrodynamics of moving bodies from Faraday to Hertz. *Centaurus*, **36**: 245-260, 1993.

DARRIGOL, Olivier. The electrodynamic origins of relativity theory. *Historical Studies in the Physical and Biological Sciences*, **26**: 241-312, 1996.

DE MIRANDA FILHO, Ricardo Carneiro; ANDION, Nelson Pinheiro; DA COSTA, Newton Carneiro Affonso. First order effects in the Michelson-Morley experiment. *Physics Essays*, **15** (4): 422-439, 2002.

EDDY, Henry T.; MORLEY, Edward W.; MILLER, Dayton C. The velocity of light in the magnetic field. *Physical Review*, **7** (5): 283-295, 1898.

EISENLOHR, Friedrich. Ueber das Verhältniss der Schwingungsrichtung des Lichtes zur Polarisationsebene und die Bestimmung dieses Verhältnisses durch die Beugung. *Annalen der Physik und Chemie*, **180** (7): 337-346, 1858.

FEUSSNER, Wilhelm. Ueber die Interferenzerscheinungen dünner Blättchen mit besonderer Rücksicht auf die Theorie der Newton'schen Ringe. *Annalen der Physik und Chemie*, **250** (12): 545-571, 1881.

FITZGERALD, George Francis. Note on Mr J. J. Thomson's investigation of the electro-magnetic action of a moving electrified sphere. *Scientific Proceedings of the Royal Dublin Society*, **3**: 250-254, 1881.[19]

FITZGERALD, George Francis. The ether and the Earth's atmosphere. *Science*, **13**: 390, 1889.

FIZEAU, Armand Hippolyte Louis. On the effect of the motion of a body upon the velocity with which it is traversed by light. *The London, Edinburgh, and Dublin Philosophical Magazine and Journal of Science* (série 4), **2**: 568-571, 1851. (b)

FIZEAU, Armand Hippolyte Louis. Sur les hypothèses relatives à l'éther lumineux, et sur une expérience qui paraît démontrer que le mouvement des corps change la vitesse à laquelle la lumière se propage dans leur intérieur. *Comptes Rendus des Séances de l'Académie des Sciences de Paris*, **33**: 349-355, 1851. (a)

FIZEAU, Armand Hippolyte Louis. Sur les hypothèses relatives à l'éther lumineux. Et sur une expérience qui parait démontrer que le mouvement des corps change la vitesse avec laquelle la lumière se propage dans leur intérieur. *Annales de Chimie et de Physique* (série 3), **57**: 385-404, 1859.

FIZEAU, Armand Hippolyte Louis. On the effect of the motion of a body upon the velocity with which it is traversed by light. *The London, Edinburgh, and Dublin Philosophical Magazine and Journal of Science* (série 4), **19** (127): 245-260, 1860.

---

[19] O mesmo artigo foi também publicado, no ano seguinte, com o mesmo título, em: *The London, Edinburgh, and Dublin Philosophical Magazine and Journal of Science* (série 5), **13** (81): 302-305, 1882.

FRERCKS, Jan. Fizeau's research program on ether drag: a long quest for a publishable experiment. *Physics in Perspective*, **7** (1): 35-65, 2005.

FRESNEL, Augustin-Jean. Lettre d'Augustin Fresnel à François Arago sur l'influence du mouvement terrestre dans quelques phénomènes d'optique. *Annales de Chimie et de Physique*, **9**: 57–66 ; 286, 1818.

HEAVISIDE, Oliver. The electro-magnetic effects of a moving charge. *The Electrician*, **22**: 147-148, 1888.

HEAVISIDE, Oliver. On the electromagnetic effects due to the motion of electrification through a dielectric. *The London, Edinburgh, and Dublin Philosophical Magazine and Journal of Science* (série 5), **27**: 324-339, 1889.

HICKS, William Mitchinson. On the Michelson-Morley experiment relating to the drift of the aether. *The London, Edinburgh, and Dublin Philosophical Magazine and Journal of Science* [série 6], **3** (13): 9-42; 256; 555, 1902. (a)

HICKS, William Mitchinson. The Fitzgerald-Lorentz effect. *Nature*, **65** (1685): 343, 1902. (b)

HUGGINS, William. Further observations on the spectra of some of the stars and nebulae, with an attempt to determine therefrom whether these bodies are moving towards or from the Earth, Also Observations on the Spectra of the Sun and of Comet II. *Philosophical Transactions of the Royal Society of London*, **158**: 529-564, 1868.

HUNT, Bruce J. Experimenting on the ether: Oliver J. Lodge and the great whirling machine. *Historical Studies in the Physical and Biological Sciences*, **16** (1): 111-134, 1986.

HUNT, Bruce J. The origins of the FitzGerald contraction. *The British Journal for the History of Science*, **21** (1): 67-76, 1988.

JAFFE, Bernard. *Michelson and the speed of light*. Garden City: Anchor Books, 1960.

JAMIN, Jules Célestin. Description d'un nouvel appareil de recherches, fondé sur les interférences. *Comptes Rendus*

Hebdomadaires des Séances de l'Académie des Sciences de Paris, **42**: 482-485, 1856.

JAMIN, Jules Célestin. Mémoire sur la mesure des indices de réfraction des gaz. *Annales de Chimie et de Physique* (série 3), **49**: 280-303, 1857.

JAMIN, Jules Célestin. Mémoires sur les variations de l'indice de réfraction de l'eau à diverses pressions. *Annales de Chimie et de Physique* (série 3), **52**: 163-170, 1858.

KARGON, Robert W. Introduction. Pp. 1-6, in: KARGON, Robert W.; ACHINSTEIN, Peter (eds.). *Kelvin's Baltimore lectures and modern theoretical physics: historical and philosophical perspectives*. Cambridge, MA: The MIT Press, 1987.

KARLOV, Leo. Does Römer's method yield a unidirectional speed of light? *Australian Journal of Physics*, **23**: 243-253, 1970.

KATZIR, Shaul. Poincaré's relativistic physics: its origins and nature. *Physics in Perspective*, **7** (3): 268-292, 2005.

KOX, Anne J. (ed.). *The scientific correspondence of H. A. Lorentz*. 2 vols. New York: Springer, 2009.

LODGE, Oliver Joseph. On the present state of our knowledge of the connection between ether and matter: an historical summary. *Nature*, **46** (1181): 164-165, 1892.

LODGE, Oliver Joseph. Aberration problems. A discussion concerning the motion of the ether near the earth, and concerning the connexion between ether and gross matter; with some new experiments. *Philosophical Transactions of the Royal Society of London* (A), **184**: 727–804, 1893.

LODGE, Oliver. Experiments on the absence of mechanical connexion between ether and matter. *Philosophical Transactions of the Royal Society of London* (Series A), **189**: 149-166, 1897.

LARMOR, Joseph. On the ascertained absence of effects of motion through the aether, in relation to the constitution of matter, and on the FitzGerald–Lorentz hypothesis. *The*

London, Edinburgh, and Dublin Philosophical Magazine and Journal of Science (série 6), **7** (42): 621-625, 1904.

LODGE, Oliver Joseph. George Francis Fitzgerald. 1851-1901. Obituary notices of fellows deceased. *Proceedings of the Royal Society of London*, **75**: 152-160, 1904-1905.

LODGE, Oliver. *The ether of space*. New York & London: Harper & Brothers, 1909.

LODGE, Oliver. *Past years: an autobiography*. London: Hodder and Stoughton, 1931.

LORENTZ, Hendrik Antoon. De l'influence du mouvement de la terre sur les phénomènes lumineux. *Archives Néerlandaises des Sciences Exactes et Naturelles*, **21**: 103-176, 1887.

LORENTZ, Hendrik Antoon. De relatieve beweging van de aarde en den aether. *Verhandelingen der Koninklijke Akademie van Wetenschappen te Amsterdam*, **1**: 74-79, 1892. (a)[20]

LORENTZ, Hendrik Antoon. La théorie électromagnétique de Maxwell et son application aux corps mouvants. *Archives Néerlandaises des Sciences Exactes et Naturelles*, **25**: 363-552, 1892. (b)

LORENTZ, Hendrik Antoon. *Versuch einer Theorie der electrischen und optischen Erscheinungen in bewegten Körpern*. Leiden: Brill, 1895.

LOVERING, Joseph. An address delivered at the meeting of April 10, when the Rumford medals were presented to professor A. A. Michelson. *Proceedings of the American Academy of Arts and Sciences*, **24**: 380-401, 1889.

---

[20] Traduções em alemão e em inglês: LORENTZ, Hendrik Antoon. Die relative Bewegung der Erde und des Äthers. Pp. 443-447, in: LORENTZ, Hendrik Antoon. *Abhandlungen über theoretische Physik*. Leipzig: B. G. Teubner, 1907. LORENTZ, Hendrik Antoon. The relative motion of the earth and the ether. Vol. 4, pp. 219-223, in: LORENTZ, Hendrik Antoon. *Collected papers*. Ed. Pietr Zeeman & Adriaan Daniël Fokker. 9 vols. The Hague: Martinus Nijhoff, 1935-1939.

LYNN, William Thynne. Stellar distances. *Companion to the Almanac*, **48**: 5-23, 1875.

MARTINS, Roberto de Andrade. A dinâmica relativística antes de Einstein. *Revista Brasileira de Ensino de Física*, **27** (1): 11-26, 2005.

MARTINS, Roberto de Andrade. Searching for the ether: Leopold Courvoiser's attempts to measure the absolute velocity of the solar system. *Dio: The International Journal of Scientific History*, **17**: 3-33, 2011.

MARTINS, Roberto de Andrade. O éter e a óptica dos corpos em movimento: a teoria de Fresnel e as tentativas de detecção do movimento da Terra, antes dos experimentos de Michelson e Morley (1818-1880). *Caderno Brasileiro de Ensino de Física* **29** (1): 52-80, 2012.

MARTINS, Roberto de Andrade. *A origem histórica da relatividade especial*. São Paulo: Editora Livraria da Física, 2015.

MAXWELL, James Clerk. Ether. Vol. 8, pp. 568-572, in: *The Encyclopædia Britannica. A dictionary of arts, sciences, and general literature*. 9th edition. New York: Charles Scribner's sons, 1878.

MAXWELL, James Clerk. On a possible mode of detecting a motion of the solar system through the luminiferous ether. By the late Professor J. Clerk Maxwell, F.R.S. In a letter to Mr. D. P. Todd, of the Nautical Almanac Office, Washington, U.S. Communicated by Professor Stokes, Sec.R.S. *Proceedings of the Royal Society of London*, **30**: 108-110, 1880.

MCCORMMACH, Russell. H. A. Lorentz and the electromagnetic view of nature. *Isis*, **61**: 459-497, 1970.

MCCORMMACH, Russel. Lorentz, Hendrik Antoon. Vol. 8, pp. 487-500, in: GILLISPIE, Charles Coulston (ed.). *Dictionary of scientific biography*. New York: Scribner's, 1973.

MESSAGER, Valérie; GILMORE, Robert; LETELLIER, Christophe. Henri Poincaré and the principle of relativity. *Contemporary Physics*, **53** (5): 397-415, 2012.

MICHELSON, Albert Abraham. Experimental determination of the velocity of light. *American Journal of Science* (série 3), **18** (107): 390-393, 1879.

MICHELSON, Albert Abraham. The relative motion of the earth and the luminiferous ether. *American Journal of Science* (série 3), **22** (128): 120-129, 1881.

MICHELSON, Albert Abraham. Interference phenomena in a new form of refractometer. *American Journal of Science* (série 3), **23**: 395-400, 1882. (a)

MICHELSON, Albert Abraham. Sur le mouvement relatif de la terre et de l'éther. *Comptes Rendus Hebdomadaires des Séances de l'Académie des Sciences de Paris*, 94 : 520-523, 1882. (b)

MICHELSON, Albert Abraham. A plea for light-waves. *Science*, **12** (289): 80-81, 1888.

MICHELSON, Albert Abraham. The relative motion of the Earth and the ether. *American Journal of Science* (série 4), **3** (18): 475-478, 1897.

MICHELSON, Albert Abraham. Conference on the Michelson-Morley Experiment. Report I. Professor A. A. Michelson (Univesity of Chicago). *Astrophysical Journal*, **68**: 342-345, 1928.

MICHELSON, Albert Abraham; MORLEY, Edward Williams. Influence of motion of the medium on the velocity of light. *American Journal of Science* (série 3), **31** (185): 377-386, 1886.

MICHELSON, Albert Abraham; MORLEY, Edward William. On the relative motion of the Earth and the luminiferous ether. *American Journal of Science* (série 3), **34** (203):449-463, 1887.[21]

---

[21] Esse artigo foi também publicado no mês seguinte na revista *The London, Edinburgh, and Dublin Philosophical Magazine and Journal of Science* (série 5), **24** (151): 449-463, 1887.

MILLER, Dayton Clarence. The ether-drift experiment and the determination of the absolute motion of the Earth. *Reviews of Modern Physics*, **5** (3): 203-242, 1933.

MILLIKAN, Robert A. Albert Abraham Michelson (1852-1931). *Proceedings of the American Academy of Arts and Sciences*, **71** (10): 530-532, 1937.

MILNER, Samuel Roslington. William Mitchinson Hicks. 1850-1934. *Obituary Notices of Fellows of the Royal Society*, **1** (4): 393-399, 1935.

MORLEY, Edward W.; MILLER, Dayton C. On the velocity of light as affected by motion through the ether. *Science*, **17**: 174, 1903.

MORLEY, Edward W.; MILLER, Dayton C. Extract from a letter dated Cleveland, Ohio, August 5th, 1904, to Lord Kelvin. *The London, Edinburgh, and Dublin Philosophical Magazine and Journal of Science* [série 6], **8**: 753-754, 1904.

MORLEY, Edward W.; MILLER, Dayton C. On the theory of experiments to detect aberrations of the second degree. *The London, Edinburgh, and Dublin Philosophical Magazine and Journal of Science* [série 6], **9**: 669-680, 1905. (a)

MORLEY, Edward W.; MILLER, Dayton C. Report of an experiment to detect the FitzGerald-Lorentz effect. *The London, Edinburgh, and Dublin Philosophical Magazine and Journal of Science* [série 6], **9** (53): 680-685, 1905. (b)

MORLEY, Edward W.; MILLER, Dayton C. Report of an experiment to detect the FitzGerald-Lorentz effect. *Proceedings of the American Academy of Arts and Sciences*, **41** (12): 321-328, 1905. (c)

POINCARÉ, Henri. A propos de la théorie de M. Larmor. *L'Éclairage Électrique*, **3**: 5-13, 285-295; **5** : 5-14, 385-392, 1895.

POINCARÉ, Henri. The principles of mathematical physics. *The Monist*, 15 (1): 1-24, 1905.

POTIER, Alfred. De l'entrainement des ondes lumineuses par la matière pondérable en mouvement. *Journal de Physique Théorique et Appliquée*, **5** (1): 105-108, 1876.

PRESTON, Thomas. *The theory of light*. London: Macmillan, 1890.

PRESTON, Thomas. *The theory of light*. 2nd edition. London: Macmillan and Company, 1895.

REINGOLD, Nathan. *Science in nineteenth-century America: a documentary history*. Chicago: University of Chicago Press, 1985.

ROWLANDS, Peter. *Oliver Lodge and the Liverpool Physical Society*. Liverpool: Liverpool University Press, 1990.

SALMON, Wesley C. The philosophical significance of the one-way speed of light. *Nous*, **11** (3): 253-292, 1977.

SHANKLAND, Robert S. Albert A. Michelson at Case. *American Journal of Physics*, **17** (8): 487-490, 1949.

SHANKLAND, Robert S. Michelson-Morley experiment. *American Journal of Physics*, **32**: 16-35, 1964. (a)

SHANKLAND, Robert S. The Michelson-Morley experiment. *Scientific American*, **211** (5): 107-115, November 1964. (b)

SHANKLAND, Robert S. Rayleigh and Michelson. *Isis*, **58** (1): 86-88, 1967.

SHANKLAND, Robert S. Michelson in Potsdam. *Astronomische Nachrichten*, **303**: 3-5, 1982.

SHEA, James H. Ole Rømer, the speed of light, the apparent period of Io, the Doppler effect, and the dynamics of Earth and Jupiter. *American Journal of Physics*, **66** (7): 561-569, 1998.

SIMPSON, Thomas K. Maxwell and the direct experimental test of his electromagnetic theory. *Isis*, **57** (4): 411–432, 1966.

STALEY, Richard. *Einstein's generation: the origins of the relativity revolution*. Chicago: University of Chicago Press, 2008.

STEWART, Albert B. The discovery of stellar aberration. *Scientific American*, **210** (3): 100-109, March 1964.

STOKES, George Gabriel. On the aberration of light. *The London, Edinburgh, and Dublin Philosophical Magazine and Journal of Science* (série 3), **27**: 9-15, 1845.

STOKES, George Gabriel. On Fresnel's theory of the aberration of light. *The London, Edinburgh and Dublin Philosophical Magazine* (série 3), **28**: 76–81, 1846. (a)

STOKES, George Gabriel. On the constitution of the luminiferous Æther, viewed with reference to the phœnomenon of the aberration of light. *The London, Edinburgh, and Dublin Philosophical Magazine and Journal of Science* (série 3), **29** (191): 6-10, 1846. (b)

STRUTT, Robert John. *Life of John William Strutt, Third Baron Rayleigh, O.M., F.R.S.* Madison: University of Wisconsin Press, 1968.

STRUTT, William (Lord Rayleigh). Wave theory of light. Vol. 24, pp. 421-459, in: *The Encyclopaedia Britannica: a dictionary of arts, sciences, and general literature*. 9th edition. 25 vols. Edinburgh: Adam and Charles Black, 1888.[22]

STRUTT, William (Lord Rayleigh). Aberration. *Nature*, **45** (1169): 499-502, 1892.

STRUTT, John William (Lord Rayleigh). Does motion through the aether cause double refraction? *The London, Edinburgh, and Dublin Philosophical Magazine and Journal of Science* (série 6), **4** (24): 678-683, 1902.

SWENSON JR., Loyd S. The Michelson-Morley-Miller experiments before and after 1905. *Journal for the History of Astronomy*, **1** (1): 56-78, 1970.

SWENSON, Loyd S. *The ethereal aether: a history of the Michelson-Morley-Miller aether-drift experiments, 1880-1930*. Austin: University of Texas Press, 1972.

THOMSON, Joseph John. On the electric and magnetic effects produced by the motion of electrified bodies. *The London,*

---

[22] A nona edição da Encyclopaedia Britannica foi publicada de 1875 a 1889; porém, o volume onde apareceu o verbete de Lord Rayleigh sobre a teoria ondulatória da luz é de 1888.

Edinburgh, and Dublin Philosophical Magazine and Journal of Science (série 5), **11**: 229-249, 1881.

THOMSON, William (Lord Kelvin). On the motion produced in an infinite elastic solid by the motion through the space occupied by it of a body acting on it only by attraction or repulsion. *The London, Edinburgh, and Dublin Philosophical Magazine and Journal of Science* (série 5), **50** (303): 181-198, 1900.[23]

THOMSON, William (Lord Kelvin). Nineteenth century clouds over the dynamical theory of heat and light. *The London, Edinburgh, and Dublin Philosophical Magazine and Journal of Science* (série 6), **2** (7): 1-40, 1901.[24]

THOMSON, William (Lord Kelvin). *Baltimore lectures on molecular dynamics and the wave theory of light*. Founded on Mr. A. S. Hathaway's stenographic report of twenty lectures delivered in John Hopkins University, Baltimore, in October 1884, followed by twelve appendices on allied subjects. London: C. J. Clay and Sons, 1904.

TOBIN, William. Toothed wheels and rotating mirrors: Parisian astronomy and mid-nineteenth century experimental measurements of the speed of light. *Vistas in Astronomy*, **36**: 253-294, 1993.

---

[23] O mesmo trabalho foi também publicado no periódico *Proceedings of the Royal Society of Edinburgh*, **23**: 218-235, 1902; e foi também publicado, em francês, nos anais do Congresso Internacional de Física realizado em Paris, em 1900: Sur le mouvement d'un solide élastique traversé par un corps agissant sur lui par attraction ou répulsion. Vol. 2, pp. 1-22, in: GUILLAUME, Charles-Édouard; POINCARÉ, Lucien (eds.). *Rapports présentés au congrès international de physique réuni à Paris en 1900 sous les auspices de la Société Française de Physique*. 4 vols. Paris: Gauthier-Villars, 1900-1901.

[24] O mesmo trabalho foi também publicado no periódico *Notices of the Proceedings at the Meetings of the Members of the Royal Institution of Great Britain with Abstracts of the Discourses Delivered at the Evening Meetings*, **16**: 363-397, 1902; e no Apêndice B da edição de 1904 das *Baltimore lectures on molecular dynamics and the wave theory of light* (Thomson, 1904, pp. 486-527).

VAN HELDEN, Albert. Roemer's speed of light. *Journal for the History of Astronomy*, **14** (2): 137-141, 1983.

VERDET, Émile. *Conférences de physique faites à l'École Normale*. Editadas por Désiré Gernez. 2 vols. Paris: G. Masson, 1873.

WEINSTEIN, Galina. *Einstein's pathway to the special theory of relativity*. Newcastle upon Tyne: Cambridge Scholars Publishing, 2015.

WILSON, David B. George Gabriel Stokes on stellar aberration and luminiferous ether. *British Journal for the History of Science*, **6** (21): 57-72, 1972.